浙江省哲学社会科学规划课题
浙江省传播与文化产业研究中心
成 果

二十世纪前半叶浙籍摄影家研究

董卫民 著

中国社会科学出版社

图书在版编目(CIP)数据

二十世纪前半叶浙籍摄影家研究/董卫民著. —北京：中国社会科学出版社，2023.7
ISBN 978-7-5227-1568-1

Ⅰ.①二… Ⅱ.①董… Ⅲ.①摄影家—人物研究—浙江—近现代 Ⅳ.①K825.72

中国国家版本馆 CIP 数据核字(2023)第 040888 号

出 版 人	赵剑英
责任编辑	陈肖静
责任校对	刘　娟
责任印制	戴　宽

出　版	中国社会科学出版社
社　址	北京鼓楼西大街甲 158 号
邮　编	100720
网　址	http://www.csspw.cn
发 行 部	010-84083685
门 市 部	010-84029450
经　销	新华书店及其他书店

印　刷	北京明恒达印务有限公司
装　订	廊坊市广阳区广增装订厂
版　次	2023 年 7 月第 1 版
印　次	2023 年 7 月第 1 次印刷

开　本	710×1000　1/16
印　张	19.75
插　页	2
字　数	286 千字
定　价	109.00 元

凡购买中国社会科学出版社图书，如有质量问题请与本社营销中心联系调换
电话：010-84083683
版权所有　侵权必究

序

顾 铮

  董卫民的《二十世纪前半叶浙籍摄影家研究》即将付梓，可喜可贺。他的博士学位论文，是有关现代中国的摄影书写的研究。这是一个以独特的视角观照中国摄影实践的一个特定方面的努力和尝试，难能可贵，也填补了中国摄影研究的空白。而这本专著，有别于他的博士学位论文，是以浙江籍的中国现代摄影家为研究对象，从多个方面对他们的摄影实践展开具体深入的探讨，为中国摄影史这个现在逐渐变得有点热闹起来的领域的研究与方法创新带来了新的启示。

  在摄影传入中国之后，作为一个现代化的观看和记录手段，其在一个区域内的接受与普及，与该地域的经济发达程度有着相对密切的关系。浙江地处沿海，经济相对发达，现代浙江人接触摄影这一新"玩意"或许更为方便，也相对负担得起作为日常消费和消遣的摄影开支。于是，一些接触了摄影的浙江人，由业余爱好而诱发热情，转为谋生职业甚至作为志业者，在所多有。这个"多"，就为董卫民在选择浙江籍摄影家作为考察对象时提供了某种或许可说是在"量"上的保证。当然其中有些人如郎静山等，浙江籍可能只是一个身份籍贯而已，其出身及活动空间则不在浙江。而本书中的相当多的摄影家，也是从浙江出来，在浙江之外大显身手。而"质"，则在相当程度上须由"量"来保证。因此，选取地理概念上的浙江籍贯的摄影家为考察和书写对象，可以确保书写者比较游刃有余地选择书写讨论的对象。

或许，这样的以地理籍贯为题目与切入点的书写，就现代摄影这个特定的题目，在中国其他一些地方也许就不具备这样的书写的可能性。

二十世纪上半叶，上海的平面媒体高度发达。浙江与上海相邻，浙江摄影家向上海流动，以求更好的发展，是顺理成章之事。他们和上海的关系也比较复杂，有人来到上海之后再北上，也有人扎根上海，也有人只是在上海的平面纸媒上发表作品，本人则始终以江南为据点工作。所以，从一定程度上说，上海为浙江籍摄影家的发挥作用提供了开阔的舞台，并且反过来也进一步促进了浙江摄影的发展。这种地域上的相互联系，也为今人和后人研究浙江与上海的摄影交流提供了丰富的材料。

而且，也是这个相对充足的"量"，也在一定程度上确保了书写者可以关顾到具体摄影实践的丰富性。本书中，董卫民充分注意到各种摄影类型的重要性。他所选择的摄影家，既有当时所谓的"美术摄影"的践行者，如郎静山、骆伯年和刘旭沧等人，也有在新闻报道摄影方面、尤其是身处战争时期以战地摄影名垂史册的开拓者，如徐肖冰、罗光达、雷烨等人。既有以拍摄海上繁华世界尤其是女性肖像而成名的陈嘉震，也有固守江南一隅拍摄江南美景的黄笃初。他提供的摄影样式上的广泛性，让我们得以进一步把握二十世纪上半叶中国摄影和浙江摄影的丰富性和复杂性。

历史书写的目的之一是起湮没于历史中的人物于幽暗中，勾勒其生涯，给予某种评估，以丰富具体历史。在这方面，董书也有所贡献。比如，像早夭的陈嘉震和毕生持守江南一隅的黄笃初，在传统的历史观看来，前者的大量影星摄影或许属于视觉消费的商业行为，而后者则是不够"现代"，难以纳入动辄就是"现代性"的话语中，因此他们可能难以受到太多的关注，更不要说在中国摄影史的书写中可能给予足够篇幅加以深入讨论。而董卫民能够根据自己的历史观和摄影观，以大量史料给予这两人的摄影生涯和具体实践以足够的观照，形成较完整的论述。这需要足够的勇气，也是对于自身书写能力的考验，同时当然也因此更新了、拓展了中国摄影史的版图。

一个值得注意之处是，董卫民基于自己撰写博士学位论文时的材料积累，在此书中将同样是浙江人的鲁迅的有关摄影的书写纳入到本书的架构中，因此进一步充实了、加深了对于浙江籍人士的摄影实践的认知和历史贡献的认识。这同时也是他的研究兴趣的延伸。通过讨论鲁迅对摄影的论述，本书因此将摄影与文学的关系作了有意义的探讨，也因此扩展了本书的格局，赋予了本书以跨媒介的性格。更重要的是，也进一步展示了浙江籍人士对于中国现代摄影发展的重要贡献，因此也使本书更具特色。

和绘画的历史相比，摄影的历史不能算长，研究摄影的历史的尝试与摄影的历史相比当然更短；而研究中国的摄影实践的历史的尝试也是受制于历史原因而显得更短。因此，可以这么说，摄影史是一个在中国可以算是新的学术书写的领域。唯其新，可能性就多。希望在这个"新的"领域里，看见由像董卫民的新著这样的激发起书写兴趣的更多的精彩著作，激活中国的摄影史研究和书写。

（顾铮：著名艺术史学家、摄影家，第56届世界新闻摄影比赛终审评委；复旦大学新闻学院教授、博士生导师。著有《中国当代摄影景观：1980—2020》《城市表情：从19世纪到21世纪的都市摄影》《世界摄影史》《现代性的第六副面孔：当代视觉文化研究》《没有美满结局的童话：战争、宣传与图像》等）

目录
CONTENTS

绪论 ·· 1

第一章　美术摄影家：仿山水中觅画意 ···················· 9
第一节　中国美术摄影的发生 ································ 9
第二节　郎静山："集锦"大师 ······························ 20
第三节　骆伯年：有个性的摄影"Amateur" ········· 60
第四节　刘旭沧："阔少爷"的摄影路 ·················· 76

第二章　"红色摄影师"：透过硝烟的凝视 ················ 94
第一节　作为武器的摄影 ······································ 94
第二节　徐肖冰：站在相机后观察历史 ············· 105
第三节　罗光达　高帆 ·· 133
第四节　雷烨：血洒战地的摄影家 ····················· 149

第三章　陈嘉震：摄影大王的"海上繁华" ············· 165
第一节　生平与影事 ·· 165
第二节　摄影多面手 ·· 178
第三节　陈氏明星拍照法 ···································· 191
第四节　欲望化观看 ·· 200

第四章　摄影里的"江南地方"
——黄笃初个案 ············ 212
第一节　何处是江南 ············ 214
第二节　黄笃初的"江南旧影" ············ 227
第三节　记录"江南边界" ············ 237
第四节　媒介化与地方再现 ············ 247

第五章　"拓荒"摄影批评
——鲁迅个案 ············ 255
第一节　国民性批评寻踪 ············ 256
第二节　鲁迅与摄影 ············ 262
第三节　鲁迅的摄影批评 ············ 279
第四节　鲁迅的批评意指 ············ 287

结束语 ············ 296

参考文献 ············ 299

后记 ············ 307

绪　论

一　选题背景

1842 年，林则徐被流放伊犁途中，曾致友人书信一封，反思中英鸦片战争，把清军失利之因聚焦于"器"。他在信中叙述了敌方之战阵与攻势，"岸上城郭廛庐，弁兵营垒，皆有定位者也。水中之船无定位者也。彼以无定攻有定，便无一炮虚发，我以有定攻无定，舟一躲闪，则炮即落水矣。彼之大炮，远及十里内外，若我炮不能及，彼炮先已击我，是器不良也。彼之放炮，若内地之放排枪，连声不断，我放一炮后，须转展移时，再放一炮，是技不熟也"[①]。林则徐是近代中国"睁眼看世界"的先行者，"器不良""技不熟"，不能单纯被看做是他对战争失利的辩解，他道出的既是战争结论，更表达了那一代有思想的先行者及个别当政者"师夷长技以制夷"之思想。东、西方两大文明体在战争中"暴力相遇"，大清王朝的华美外衣被生生撕扯下来，暴露出里子的虚弱，西方科技威力震惊了"天下之主"的东方王朝。

陈旭麓先生曾提到，中国和西方长期以来彼此隔膜，西人视中国为"丝国"，认为"丝国人固温良可亲，但不愿与人为伍，一如鸟兽，他们也只等待别人来和他们交易"[②]。科技制约了生产力，生产力制约

[①] 林则徐关于鸦片战争的书札，转引自杨国强《晚清的士人与世相》，生活·读书·新知三联书店 2017 年版，第 83 页。

[②] 陈旭麓：《近代中国社会的新陈代谢》，上海人民出版社 1992 年版，第 24 页。

了交通与传播。自古以来东西方"互相对视，但又如隔雾看花，一个世纪接着一个世纪，西方人看中国是神秘的东方；东方人看西方是奇异的西方"①。地理大发现和工业革命，改变了双方这样遥远的"对视"，"奇异"的西方人来到"神秘"的中国；从此，在战舰与炮火、侵略与抗争中，以百年之激荡（1840—1949），西方人把东方古国驱进"数千年来未有之变局"。②

在此"大变局"下，梁启超以"泰西（欧美）""泰东（中国）"划定大地上两大文明，想象并呼吁在20世纪，两文明能够相互交融，如"缔结婚姻"，"吾欲我同胞张灯置酒，迓轮俟门，三揖三让，以行亲迎之大礼。彼西方美人，必能为我家育宁馨儿以亢我宗也"③。"五四"新文化运动之"狂人"陈独秀，亦在《青年杂志》创刊号发表《敬告青年》，呼吁青年守住"自由的而非奴隶的""进步的而非保守的""进取的而非退隐的""世界的而非锁国的""实利的而非虚文的""科学的而非想象的""六义"。第六义所期待的和梁启超一样，欲拥抱科技先进之"西方美人"，"夫以科学说明真理，事事求诸证实，较之想象武断之所为，其步度诚缓，然其步步皆踏实地，不若幻想突飞者之终无寸进也。宇宙间之事理无穷，科学领土内之膏腴待辟者，正自广阔。青年勉乎哉！"④ 学习西方以反抗西方，在科学、民主，即陈独秀所谓"德先生"与"赛先生"上转向西方，成为当时的"主旋律"和最为紧迫的现代性诉求。

而颇有些反讽意味的是，最早被"引入"中国的，既不是坚船利舰的西方"Science and Technology"，也不是"Democracy"，而是跟随着鸦片战争而来的摄影术这种 Technology；摄影术之于中国欲迅速发展的需求，尤其是军队建设而言，只能是雕虫小技⑤。但鸦片战争之

---

① 陈旭麓：《近代中国社会的新陈代谢》，上海人民出版社1992年版，第26页。
② 赵尔巽等：《清史稿·李鸿章列传》，中华书局2015年版，第12013页。
③ 梁启超：《论中国学术思想变迁之大势》，上海古籍出版社2001年版，第8页。
④ 陈独秀：《敬告青年》，《青年杂志》1915年第1卷第1号。
⑤ 直到1926年刘半农写出《谈影》时，其时人们依然认为"凡爱摄影者必是低能儿"。

后，这个"低能儿"玩的小把戏，却掀开了中国视觉文化现代性帷幕，开创了"图以证史"视觉新时代，参与了中国近代史的写真记录和图像艺术再建构。根据英国学者泰瑞·贝内特考证，1842年7月，即第一次鸦片战争末期，英国公使璞鼎查的两位随行助手曾在中国镇江焦山附近拍摄了达盖尔银版照片；1844年法国人于勒·埃及尔在广州黄埔港一艘法国战舰上，为清廷钦差大臣耆英拍摄了照片；1944年美国人乔治·韦斯特成为广州第一位商业摄影师[①]。随着中国门户被迫开放，摄影术在香港、广州等沿海口岸城市得以传播；不过，这个时期各地照相馆开办者基本是外国摄影师，这些摄影师身份多为传教士、商人等。

关于浙江早期摄影出现的记载，目前有史料显示，1859年前后，法国商人路易·李阁郎曾到过浙江的宁波、杭州等地进行拍摄；意大利人贾科莫·卡内瓦也曾进入浙江，在杭州、湖州等地拍摄；1860年，英军将领蒙塔古·道比拍摄了舟山景物与人像[②]。此外美国人费佩德（曾任之江大学校长）对西湖山林、运河、钱塘江、佛寺、道观、尼姑庵、学校，以及杭州各阶层人士有过纪实性拍摄；美国社会学家西德尼·甘博镜头中，出现过杭州延龄路上密密麻麻的电线和电报、电话线，以及新落成的杭州湖山堂等。因受条约限制，这一时期出现的中国影像，局限在南方沿海地区，多是西方人猎奇之作，是"他者"对中国的观看；中国在彼时，被迫接纳了摄影术。

第二次鸦片战争后，摄影术随战争一路向北推进，进入北京、天津等地，并逐步向内地扩散。中国人也开始了摄影的自觉，比如罗元佑、梁时泰、欧阳石芝等人分别在上海、天津等地开起照相馆；邹伯奇、赖阿芳、任庆泰等中国早期本土摄影家纷纷登场。比如，王韬在咸丰九年（1859）二月九日庚戌日记中记载，"晨，同小异、壬叔、

---

① ［英］泰瑞·贝内特：《中国摄影史（中国摄影师1842—1960）》，徐婷婷译，中国摄影出版社2011年版，第1—11页。
② ［英］泰瑞·贝内特：《中国摄影史（中国摄影师1842—1960）》，徐婷婷译，中国摄影出版社2011年版，第38、200页。

若汀入城,往栖云馆观画影,见桂、花二星使之像皆在焉。画师罗元佑,粤人,曾为前任道吴健彰司会计,今从英人得授西法画影,价不甚昂,而眉目清晰,无不酷肖,胜于法人李阁郎多矣"[1]。卢仲梁1886年(光绪十二年)开设"一寄照相楼",被认为是目前所知的杭州第一家照相馆;杭州的"二我轩""活佛""留芳""顾影"等照相馆亦在19世纪末20世纪初发展起来[2]。可以说,浙江摄影的起步,在国内还是比较早的。

二 概念提出

本课题选择20世纪前半叶浙籍摄影家为研究对象。这个时期既是从晚清到民国的更迭时期,也是从帝制到共和的政体变革之际。这五十年间,中国又饱受来自东、西方列强的侵略、瓜分,是中华民族寻求独立、走向民族自决、实现凤凰涅槃的历史时期;五十年间,风起云谲的历史时刻被摄影家捕捉、留存,而且无论是战地摄影的历史场景实录,还是美术摄影的艺术审美探索,及至商业摄影的专业化尝试,浙江摄影家成长都非常迅速,摄影实践创作发展相对全面,获得了不俗的实绩,也产生了多位在国内外有重大影响的摄影家。本课题据此提出"浙籍摄影家"概念。

从摄影家籍贯来进行划分的话,20世纪前半叶中国摄影发展,广东、江苏、上海、浙江四大区域的摄影家可圈可点。北京虽然也集中众多摄影家,比如刘半农、陈万里、黄振玉、老焱若等,但这些摄影家都不是北京籍贯。以籍贯而论,20世纪前半叶,来自广东、江苏、上海、浙江等地的摄影家比较集中。根据目前国内出版的四部比较权威的摄影史著作:马运增、陈申等人的《中国摄影史》(1840—1937);蒋济生等人的《中国摄影史》(1937—1949);陈申、徐希景的《中国摄影艺术史》;王天平等人的《民国上海摄影:海派摄影文

---

[1] 王韬:《王韬日记》,中华书局2015年版,第267页。
[2] 《杭州照相事业之沪闻》,《申报》1924年3月4日。

化前世之研究》为例，其中列出的知名摄影家，粤籍有潘达微、蔡俊三、卢施福、郭锡麒、何铁华、老焱若、刘体志、沙飞、石少华、郑景康、薛子江11位；苏籍有陈万里、刘半农、胡伯翔、胡伯洲、吴中行、陈传霖、孙明经、吴印咸、敖洪恩、吴寅伯、陈怀德11位；浙籍有郎静山、刘旭沧、徐肖冰、罗光达、毛松友、俞创硕、胡君磊、蒋炳南、朱天民9位；沪籍有沈逸千、庄学本、黄仲长、马赓伯、康正平、穆一龙6位。这个数字当然不足以涵盖中国摄影家分布全貌，所选择的四本著作也不能代表所有研究成果；但是"窥一斑而知全豹"，这样一个不完全统计的数字，基本可以说明一个事实，即这四个地区的摄影家，在20世纪前半叶中国摄影发展史上，具有代表性，也能反映中国摄影家的地域风貌。正是在这样的基础上，"浙籍摄影家"在理论预设上可以成为明确的研究对象。

而且如果从20世纪前半叶中国摄影实践与演进路径看，基本围绕着美术摄影、商业摄影、新闻摄影和战地摄影（包括延安红色革命摄影）四大板块展开；在这四个板块中，浙籍摄影家的创作非常抢眼，如郎静山的画意摄影在中国早期美术摄影中具有举足轻重的地位；新闻摄影开拓方面，有俞创硕、毛松友，甚至郎静山、陈嘉震的早期摄影都在此列；而商业摄影，浙江绍兴青年摄影家陈嘉震，一手打造了沪上"八大电影女明星"，获得上海滩"摄影大王"的名号，在人像摄影，尤其是电影女明星照相上独占鳌头，具有显著的历史地位和艺术成就；延安红色摄影中，来自浙江的徐肖冰、罗光达、高帆、雷烨等形成了阵容强大的"浙籍红色摄影家群体"，摄影家数量和摄影作品质量，都代表了其时中国战地摄影所能到达的高度，而且从摄影批评及理论发展角度看，浙籍摄影家中的郎静山、罗光达、毛松友等人，以及文学大师鲁迅先生，都留下了重要的书写文本，体现了浙籍摄影家、批评家理论建构的主体意愿与自觉探索。从这个角度讲，本课题提出的"浙籍摄影家"概念预设，是有坚固史实和丰富文献来支撑的。

三 研究思路

本课题研究思路方面依据如下原则：一是依托文献发掘，有一分文献说一分话，做到立论有据、言说有自。二是查漏补缺，发掘"新人"。研究中，既高度重视浙籍摄影家的标识人物，如郎静山、徐肖冰；同时关注那些因为历史原因，被摄影史书写所"忽略"，但在摄影实践上产生过重大影响的摄影家，如前面提到的"摄影大王"陈嘉震。三是关注"地方"，以媒介学视角，发掘对"地方"视觉呈现做出过重要贡献，却没有得到系统研究，其摄影价值至今没有被充分认识的"本土"摄影家，如湖州摄影家黄笃初。四是以摄影史视野，引入比较方法，阐述摄影家的创作个性，比如同为"红色摄影师"，徐肖冰、罗光达、高帆、雷烨的战地影像和摄影语言有同，更有异。关注摄影家的创作个性，既是本课题的原则，也是基本思路。五是突出个案，避免面面俱到。在文献支撑下，以个性鲜明的摄影家为个案研究对象，比如，美术摄影个案，选择公认的摄影大师郎静山，以及作为"业余"者的骆伯年，和出身于"南浔四象"之家的知名摄影玩家刘旭沧。红色摄影则既关注作为大师的徐肖冰，也关注为革命牺牲，具有诗性气质的青年摄影家雷烨。而对于虽然在创作上有特色（如毛松友的新闻摄影），但摄影题材相对褊狭的摄影家，就选择融入到相关研究和书写中的策略，比如毛松友的新闻摄影实践纳入鲁迅摄影批评研究中，以鲁迅与摄影的关系视角进行梳理。

总的来说，本课题研究秉承"知人论世"法则，以20世纪前半叶中国摄影思潮为经，以摄影家创作实践为纬，把摄影家的创作活动纳入其所在物质、文化时空语境，在书写上围绕五部分布局：

第一部分为美术摄影家。以中国早期美术摄影发生、发展进路、艺术流变和图像传承为切入，个案研究郎静山、骆伯年、刘旭沧三位摄影家的创作道路和艺术成就，客观评价其美术摄影的史学价值。

第二部分为战地摄影家。重点以延安时期红色摄影师为研究对象，关注徐肖冰、罗光达、高帆、雷烨四位浙籍战地摄影家。梳理摄影家创作经历，解读其具体作品，阐述其摄影个性与摄影史贡献。这一部分，亦对"非红色摄影师"的战地摄影记者俞创硕有所关注。

第三部分专题研究作为商业摄影典范，对视觉消费和摄影"大众化"做出重大贡献，却长期以来被忽视的陈嘉震。对陈嘉震打造沪上"八大电影女明星"的创作史实进行梳理，对其人像摄影成就做客观评价；并阐发陈嘉震明星摄影中"解放的现代性"隐喻，还原其应有的摄影史地位。

第四部分以"地方"为视角，专题研究黄笃初的"江南旧影"。黄笃初在中国摄影史上是个"小人物"，但是他的风物纪实摄影留存的"江南旧影"，在保有摄影艺术的前提下，更具有复现地方和重构"江南认同"的文献价值，很有必要进行深入解读。黄笃初专题研究，在本课题设置中是一个"探险"：试图从"地方"视角，重思摄影史书写范式。

第五部分专题研究作为摄影批评家的鲁迅。鲁迅不是摄影家，但是他的摄影批评文本在20世纪前半叶，乃至整个20世纪，都是不容忽视的存在，是中国摄影批评的重要文献。这一部分，以摄影为核心，延展至鲁迅对石版绘画和木刻版画的"观看"，重新审视他的"为人生"艺术观，及其对早期中国摄影批评建构的路径引领。

本课题提出的"浙籍摄影家"，概念表述，从籍贯属地的文化特质和"大变局"下的社会语境，考察其艺术道路选择、美学理念形成；以及和其他地域摄影家群体相比，其对早期摄影发展的独特贡献。20世纪前半叶，以郎静山（兰溪）、毛松友（江山）、叶浅予（桐庐）、骆伯年（杭州）、金耐先（杭州）、蒋炳南（杭州）、高帆（萧山）、朱天民（海宁）、徐肖冰（桐乡）、俞创硕（平湖）、陈嘉震（绍兴）、夏盈德（鄞县）、胡君磊（慈溪）、刘旭沧（湖州）、罗光达（湖州）、黄笃初（湖州）、陈彭寿（安吉）、雷烨（金华）、吴郁周（乐清）、邵度（温州）等为代表的浙籍摄影家，在美术（艺术）摄影、商业摄影、新闻摄影，及战地（红色）摄影等领域成就卓越。通过本课题研究,试图回应几个问题:(1)浙江(吴越)地域文化、近现代社会语境,如何形塑了早期浙籍摄影家的艺术道路和美学追求?(2)西风东渐下,浙籍摄影家艺术创作本土化、民族化转向,及其对早期中国美术摄影、新闻摄影、商业摄影、红色摄影有何贡献?(3)20世纪前半叶,浙籍摄影家艺术史地位怎么界定?地域性研究视角,对当下摄影史书写范式有什么启示?(4)浙籍摄影家塑造的"浙江记忆",在地域认同和地方遗产保护中意义何在?一项研究,或许无法完全回答这些问题;但通过本项研究,能够为这些设问提供一些有益的思考,也是初衷所系。

第一章　美术摄影家：仿山水中觅画意

摄影术传入中国，除了国外摄影师对鸦片战争、中法战争等战地场景的拍摄外，其早期在中国沿海口岸城市的实践形态以商业性、职业化照相馆人像摄影为主。到20世纪前半叶，以文人雅集式的民间摄影团体兴起为标志，中国的有闲、有钱阶层，包括职业和非职业者——其中以非职业化，即业余摄影人为主体——开始了早期美术摄影实践与理论探索。在浙籍摄影家中，郎静山、刘旭沧、骆伯年、蒋炳南、胡君磊、邵度、陈彭寿、夏盈德等人的创作比较有代表性。其中骆伯年、夏盈德、郎静山、刘旭沧的摄影，还积极尝试现代主义艺术创作。

浙籍摄影家中，就美术摄影而言，影响最巨者，无疑当属以"画意摄影"名世的兰溪人郎静山。美术摄影在郎静山这里等同于画意摄影，他以"集锦"之名，把画意摄影做成了早期中国美术摄影的标杆，也是20世纪前半叶摄影走出国门、走向世界影坛的"中国表征"。郎静山不仅高寿，而且几乎终生没有停止"集锦摄影"创作和研究，作为中国美术摄影的集大成者，在摄影史上占有不可替代的地位。本章以郎静山、骆伯年、刘旭沧为个案，关注浙籍摄影家的美术摄影创作实践与艺术探索。

第一节　中国美术摄影的发生

在中国近现代摄影发展过程中，有一些艺术家出于消闲或借鉴之目的，在绘画上引入摄影，或以绘画手法来摄影，取得了令人瞩目的成就，如陶冷月；还有一些由绘画而入摄影，创造出独具特色的"画意"摄影，如郎静山。郎静山在"集锦照相"（也称集锦摄影）上成就巨大，他已经成为打通绘画和摄影边界的典范。艺术史家巫鸿先生认为，郎静山的集锦摄影固然如郎氏本人所说，与蒙太奇相像，但实际上还不尽相同，"集锦摄影纯为艺术目标及表现自然"。"因此，对郎静山来说，集锦摄影如同传统中国文人画，可称为一种'后图像'（post-image）；它并不是对某一个固定瞬间客观影像的记录，而是在数幅图像的基础上进行的虚构创作，旨在表现照相者的'印象'或视觉记忆"[①]。巫鸿的这个论断非常准确，本文也认为，分析郎静山的画意摄影文本，还是要把他放入艺术家这个框架里，更切合其艺术主张和创作实际。近代美术摄影与绘画"纠缠"在一起，也为美术摄影地位的"合法性"带来了比较广泛的争议。因此，关注美术摄影，有必要对这个颇具互文性的概念，做一下"知识考古"。

一 "知识考古"

1910年，上海商务印书馆发行了一套山水摄影丛刊《中国名胜》，第一期为黄山影像。该摄影图册一经推出，其水墨画般的视觉效果就震惊了观众；"如画"般构图模式的摄影图像，也把"美术摄影"推到了中国近现代视觉文化前台。根据陈申、徐景希等学者考证，"美术摄影"一说始现于1907年之《世界》画报，"由于以摄影为主的《世界》画报声称它是'美术画'之刊物，因此，早期出现的艺术摄影，被称为'美术摄影'"[②]。美术摄影的表述，也有不同书写文本。在目前能够寻找到的文献中，除了"美术摄影"（胡伯翔、邵卧云等），还有诸如美术照片（林泽苍），美术照相、集锦照相（郎静山），画意的摄影（张景琠），以及美术写真等表述。

[①] ［美］巫鸿：《聚焦：摄影在中国》，中国民族摄影艺术出版社2018年版，第231—232页。
[②] 陈申、徐希景：《中国摄影艺术史》，生活·读书·新知三联书店2011年版，第168页。

1. 美术摄影与美术照相

胡伯翔是画家，于摄影也很有造诣，他拍摄的《石城晚归》（图1），是一幅非常典型的画意美术摄影作品。胡伯翔认为，"昔人称画之佳者。曰惟妙惟肖。予意用此语为美术摄影之释意。尤为切当。惟妙惟肖。即美好而像真之意……因摄影之事，求像真易求美好难也"[①]。因其求美好，故而以"美术"名之。所以，美术摄影"有美术之结构。

图1　石城晚归（胡伯翔摄）

图片来源：《良友》1931年第55期。

---

① 胡伯翔：《美术摄影谈》，《天鹏》1928年第3卷第6期。

有完备之技能。美好而像真之结果。斯得之矣"[1]。刘半农曾经把摄影分为复写和非复写的;非复写的摄影,又把它称为"写意"的。刘半农提出,所谓写意照片之写意,"乃是要把作者的意境,借着照相表露出来"[2]。他本人似乎更愿意以"美术"二字来替代,比如他明确提出"想在照相中找出一些'美'来——因此不得不于正路之外,别辟一路;而且有时还要胆大妄为,称之为'美术照相'"[3]。而且,刘半农本人还创作了一批具有传统画风格的摄影作品,比如《寒林》(图2)《西湖朝雾》《平林漠漠烟如织》《枯藤挂壁》等,具有浓郁的"画意摄影"之风。作为早期中国美术摄影领军人,郎静山几乎把美术摄影等同于画意摄影,认为"美术照相,无论其属于何种,更必有其美术性在。西名 Pictorial 乃画意的,既云画意,必有其画意种种之条件,非偶然所得为美术照相;或偶然得之,比与其条件相符合也"[4]。摄影家邵卧云也提出,摄影作为美术作品,"并不以拍摄主体的美不美来做标准,是在于摄影者对于美的认识,及表现情感的力量与摄影术上的技能等之有无而定"[5]。所以,邵卧云的美术摄影拍摄,特别注重光线与结构。另外,孙福熙在为《艺风》杂志撰稿时,曾经提到"所谓艺术照相者,应用绘画的原理亦多"[6]。他使用了"艺术照相"一说。

2. 艺术摄影与美术写真

美术摄影的另一个提法,叫作艺术摄影。这个提法较为普遍,比如魏南昌在《谈谈绘画与摄影》中,就根据用途,把摄影分为艺术摄影和适用摄影。适用摄影,指那些范围广、用途"颇为重要"的摄影,比如天文、军事、新闻等。而艺术摄影,则与"用"无关,"这

---

[1] 胡伯翔:《美术摄影谈》,《天鹏》1928年第3卷第6期。
[2] 刘半农:《谈影》,参见祝帅、杨简茹编著《民国摄影文论》,中国摄影出版社2014年版,第47页。
[3] 刘半农:《谈影》,参见祝帅、杨简茹编著《民国摄影文论》,中国摄影出版社2014年版,第48页。
[4] 郎静山:《摄影艺术杂谈:美术照相与露光》,《艺术世界》1940年刊。
[5] 邵卧云:《美术摄影略谈》,《中华摄影杂志》1932年第3期。
[6] 孙福熙:《绘画与照相之异同》,《艺风》1935年第3卷第5期。

图 2　寒林（刘半农摄）

图片来源：柴选主编《中国画意摄影百年——2016 首届"郎静山杯"中国画意摄影双年展》，人民邮电出版社 2016 年版。

种摄影是主观的，以作者自心的兴趣为定，以作者心目中之爱好而加取舍，不为外人之爱好或适用所转移。这种摄影是自由的，有生命的，无拘束的，因此可利用它来表现作者的美感而成为艺术摄影"[①]。魏南昌虽然没有给艺术摄影下定义，却非常明确地道出了它的基本特质：主观与唯美，自由与非功利，也就是出于自由情感的、表现作者兴味美感的，是以"美"为生命、为内容的。比较而言，适用摄影，毫不加作者的兴趣，只是为了某种用途而摄，内容美否，则置之不顾。美术写真之说，尚未发现具体的理论阐述文本，但 1917 年《寸心》杂志第 4 期刊载广东天华照相馆发明的"一人同照六样相"，六幅女士照，名之曰"美术写真"；该刊第 5 期也曾刊载"天津名妓宝凤月娥合照"，名之为"美术写真：海天远望"。可以看出，把艺术摄影称为"美术写真"，当时确有其说。

[①] 魏南昌：《谈谈绘画与摄影》，《艺风》1935 年第 3 卷第 7 期。

二 兴发背景

美术摄影在清末民初兴发,直到 20 世纪 40 年代,还有摄影家,如郎静山,在坚持摄影的画意创新。故而,美术摄影的兴发,自有其特殊的时代和文化背景。

1. 摄影成为美育项目

作为民初主管教育的政府官员,蔡元培在《美术的研究方法》一文中,曾引用维泰绥克(Witask)的说法:"如风景摄影可以入画的,我们也已经用美术的条件印证过,已经看做美术作品了。"① 这也是他美育思想中,关于摄影判断的一个基本依据。蔡元培认为,欲求行为之适当,必有两方面准备,一是计较利害、考察因果之智育,一是当以热情奔赴的美育,而且在《三十年来中国之新文化》美术部分(卯)部,蔡元培单列摄影术,"摄影术本一种应用的工具,而一入美术家的手,选拔风景,调剂光影,与图画相等;欧洲此风渐盛,我国现亦有光社、华社等团体,为美术摄影家所组织"②。他不仅看到了摄影与图画的"相等"关系,更使用了"美术摄影家"称谓,实则认可了"美术摄影"的说法,确认了摄影术具有书画创造意境、捕捉意象的美学功能和审美效果。

2. 科举废除:文人士子有走向艺术者

史载,"在日俄战争期间,越来越多的人主张废除科举。1905 年 9 月,在日本的胜利已成定局时,(清)政府决定在下一年废除科举"③。1906 年始,所有乡试停办,六年后,即 1912 年 2 月 12 日,清帝宣布退位。科举停了,皇帝没了,"学而优则仕"的路断了,文人士子"修身、齐家、治国、平天下"的理想没有寄托和实现路径了。晚清

---

① 蔡元培:《美术的研究方法》,参见金雅主编《中国现代美学名家文丛·蔡元培卷》,浙江大学出版社 2009 年版,第 57 页。
② 蔡元培:《三十年来中国之新文化》,参见金雅主编《中国现代美学名家文丛·蔡元培卷》,浙江大学出版社 2009 年版,第 67 页。
③ [美]费正清、刘广京主编:《剑桥中国晚清史(1800—1911)》下卷,中国社会科学出版社 1985 年版,第 372 页。

最后六年到民初，旧文人无枝可依的苦闷和彷徨可想而知；然而这种苦闷和彷徨却也为他们内心更丰满、思想更深刻，摆脱专制和奴役提供了契机，在大混乱年代，其才华绽放于艺术上。

如果把目光从晚清民初上溯到元代，从文学艺术史角度看，就会发现一个有趣现象："科举时行时止，仁宗以后，也发生过停罢科举，即使科举实行的年代，由于科举制度本身存在着不利于汉族士子的规定，如名额由四等人（蒙古、色目、汉人和南人）均分，实际上不利于人数众多的汉族士子。元代还有两举不第，恩授教授、学正和山长之例，但又规定享恩授的汉人、南人的年龄限在五十以上，而蒙古、色目人只须三十以上。"① 而且，元代科举未实行之前，儒士多以吏入仕，但"到了仁宗时代实行科举后，又规定由吏入仕最高不得超过从七品"②。鉴于几乎入仕无门，士子们企图越过科举，寻求直接入仕之途，结果就出现了大量"游士"。然而，艰苦跋涉、投门的游士们多"卒无所成就"，有成就者"十不得一"③。历经内心挣扎、歧路彷徨之后，他们纷纷把苦闷和不满倾洒向文学艺术，关汉卿、马致远、白朴、王实甫等应"苦运"而生，成就一代文学艺术高峰——元曲。

"五四"这代文人，如蔡元培1892年（光绪十八年）25岁时，经殿试中进士，被点为翰林院庶吉士。但废帝制断了他的仕途，后来献身革命，成为新政府的教育总长，这只是个"学而优则仕"的特例；众多士子失去科举入仕之途后，必须寻求新出路，比如刘半农、陈万里等。再比如，金石声的父亲就因为科举路断，走上经商之路，他在武汉"学习了一些现代银行、船运的知识，然后开了自己的公司，以扬州为中心，用新的方法做起一个中国的传统生意——盐的运输和买卖来"④。金石声因为家境富裕，很快接触到了当时的"奢侈品"——

---

① 邓绍基主编：《中国文学通史系列·元代文学史》，人民文学出版社1991年版，第10页。
② 邓绍基主编：《中国文学通史系列·元代文学史》，人民文学出版社1991年版，第11页。
③ 邓绍基主编：《中国文学通史系列·元代文学史》，人民文学出版社1991年版，第10页。
④ 上海市摄影家协会编：《海上摄影名家大系·金石声》，上海文化出版社2012年版，第1页。

照相机，最终成为一代摄影大家。

3. 画家与中国近现代画报出版

美术摄影的兴起，就具体媒介而言，是文人画与摄影术和画报三者遇合下的产物。首先，文人画由北宋苏东坡奠定理论和实践基础，打通了诗歌、书法、绘画，使三种艺术形式融合起来，诗画一律，成为文人画的核心理念。苏轼曾说，"诗不能尽，溢而为书，变而画，皆诗之余"①。"人、禽、宫室、器用皆有常形，至于山石竹木、水波烟云，虽无常形而有常理。常形之失，人皆知之；常理之不当，虽晓画者有不知。故凡可以欺世而取名者，必托于无常形者也。虽然，常形之失，止于所失，而不能病其全；若常理之不当，则举废之矣。以其形之无常，是以其理不可不谨也。世之工人，或能曲尽其形，而至于其理，非高人逸才不能辨。"② 在苏轼的理念里，文人画与传统画不同在于，传统画工画的是常形，新文人画画的是理，理不能失。理在宋儒那里，慢慢就成为"心"的代名词。中国文人画，究其实在于心——心意；在于理——画理。

清代画家松年在《颐园论画》里说，"吾辈处事不可一事有我，惟作书画必须处处有我。"③ 文人画在某种程度上，表现的是两种文化情结，一种是个性郁闷与反抗冲动的视觉呈现，另一种是追逐逸山乐水之趣。前者表现的是"苦闷的象征"，如八大、徐渭等；后者是辛劳之际的精神顿悟，如石涛等。但无论前者还是后者，文人画都具有浓烈的个人主义色彩，即所谓"处处有我"。不过，文人画艺术的个人主义长足发展，"还在于文人画的自娱性质，这种以服务于自己为最终目的的艺术活动，在很多时候是并不要求社会理解的。它或许作为一种自我证实的方式，表示自己作为人的存在，或许作为一种参究

---

① 苏轼：《文与可画墨竹屏风赞》，见张新龙、张悭寅编著《中国古代画论选释》，西安交通大学出版社2010年版，第87页。

② 苏轼：《净因院画记》，见张新龙、张悭寅编著《中国古代画论选释》，西安交通大学出版社2010年版，第87—88页。

③ （清）松年：《颐园论画》，见张新龙、张悭寅编著《中国古代画论选释》，西安交通大学出版社2010年版，第317页。

宇宙的方式，在创作中体验到自然奥秘与生命的力量，总之，它是一种自己的艺术"①。文人画究其本质是：以胸中之丘壑，代山川而立言；寄深情于山水，致天人而合一。

  这种个人主义的文化流风，在晚清民初"三千年未有之变局"下，与摄影术相遇，独特的社会境遇与狷介的文化气质，经过摄影术这个新媒介勾连，造就了中国近现代文艺新群落：美术摄影。美术摄影的最终成形和被接受，还有一个际遇，即晚清民初画报出版业的繁荣。据学者彭永祥统计，1872—1949年，中国的画报出版多达700家左右②。其中晚清时期有代表性的，如《中西闻见录》（1872）、《小孩月报》（1874）、《格致汇编》（1876）、《点石斋画报》（1884）、《飞影阁画报》（1890）、《民立画报》（1910）等；民国时期代表性画报，比如《真相画报》（1912）（图3）、《时报图画周刊》（1920）、《上海画报》（1925）、《良友》画报（1926）（图4）、《摄影画报》（1925）（图5）、《北洋画报》（1926）、《天鹏画报》（1927）、《时代画报》（1929）、《柯达画报》（1930）、《中国摄影杂志》（1931）、《黑白影社》（1934）、《飞鹰》（1936）（图6）、《晋察冀画报》（1942）等。特别值得一提的是，很多画报的创版者、主笔亦为画家出身，比如《点石斋画报》以画师吴友如绘制新闻图画；《启蒙画报》主笔、美编刘炳堂酷爱绘画，梁漱溟说他"兼蓄宋人写实和元人淡雅之长，注重写生，又能融合西画技法，故能成一家"③；《真相画报》创办人高奇峰，是岭南画派开山者；为《真相画报》撰稿的，如陈树人、高剑父，与高奇峰一起有"岭南三杰"之称；漫画家丁悚担任《上海画报》编务、长期为其供稿等。其他如《良友》画报主编马国亮，也对绘画颇有造诣。诸如此类的"和合之缘"，推动了美术摄影的发生与成长。

---

  ① 陈滞冬：《中国书画与文人意识》，广西师范大学出版社2017年版，第272页。
  ② 彭永祥：《中国画报画刊一览表（1872—1949）》，参见《中国画报画刊（1872—1949）》，中国摄影出版社2015年版。
  ③ 转引自吴果中《左图右史与画中有话：中国近现代画报研究（1874—1949）》，北京大学出版社2017年版，第195页。

图 3　真相画报

图片来源：《真相画报》1912 年第 12 期。

图 4　良友

图片来源：《良友》1928 年第 25 期。

第一章
美术摄影家:仿山水中觅画意 | 19

图5　摄影画报

图片来源:《摄影画报》1933年第27期。

图6　飞鹰

图片来源:《飞鹰》1936年第2期。

第二节　郎静山："集锦"大师

郎静山（图7）的百年人生以其1949年，时年57岁去台湾为界，可以分为两个阶段：1892—1949年，大陆生活；1949—1995年，台湾时光。因此，20世纪前半叶，郎静山的主要摄影活动轨迹在大陆。对于郎静山独特的摄影人生，当代摄影学者顾铮曾有过非常深刻的表述，"由于中国现代史的特殊原因，他的摄影活动分别为海峡两侧各占去一半，这就使得两边及海外的研究者以及摄影工作者无法获得一幅较为全面的郎静山像，也无法对于郎静山先生的摄影实践做出较为全面的评价。至今为止，中国大陆对于郎静山先生的认识还基本上停留在以他的'集锦摄影'为基础的画意摄影的层面上，而他的新闻摄影，

图7　郎静山像（1933年）

图片来源：《持志年刊》1933年第8期。

商业摄影，肖像摄影及摄影思想等，都还没有深入的考察"①。顾铮先生的这个说法切中要害，目前就大陆学者的研究看，基本集中在郎静山的集锦摄影，关于郎氏的新闻摄影、人像摄影确实关注不够。缘由应该有二：一是顾铮先生谈到的特殊的现代史原因、政治原因，致使郎静山在台湾时期的美术（画意）摄影、人像摄影（尤其是政治人物摄影）等因文献查询不易，或政治因素导致研究者们的"选择性"忽视；二是郎静山的集锦摄影影响之大，掩盖了他的新闻摄影、商业摄影成就。本章书写亦因课题设置时限制约，仍然以郎静山在大陆时期的摄影实践为研究对象，但力图在其摄影题材和摄影思想上根据掌握史料文献，能够比较全面地反映其在大陆时期的摄影风貌。

一　人生百年

郎静山祖籍地兰溪，地处浙江中西部，钱塘江中游。衢江、婺江在兰阴山麓汇成兰江，兰江北行至梅城，汇入新安江，转称富春江，江水继续北行，至富阳东下，是为钱塘江。三江（兰江、衢江、金华江）五溪（梅溪、甘溪、赤溪、游埠溪、马达溪）造就了兰溪，因此，兰溪自古有"三江之汇"的美称，郎静山即是衢江边上游埠镇里郎村人。唐末五代诗书画"三绝"的高僧贯休也出生在游埠镇。贯休一生诗词流传 500 多首，有《禅月集》存世，因钦定四库全书有"一瓶一钵垂垂老，万水千山得得来"之句，故时称其为"得得和尚"。贯休三十四岁时，在游埠建造石壁寺，并题诗曰，"赤旃檀塔六七级，白菡萏花三四枝。禅客相逢只弹指，此心能有几人知"。诗句洋溢着高僧出尘的通达之气；贯休的书、画造诣深厚，因俗姓姜，故其书被称为"姜体"。《益州名画录》说贯休，"善草书、图画，时人比诸怀素。师阎立本"。贯休的画在中国绘画史上声誉极高，《十六罗汉图》为其传世名作；所画十六罗汉皆古野之貌，不类世间所传，"庞眉大

---

① 引自林路《郎静山摄影与西方渊源之比较》，见《名家·名流·名士——郎静山逝世廿周年纪念文集》，台北"国立"历史博物馆 2015 年版，第 93 页。

目者、朵颐隆鼻者、倚松石者、坐山水者，胡貌梵相，曲尽其态。又画《释迦十弟子》，亦如此类，人皆异之"①。贯休亦宣称得之于梦中。《十六罗汉图》真迹久已无存，但它的传本除了国内公共博物馆、私人藏家握有外，亦有日本宫内厅本、日本金泽文库残本等。贯休曾有《送僧归日本》诗，"焚香祝海灵，开眼梦中行。得达即便是，无生可作轻。流黄山火著，碇石索雷鸣。想到夷王礼，还为上寺迎。"从交游侧面，说明贯休的"罗汉图"极可能早已漂洋过海，实现了"跨文化传播"。《唐才子传》对贯休的评价是"一条直气，海内无双，意度高疏，学问丛脞……后少其比者，前以方支道林，不过矣"②。

介绍郎静山生平之前，之所以谈到贯休，要表达的是：有支道林之风的贯休不仅为游埠古镇乃至兰溪注入了高古逸气流布至今，而且其诗书画三绝的艺术气质也融入在兰溪的氤氲山水中，成为其文脉传承的重要成分；至今在游埠古镇上"比邻而居"的贯休纪念馆和郎静山纪念馆，也表征了这样的文化精神和"地方"属性。另外一点值得关注的是，作为中国最早走向世界，且坚持参与摄影国际交流的郎静山，不仅获得了世界级摄影大师的称号，其创制的"集锦摄影"，作为画意摄影的典范，更代表了中国摄影本土化实践与"接轨世界"的双向度发展尝试。因此，其摄影艺术活动竟然和贯休的书画艺术实践，尤其是绘画艺术一样，具有浓重的"跨文化"传播意味。对郎静山而言，其文化的根脉与游埠镇是不可分割的。1991年5月，继上海、北京之后，兰溪市举办"郎静山百龄百幅作品展"，郎静山不仅亲临展会，还回到阔别60年的游埠镇里郎村祖居归祭先祖。

1892年，祖籍浙江的郎静山出生在江苏淮阴。根据淮安市人民政府网资料显示：秦王政二十四年，即公元前223年，秦灭楚，始设淮阴县，属泗水郡。汉高祖六年，即公元前201年，韩信为被封淮阴侯，

---

① （宋）黄休复撰，王中旭校注：《益州名画录》，山西教育出版社2018年版，第158页。
② （元）辛文芳：《唐才子传》，中华书局2020年版，第683—684页。

封邑即为淮阴；元初，清河、淮阴、新城三县并置，淮阴以县属淮安路录事司；民国元年（1912），淮安府撤销，1948 年 12 月，人民解放军解放淮阴城；1949 年 5 月，成立淮阴专区；1983 年，淮阴专区改为淮阴市，2001 年 2 月，更名为淮安市①。淮阴、淮安辖区在历史上虽稍有变化，但其沿革交叉重叠，本属同一地方。淮阴自古人杰地灵，除了位居"汉初三杰"的淮阴侯韩信，这里还走出了《西游记》作者吴承恩、中华人民共和国开国总理周恩来等。

郎静山的父亲郎锦堂是一个有着闲逸气质的士人，虽然曾为幕僚，在漕运总督陈夑龙属下担任过"左营参将""两镇总兵"等官职，但他酷爱文艺，钟爱戏曲和书画艺术。根据学者陈申考证，在近代戏曲史料中，郎锦堂曾和戏曲名伶昌月樵合演过传统剧目《莲花湖》，并有合照留存；而且对于书画艺术，郎锦堂很是精通。在这样一个颇有艺术天分的父亲影响下，郎静山早早地接受了中国传统艺术熏染；郎静山曾记述，"先君爱好书画，启发余艺术甚多"②。热爱艺术的郎锦堂往来上海、南京，也时常把照片这样的时尚品带到家中。因此，幼年时的郎静山即接触了摄影；而且早年家里悬挂的一张父母结婚时，和外婆合影的玻璃湿版照片，也给郎静山留下了深刻记忆。

1904 年，郎静山 12 岁，开明的郎锦堂把他送到上海公共租界的育才学堂读书。在这里，郎静山遇到一位叫作李靖兰的国画老师，李靖兰酷爱摄影，成为郎静山学习摄影的"开蒙"老师；他跟随李靖兰学习冲洗、晒印技术及摄影原理，对以后的美术摄影创作和摄影美学思想产生了深远影响。1906 年，郎静山转入上海南洋公学预科读书，同学中有后来成为摄影家的黄坚，即黄振玉，此人后来在北京大学工作，与陈万里交游，积极参与摄影活动，在北大组织影展，参与创办中国第一个摄影团体——北京光社。而且黄坚还与胡伯翔交游，20 世纪 20 年代时常往来于北平、上海之间，"在一定上触发了上海中华摄

---

① 淮安历史沿革，[2022-03-02]，http://www.huaian.gov.cn/col/16724_256824/index.html。
② 陈申：《郎静山和集锦摄影》，见《摄影大师郎静山》，中国摄影出版社 2003 年版，第 102 页。

影学社（简称华社）的建立"①。1912年，郎静山从南洋公学毕业，进入上海《申报》馆工作，除了拍些时事照片外，主要从事报馆的广告业务。1920年，郎静山拍摄的《苏州的花园》和《上海乡下小浜中日落》等作品，被《时报》总编戈公振刊登在《时报·图画周刊》，这被认为是郎静山摄影作品第一次刊发②。直到1926年，因上海《时报》从国外引入三色轮转机，照片需求大增，郎静山经人介绍，进入《时报》馆做摄影记者，进行采访摄影活动，由此跻身于中国最早的摄影记者之列。

受"五四"新文化运动感召，摄影被作为一种新艺术形式受到知识阶层的关注。同时在蔡元培"思想自由、兼容并包"教育思想引领下，北京大学成立了油画、书法、音乐、歌谣、昆曲以及摄影研究会等团体。在1919—1921年，北京大学每年举办一次摄影作品展，由北大校医院的陈万里与教师黄坚（黄振玉）负责策展，他们于1923年冬，推动成立了北京大学艺术写真研究会。因为当时照相机属于奢侈品，研究会在教师和学生中间难以发展壮大，于是他们就走出校门，吸纳社会人员；并经过黄振玉建议，艺术写真研究会更名为"北京光社"，于1924年1月宣告成立，开始鼓吹摄影的美术性。1926年，陈万里南下上海；受北京光社及陈万里、黄振玉等人的影响，1928年，郎静山、胡伯翔、黄伯惠与陈万里、张珍侯等在上海组建摄影团体，经胡伯翔提议，该社团被命名为中华摄影学社（即"华社"）。1929年，郎静山的第一本摄影集《静山摄影集》由中国美术刊行社出版发行。

1931年，郎静山在上海开设"静山摄影室"，专心从事人像与广告摄影，并开始尝试把目光转向世界影坛；同年，其作品《柳荫轻舟》（又名《柳丝下的摇船女》），入选日本国际摄影沙龙。1932年，为了将摄影作品更好地推向国际摄影沙龙，提升中国摄影的国际地位，郎静山与好友徐祖荫、黄仲长成立了"三友影会"，专门用来向国际

---

① 顾铮：《当年的上海美专如何影响了中国摄影的发展》，[2022-03-30]，https：//www.thepaper.cn/newsDetail_forward_16879003。
② 姚璐：《郎静山摄影艺术研究》，中央美术学院2019年版，第28页。

摄影沙龙投递摄影作品。1934年，他的第一幅集锦摄影《春树奇峰》（图8）入选英国摄影沙龙。1937年，全面抗战爆发，郎静山除了在上海、重庆、昆明之间进行新闻采访活动，继续从事集锦摄影（画意摄影）创作和研究；1939年纪念达盖尔发明摄影100周年时，郎静山推出其个人摄影集——《静山摄影专刊》。1940年获得英国皇家摄影学会初级会士衔，1941年分别获得英国皇家摄影学会、美国摄影学会高级会士衔，1947年其作品受邀参加美国举办的世界50家摄影家影展，其国际影响不断提升；其集锦摄影作为当时中国画意摄影的典范，标志着郎静山摄影艺术进入巅峰时期。

图8　春树奇峰（郎静山摄）

图片来源：《摄影大师郎静山》，中国摄影出版社2003年版。

对于从事集锦摄影，郎静山曾经表述过自己的想法，"想起最初外国人到中国，往往只拍摄中国女人的'三寸金莲'，拍鸦片烟，坐人力车，抬轿子那些落后的东西，他们根本不知道中国的文化是什么，他们根本看不到中国文化优美的一面，久而久之，使人误以为这些就是中国。我的创作理念很简单，就是想把好的、美的东西拍出来。呈现给大家……"① 1949年，郎静山经香港至台湾定居，开始人生及艺术摄影的"下半场"。除了继续从事集锦摄影创作外，郎静山游走世界，进行访问交流、课徒授艺，并在1984年在香港展出其晚年集锦摄影精粹《湖山揽胜》。1991年5月，继上海、北京之后，兰溪举办"郎静山百龄百幅作品展"；5月30日，郎静山回到兰溪老家祭祖，弹指一甲子，流水60年。此后，郎静山再回大陆，再登他集锦摄影中的黄山；1995年4月，郎静山在台北辞世，是年103岁。

二 交游吴湖帆 张大千

如果说父亲郎锦堂是郎静山摄影艺术创作的启蒙者，那么，李靖兰则是郎静山80年摄影创作与研究的引路人。郎静山儒雅谦和、沉静稳重，且为人热情，政商圈、艺术界交游广泛，其艺术气质的培育、摄影理念的成熟与此有着深厚关联。郎静山一生与张大千、张善子、林风眠、黄宾虹、齐白石、吴湖帆、徐悲鸿等名流皆有交集，为齐白石、张大千、于右任等人拍摄过照片，其集锦摄影也在艺术交游中得到启示、借鉴。在诸多艺术家中，吴湖帆、张大千与郎静山交游尤为紧密。

1. 郎静山与吴湖帆

吴湖帆（1894—1968），世居苏州（吴中），比郎静山小两岁；工山水，擅绘松、竹、芙蕖，以"雅腴灵秀、清韵缤丽"的青绿山水画风别立新宗；本人才智加上艺术根基，使他在20世纪30年代声名鹊起、饮誉画坛，当时即有"南吴北溥"之称，南即吴湖帆，北是溥心

---

① 朱家宝：《忆郎老》，《中国摄影报》2000年4月14日。

畲（溥儒）；与张大千有"南吴北张"之称。此外，与吴待秋、赵叔孺、冯超然并被称为"海上四大家"；亦与吴子深、吴待秋、冯超然并称"三吴一冯"，可谓画坛"达人"、一代俊彦，是集绘画、鉴赏、收藏于一身的现代绘画大师、书画鉴定大家。对于当时的中国美术家，有学者曾给予分类，认为有"以顾麟士为首的'复古派'、以钱瘦铁、郭午昌和张大千为代表的'新进派'、以刘海粟为首的'美专派'和以吴湖帆、郑曼青、秋平子为代表的'文人派'。"① 吴湖帆因为早年临习家中所藏"四王"、董其昌真迹，30年代后，又深入研究宋元绘画，在研摩南北宗青绿山水基础上，形成自己的青绿设色理念，最终自成一家，被视为传统"文人派"。

但是，根据对吴湖帆创作风格的梳理发现，自1936年吴湖帆在《美术生活》发表《云表奇峰》（图9）始，就开始突破早期"临仿"为主的创作风格，有意引入新兴现代艺术手法，特别是注重摄影术光影透视技法的使用。摄影术自鸦片战争后传入中国，至20世纪20年代，逐步向专门艺术发展。美术摄影的实践和探索以北京光社的成立为重要"事件"，1928年郎静山等人创立的"华社"，进一步推动了早期中国美术摄影创作的繁荣。至20世纪30年代，摄影作为艺术的地位基本确立。吴湖帆不仅承继了传统文人画风，而且和当时许多画家，如张大千、黄宾虹等人一样，对摄影这种新艺术表现手段情有独钟。而郎静山在1934年亦开始了他的"集锦摄影"创作实践，其代表作品《春树奇峰》即完成于此时，成为中国美术美术摄影——"画意摄影"的重要收获。

郎静山1919年在上海东山路成立自己的广告社，而吴湖帆则在1924年，为避直系江苏军阀齐燮元与皖系军阀卢永祥的江浙战争，被迫离开苏州，寓居上海嵩山路，与其同学陈子清合办书画事务所，并与郎静山产生交集，因艺术志趣相投成为好友，两人在摄影与绘画上亦生发碰撞，郎静山曾就摄影的画意向吴湖帆请教。台湾学者萧永盛

---

① 郎绍君：《论中国现代美术》，江苏美术出版社1988年版，第77—78页。

图 9　云表奇峰（吴湖帆绘）

图片来源：《吴湖帆山水》，上海书画出版社 2018 年版。

曾在《画意·集锦·郎静山》一书中，提到过吴湖帆外甥朱梅村的一封信，信中记述有郎静山与吴湖帆关于"集锦摄影"创作的切磋："我舅父和郎静山经常往来，郎先生是摄影先辈，他偶以所摄风景持来嵩山路，比较平常，乃因构图所限止。舅父指出那些可留，那些要添，郎先生即在底片上下功夫，剪裁后冲洗，奇景即现，随后，舅父认为不足者，再行创作，而得到奇趣……"①其时，郎静山对于美术摄影的认识是，其"所采构图理法，亦与吾国绘事相同，如凑合数种底片，汇印于一张若吾国画家之对景物随意取舍者然，而造成理想之新境地，其法一也，又取底片之一部分，剪裁成章，及用长焦点摄镜摄影，在适合角度，求画面物象匀称，中、远近物体，匀称而无大差别，其理同也。由此观之，东方艺术，可为摄影之助，摄影亦足证东方艺术已早入精妙之域也"②。萧永盛提到的文献，印证了吴湖帆对郎静山"集锦摄影"创作的影响。

而吴湖帆作为传统"文人派"画家，他的中国绘画美学理念与绘事架构基础，无疑对郎静山的集锦摄影产生了重要影响。在吴湖帆的《醜簃日记》中多次出现索照相为写照的记载，比如1933年8月8日载，"叶遐庵携来五蒂莲花照相，索为写照。此花为昆山玉山花园东亭子池中物，池方广十余丈，皆并蒂花，惜非年年能开。据云今年特盛……"③1937年2月25日，"钟山隐来借云林《汀树遥岑图》照片，并谈为余印古画事。张毂年来借恽南田《携尊踏雪图》照片，为兜揽余画印刷事"④。1937年3月6日，"祖芝田来辞行，今晚动身，余作竹石画送之，并留倪画照片"⑤。关于摄影照片的记载，在《醜簃日记》中屡屡见之；而且吴氏本人也在绘画中或依据照片画面或借助摄影光线透视及其写实特性；尤其是其《山水手卷》的山水结构、体感笔锋，与郎静山摄影中山峰起伏态势极其相似。

吴湖帆绘画中借鉴摄影的画面布局、前中后景设置及光影技术等，

---

① 引自游雅兰《郎静山的摄影对吴湖帆绘画之影响》，[2015-02-09]，http://www.doc88.com/p-973185 1100835.html。

② 郎静山：《郎静山摄影专刊》自序，参见龙熹祖编著《中国近代摄影艺术美学文选》，中国民族摄影艺术出版社2015年版，第252页。

③ 吴湖帆：《吴湖帆文稿》，中国美术学院出版社2004年版，第43页。

④ 吴湖帆：《吴湖帆文稿》，中国美术学院出版社2004年版，第55页。

⑤ 吴湖帆：《吴湖帆文稿》，中国美术学院出版社2004年版，第59页。

在图像、光影、空间上显示出传统和现代风格的融合。比如1948年，吴湖帆受弟子俞子才拍摄的台湾阿里山照片启示，创作了《阿里山奇景云海图卷》，并在画卷上书题记："台湾阿里山奇景云海，海拔在二千公尺以上空中。戊子（西元1948）春三月，子才学弟随教（育）部文物会亲往摄取。凡上下途中，二日间经山洞一百六十又四。归来出示相片，不觉动余盎兴，乃检旧褚图此，即赠子才为此行留痕。吴湖帆并识……"吴氏此作依照片之光影构山峦之连绵，据此对照吴氏1944年《山水手卷》中山水结构趋近于真实山水的自然起伏，学者游雅兰认为，吴湖帆应是在郎静山1932年所摄的"云海"照中获得了启发①。

游雅兰的这个看法应该所来有自，并非主观臆断。1933年，郎静山曾在浙江天台山石梁飞瀑拍得《临流独坐》（图10）照片，以影本赠予吴湖帆作为画稿之用；1937年，吴湖帆于此照诗塘中题记，"此天台山石梁下瀑布景也，四年前静山兄曾以影本见赠，余用巨然法临成小幅，复为静兄题此，壬午春吴湖帆识"。此为吴、郎摄影、书画"雅集"之一例。此外，郎静山吴湖帆还合作过临仿倪瓒的《汀州遥岑图》山水一幅，郎静山绘就了前景树木，吴湖帆补绘远山。郎静山与吴湖帆的艺术交集，促进了彼此的艺术创作，"郎氏取谢赫'六法'理论构图所摄风景故多画意，吴湖帆因之别有会心作画，时能转光影为笔墨"②。

受郎静山照片云蒸霞蔚之风格和画面的影响，吴氏画作中的山水笔墨与此巧妙融汇，创作了许多写实性与表现性俱佳的作品。最为人称道的如1954年吴湖帆直接使用照片蓝本绘制了《北极冰山》（图11）；1960年依据报纸图片绘制《红旗插上珠穆朗玛峰》；1965年为庆祝中国原子弹爆炸成功绘制《庆祝我国原子弹爆炸成功》。虽然在《北极冰山》图上，吴氏以画家的艺术想象，把中国南方的数叶轻舟安放在

---

① 游雅兰：《郎静山的摄影对吴湖帆绘画之影响》，[2015-02-09]，http：//www.doc88.com/p-9731851100835.html。

② 孔令凤：《从师友、交游看吴湖帆的画学渊源》，《艺术百家》2007年第1期。

图 10 临流独坐（郎静山摄）

图片来源：《摄影大师郎静山》，中国摄影出版社 2003 年版。

北极冰山脚下，具有浓重的写意性，但这幅画和《红旗插上珠穆朗玛峰》中山体一样，以烘托没骨法渲染山体骨感，融汇了摄影的光影明暗之法。而《庆祝我国原子弹爆炸成功》图中，蘑菇云的烟雾造型、光线明暗营造出画面质感。吴氏在《红旗插上珠穆朗玛峰》图中，亦直言此画本身所具有的时事色彩，"一九五三年，余曾作红旗插上珠穆朗玛峰一画，当时为祝颂祖国跃登高峰，想像画之。迄今仅七年，竟成事实，只有在伟大共产党领导下，在总路线光辉照耀下，三勇士高举毛泽东思想红旗，方有此空前创举。开创人类历史奇迹。闻之欣然，重写是图，一九六〇年夏，吴湖帆"。上述三图突破了吴氏临习传统画之画面、构图之法，摄影的写实性呈现在这些作品中占据了主位。

图 11　北极冰山（吴湖帆绘）

图片来源：戴小京《画坛圣手吴湖帆》，上海书画出版社2012年版。

郎静山以《春树奇峰》为开端，创作集锦摄影。梳理比较郎静山与吴湖帆的作品，发现吴湖帆中后期画作中，对摄影手法的借鉴非常多见。比如1936年吴氏创作的《云表奇峰》，在青绿远景山体中，陡然安插一座倾斜45度的锐利山体，完全打破了传统文人画画面构图的浑然一体性与流畅通透，亦如"集锦"般"移来"了这座山峰。吴氏1960年创作的《云山画卷》，由左至右前景山脉墨色深沉，右侧山色淡烟轻点，中景的山间则云蒸霞蔚，云雾、山体在光影中变化的准确把握，使这幅画无论构图还是质感，都浑如摄影照片，恰如郎静山的《寒林映远岫》照片。此外，如比较分析郎静山的《雁荡鸣春》（图12）与吴湖帆的《石壁过云》，亦看到取景角度和空间表现上，两人艺术风格的互相映衬。《雁荡鸣春》前景置放一棵初绽春树，右角山峦与之呼应，中有云雾缠绕；《石壁过云》构图相似。两作空间对比鲜明，与吴湖帆而言,这种构图和空间表现,打破了传统中国画山川杂树、林泉云岫等物象叠放的空间布局,具有比较明显的镜头语言特性。

图12 雁荡鸣春(郎静山摄)

图片来源:《摄影大师郎静山》,中国摄影出版社2003年版。

2. 郎静山与张大千

张大千(1899—1983)(图13),别号大千居士、斋名大风堂;祖籍广东番禺,出生于四川内江一书香门第;中国泼墨画家、书法家。精研石涛、八大、陈洪绶、唐寅;早年留学日本,抗战时期,赴敦煌莫高窟临摹北魏、隋唐壁画,面壁三年;擅泼墨与泼彩,重彩、水墨融为一体,气韵浑厚;山水、花鸟、人物、工笔、写意、水墨、重彩、鱼兽皆工，开创画坛新风，山水画成就尤为卓著。诗、书、画与傅心畲、齐白石齐名，时有"南张北傅""南张北齐"之说；20世纪50年代后旅居海外，与黄君璧、傅心畲被称为"渡海三家"；且因游走世界，国际声誉日隆，被西方艺坛誉为"东方之笔"；徐悲鸿则称其为"五百年来一大千"。张大千二十多岁即蓄长须，年长后颇有道骨仙风之态，为郎静山所喜。

图13　张大千像

图片来源：李永翘《张大千传》，中国青年出版社2014年版。

张大千艺术交游遍天下，与郎静山情谊尤厚，以兄视郎氏。1979年，张大千为郎静山的摄影《群峰耸翠》题记，盛赞"静山先生摄取全国诸胜，并远及海外，集以为卷，妙造自然，有如天孙云锦之衣，无觅其针线之迹，抑何神也。静山固工画，得荆关倪黄遗意，纳之镜中而镕冶之，非信手拈弄者"。郎静山亦曾在1967年10月20日于台湾的"中央日报"上发表《我和张大千先生》一文，称张大千也会照相，且早已把大自然景色囊入胸中，"我的摄影比不上他的用处多"。可见两人在艺术上的彼此认可与惺惺相惜。

  郎静山与张大千、张善子兄弟的交集源于20世纪30年代前后。郎静山居上海德裕里，曾与海派书画领军人物曾熙为邻，而曾熙是张善子、张大千兄弟的师父。郎静山由张善子而识得张大千，遂与交好。1928年，19岁的雷佩芝在上海王开照相馆工作，仰慕经常到照相馆购买相纸的郎静山，向他学习摄影与绘画，郎静山则把雷佩芝介绍到张大千门下学绘画，自己教授其摄影；1930年，雷佩芝成为郎静山第二任妻子，郎、张两家关系也更为紧密。

  但郎、张之交更是建立在艺术志趣的相契，郎静山与张大千的艺术交集可以用"交互"来表述：首先在张大千一面，与郎静山的交游，推动了张大千昆仲借助摄影手段从事绘画的尝试，以及直接的摄影创作实践。张大千早年师从晚清书画大家曾熙，而曾熙推崇石涛，张大千初习绘事，亦从临摹石涛始，石涛的"搜尽奇峰打草稿"说对张大千影响很深。石涛在"题搜尽奇峰打草稿"图中说，"郭河阳论画，山有可望者可游者可居者。余曰：江南江北，水陆平川，新沙古岸，是可居者；浅则赤壁苍横湖桥断岸，深则林峦翠滴瀑水悬争，是可游者；峰峰入云，飞岩堕日，山无凡土，石长无根，木不妄有，是可望者。今之游于笔墨者，总是名山大川未览，幽岩独屋何居，出郭何曾百里，入室那容半年，交泛滥之酒杯，货簇新之古董，道眼未明，纵横习气，安可辨焉？"① 张大千学画之初，即从临摹石涛入手，因此不仅铭记石涛的"搜尽奇峰打草稿"绘画理念，亦热衷游历名山大川，探可望、可游、可居之境。而且和当时的艺术家，如吴湖帆一样，张大千重视对摄影的借鉴；他不仅参考照片影本绘画，还热心于拍摄，把"搜尽奇峰打草稿"铭记奇峰于心、再题于墨端的传统"目识心记"法，转变为先录之于影像，再题之于墨端的"新法"。因此，

---

① （清）石涛：《题搜尽奇峰打草稿》，见朱良志辑注《石涛诗文集》，北京大学出版社2017年版，第333页。

1931年，张大千与其兄张善子二上黄山（1927年，张氏兄弟曾一上黄山）。这一次，张氏兄弟在黄山这个"可望、可游、可居"胜地停留数十天之多，用随身携带三脚架座式照相机、一部折叠式镜头相机，仅在黄山之上就拍了三百多张风景照；离开时，还特意在黄山文殊台旁巨石上，请石工镌刻"云海奇观"四字纪行留念，并创作《黄山白龙潭》（图14）等作品。黄山归来，张大千特意从所摄黄山山水照中选取12幅，题名《黄山画景》出版发行。张大千黄山此行"摄影画册"之获，无疑得自于从郎静山习得的摄影术；而且张大千所拍摄的《蓬莱仙境》（黄山云海），还被选送去比利时举办的万国博览会，获得摄影金奖。

郎静山、张大千皆与黄山有深缘，但关于郎静山是否与张大千同上黄山，却有不同说法。根据李永翘的《张大千年谱》所载，张大千1927年5月与其兄——善画虎的张善子，第一次登黄山，"山中寓居数月方归"[①]；1931年9月，与兄张善子及门人张旭明、吴子京、慕凌飞等二上黄山，勒石而归[②]；1936年3月，与谢稚柳、徐悲鸿等三游黄山[③]。三游黄山归来后，张大千大量创作以黄山为题材的诗、书、画作品。张氏1949年去国之前在大陆三登黄山，此《年

图14 黄山白龙潭（张大千绘）

图片来源：《张大千画集》（上卷），北京工艺美术出版社2005年版。

---

① 李永翘：《张大千年谱》，四川省社会科学院出版社1987年版，第46页。
② 李永翘：《张大千年谱》，四川省社会科学院出版社1987年版，第61页。
③ 李永翘：《张大千年谱》，四川省社会科学院出版社1987年版，第88页。

谱》并无郎静山同行的记载。但在高阳所著《张大千—梅丘生死摩耶梦》一书"影响张大千艺事的朋友"一章中，却有如此记述，"黄山的丘壑对张大千所作山水的影响，或者说益处极大，但如无郎静山同游，所获就不会太多"①。包立民在其《张大千艺术圈》中，亦持同样之说，"也正是在与郎静山同游黄山搜尽奇峰打草稿的过程中，张大千从郎静山的摄影中获益匪浅"②。在郎静山的集锦摄影《张善子》这幅作品上，张大千为之题记，"先仲兄善子五十一岁重游黄山于狮子林，棋枰松畔郎静山先生为之写真，壬寅春八弟张爰"。张善子1921年初上黄山③，1927年、1931年两度陪张大千游历黄山，因此，这幅作品应该拍摄于1931年张善子二上黄山时，这也旁证了郎静山曾与张氏兄弟同游黄山。

20世纪30年代，国民党元老，安徽籍的许世英为桑梓效力，发起筹备"黄山建设委员会"，筹谋开发建设黄山。该会1934年在南京成立，张大千、张善子及郎静山等均被聘为委员；同年12月，《美术生活》的郎静山、《良友画报》主编马国亮、《时代画报》主编叶浅予及身为《美术生活》常务编辑的张大千、张善子、徐悲鸿、黄宾虹等发起创办"黄社"，意在以绘画、摄影为开发黄山宣传造势。郎静山受邀，代表《美术生活》杂志，与马国亮、叶浅予等考察黄山，郎氏黄山之行拍摄黄山山水风景照片20多张，张氏兄弟并无参与此次考察。据此再次旁证《张善子》应该为1931年郎静山与张氏兄弟同登黄山之作。

郎静山与张大千艺术交游的另一个很重要的方面，是郎氏以张大千为模特，创作了独具特色的"集锦式"高士图，这在郎静山集锦摄影中占有重要位置。前述提到，张大千20岁后即蓄长髯，及待年事略高，更具飘逸仙风，俨然一出世逸士；张大千本人也特别重视"自画像"。1929年，张大千时年30岁，而立之年，自绘全身立像（图15），

---

① 高阳：《张大千—梅丘生死摩耶梦》，生活·读书·新知三联书店2006年版，第97页。
② 包立民：《张大千艺术圈》，生活·读书·新知三联书店2019年版，第177页。
③ 汪毅：《张善子的世界》，九州出版社2015年版，第60页。

以参天古松为背景,黄宾虹为之题跋,"欧阳永叔年方逾冠,自称醉翁。今大千社兄甫三旬而虬髯如戟,风雅不让古人……",与张大千齐名的"北溥"——溥儒(溥心畬)观此画,亦不禁赞叹"赠君多古意,倚马识仙才"[①]。不过,最终成就张大千"仙才"之高士形象的,是集锦摄影家郎静山。

在郎静山的人物摄影中,齐白石、张大千都是其拍摄对象,而以张大千形象为核心创作的"高士图",是郎静山的重要作品类型,也是他对20世纪中国美术摄影的独特贡献。和郎静山同时期的"新中国画"大师陶冷月也拍摄了很多高士图,因受制于绘画制式和审美理念,陶冷月拍摄的"高士图"意境与中国传统高士意趣极其切合,"得力于摄影这一新视觉表达样式所带来的可能性,他倒是创出了蕴含某种新价值观取向和美学意趣的、可称之为'摄影高士图'的新画面"[②]。和陶冷月的"摄影高士图"相比较,郎静山的"高士图"可以名之为"集锦高士图":张大千本来就得意于自己的飘逸须发,常对镜揽长髯、挥毫画出心中我,寥寥数笔,丰姿焕然,自画像演绎明月出尘、苍髯魏晋的风神。而郎静山作为集锦摄影大师,又为他移来松林鹤影、云

图15 张大千30岁自画像

图片来源:包立民《张大千艺术圈》,读书·生活·新知三联书店2019年版。

---

① 参见包立民《张大千艺术圈》,生活·读书·新知三联书店2019年版,第369—370页。
② 顾铮:《"离摄影真谛最近的"——陶冷月的摄影实践》,《书城》2016年第1期。

腾雾绕，超尘绝世之境、高蹈遗世之态顿然而成。郎静山为张大千创作的"集锦高士图"，有《云淡风轻》（1953）、《云深不知处》（1963）、《旷观大宇》（1963）、《松荫高士》（1963）（图16）、《飞泉幽涧》（1971）等。张大千平生喜画高士图，自己也愿意成为郎静山镜头下的"高士"。

图16　松荫高士（郎静山摄）

图片来源：《摄影大师郎静山》，中国摄影出版社 2003 年版。

郎静山、张大千一位摄影大师，一位书画大师，二人因为艺术结下深厚的情谊。1974 年 1 月，七十六岁的张大千，接到 82 岁的郎静山寄来的生日礼物——一幅近照，大喜之下挥笔填写一首《减字木兰花·题郎静山为予七十六岁造像》，词曰："坠鞭侧帽，走马长楸年正少。容易秋风，短鬓萧萧一秃翁。闲情无着，陶写恒妨儿辈觉。吾爱今吾，犹有红妆唤老奴。"欣喜之情，呼之欲出。

三　集锦美学

郎静山是20世纪中国美术摄影集大成者，因为长寿且勤奋，也让他成为坚守美术摄影时间最久的摄影家。作为美术摄影家，郎静山最具个性的当属他的集锦摄影，集锦摄影可以被理解成画意摄影，但与画意摄影又在表现方式和艺术手段上有所区别。抗战爆发后，众多美术摄影家纷纷改弦更张，走向直面现实的纪实摄影、新闻摄影等，郎静山依然坚持集锦摄影创作。郎静山集锦摄影在理念上拟古（复古），在风格上仿中国画，在审美上重写意；流淌着闲逸出世、清寂虚无的哲学思想，在画面虚实之间建构道家所追求的虚静冲灵、旷远通达之境。对自己的摄影实践和理念，郎静山这样概括，"我做集锦照片，是希望以最写实、最传真的摄影工具，融合我国固有画理，以一种善意的理念，实用的价值，创造出具有美的作品"①。不过，郎静山除了进行以集锦摄影为主的美术摄影创作外，他的摄影还涉及写实的一面。这里分两部分，梳理郎静山的摄影类别与集锦摄影美学。

1. 郎氏摄影类型

为便于考察，以写实、写意视角，不妨把郎静山的摄影作品分为三类：

（1）写实摄影

摄影的技术特性，决定了它的写实性。郎静山的写实性作品基本可以归纳为社会写实、新闻纪实、风光写实和人像写实几个方面。

20世纪20年代前后，一些媒体开始着意培养自己的专职摄影记者。如上海《时报》老板黄伯惠就"规定了馆内所有的外勤记者，一定要能拍照，还要能自己冲印"②。黄伯惠1928年聘郎静山为《时报》

---

① 朗毓文：《开中国实验摄影之先河：郎静山》，见赵迎新主编《中国摄影大师》，中国摄影出版社2017年版，第83页。
② 引自路鹏程《从照相馆到新闻馆：中国近代职业新闻摄影记者的形成与发展》，《新闻与传播研究》2020年第5期。

首任专业摄影记者，使他由此跻身中国最早专职摄影记者行列；他的摄影报道"西湖博览会""远东运动会"等都属于比较重大的新闻事件。正是有这样的职业身份，社会批评和新闻纪实就成为郎静山一个拍摄题材和关注领域。即使像1938年完成的具有很强素描画效果的《静观自得》，也充满了浓厚的生活气息，显示了很强的纪实性。而且后来寓居台湾，郎静山依然保持着对台湾社会现实的拍摄，用镜头捕捉当地的风土民情、生活习俗等；他在台湾时期拍摄的纪实类作品极具人文风情，画面完整、人像平和、构图严谨。

不过，社会纪实与新闻类作品，特别是纷飞战火和民间疾苦终究不是郎静山拍摄用功最深之处，也谈不上新闻信仰，因为在摄影创作上，他的心另有所属。对此，郎静山亦直言不讳，"我对于摄影，髫龄时便感到兴趣，在中学时代，跟了一位爱好此道的教师在一起，更加增加了研究的兴趣，后来为了在报馆中帮忙写稿，更兼采访一点体育消息，顺便摄些新闻照片，和开麦拉便结不解缘了。不过那时做新闻记者，完全是和爱好摄影一样，完全为了兴趣，丝毫不受薪给"[1]。郎静山彼时的乐趣，已在轻舟淡烟、垂柳远山、倦鸟枯枝、烟波垂钓……

虽如此，其时郎静山的风景摄影也还在写实上。比如仅以郎静山发表于1937年《飞鹰》杂志上的18幅作品看，其中风景写实有《放牧》《光明》《放棹》《秋叶》《春之象征》《春》《归途》《原野》等。其他如《永安月刊》之《野渡波光》《烟雨归舟》；《旅行杂志》之《尽是庐山佳绝处》《秋林孤亭》《斜月归人》；《京沪周刊》之《黄山之晨》；《紫罗兰》之《春谷幽居》；《东方杂志》之《溪边草影》；《新闻报》之《赣江帆影》；《中华摄影杂志》之《万竿秋声》；《天鹏》之《惆怅东风望燕归》；《良友》之《冰川溪畔》《玉山城外》《秋池夕照》《古刹扫尘》等，基本可以以写实风景看待。

不过，如《烟波摇艇》（1932）、《金波泛筏》（1930）、《吴门归棹》《云门瀑布》（1931）、《山径归樵》（1933）、《春寒野阴风景暮》（1932）、

---

[1] 洛川：《郎静山谈摄影艺术》，《杂志》1942年第1期。

《微径草木繁》(1932)、《松杉晨雾》(20世纪30年代)、《临流独坐》(1933)、《归途天色晚》(1933)、《雾里江船渡》(1937)、《治生且耕鑿》(1937)、《隐见清湖阴》(1938) 等风景写实作品中洋溢着浪漫主义气息,传达出摆脱羁绊、超然出尘的理想志趣。郎静山此类作品早期线条流畅清晰,后期则逐渐使用柔光,显示了创作风格与审美思想的渐变。

郎氏摄影写实的另一个题材是人像(包括人体)摄影。人像(人体)摄影在郎静山摄影创作中占有重要分量,艺术手法也很成熟。在人像摄影中,郎静山较少使用"集锦法",影调细腻,具有油画效果;但布局比较随意,又颇具有中国传统画色彩。郎氏人像摄影中最具代表性的当属《乡村长者》《金陵司牧》《于右任像》《白石老人》《张大千像》(非集锦高士图)、《许同莱》,以及宋子文、何应钦、胡适、陈诚、吴稚晖等人像,摄影大师亚当斯、曼·雷等都曾进入他的镜头。

早期中国摄影家研究、拍摄女性裸体,北有刘半农、黄振玉(黄坚)等,南有郎静山、卢施福及秦泰来等人。受刘海粟上海美专使用裸体模特氛围鼓舞,郎静山遂成为中国探索人体摄影艺术并取得成绩的前行者;他还提出人体摄影美学观,"由于人体有着优美与柔和的线条,在光与影的千变万化中,能表现出纯真纯美纯善的意境"[①]。作为中国人体摄影开拓者,郎静山1933年拍摄《抱瓮凝思》(图17) 入选"新英格兰"摄影艺术沙龙。该作以清淡的色调,展现女性人体姿态之雅静,以低头凝思表现女性的柔婉之美,左腿微屈与举瓮之右手及臂向对应,画面平衡协调,摄影技术与东方女性的柔美曲线融合。其他如《人体习作》(1928)、《沉思》(1930)、《美人胡为隔秋水》(1932)、《弦外之音》(1935)、《懒散笼纱》(1965) 等也是其此类摄影代表作。郎静山1930年还出版了《人体摄影集》,系我国第一部人体摄影画册;1934年,他与严次平出版《裸体摄影选辑》。郎静山的人体摄影虽然明显受西方油画影响,但其虚实相生之美的把握,还是

[①] 陈申、徐希景:《中国摄影艺术史》,生活·读书·新知三联书店2011年版,第197页。

中国传统美学意蕴。

图17 抱瓮凝思（郎静山摄）

图片来源：《摄影大师郎静山》，中国摄影出版社2003年版。

（2）现代主义摄影

20世纪50年代之后，郎静山的摄影风格出现新的转变，在艺术手段上进行了一些尝试或者说实验，这种转变主要是利用暗房技术进行物象叠放、投影、复印等手段，并配合画笔描绘，构建抽象风格。这种利用摄影和线条绘画，以黑底（或白底）照片上速写形式创作的作品，具有比较显著的现代主义色彩，如《丛花争艳》（1955）、《曲线幻影》（1956）、《疏林雀躁》（1965）、《简约》（1965）及《柳荫轻舟》（20世纪70年代）、《农村即景》（20世纪70年代）、《女有所思》(1970)、《鹿形文字》(1974)等。郎静山的这类作品构图简单、线条单一,抽象性强,虽然在视觉形式和构图布局及"光画"形式上,呈现了现代艺术的表现效果,不过"这些作品总的来看,形式上是反摄影和绘画传统的,影调基本上是单一的黑白对比,画面内容是具象和抽象形象的结合,但构图章法非常讲究和简洁,和西方现代艺术有很大区别。因而也可视作郎静山集锦摄影在风格发展上由繁至简所派生出来的新的摄影形式"[①]。学者林路阐述郎静山在上海时期一些摄影活动,及摄影创作思想形成过程时也认为,郎静山、陈万里、胡伯翔、陈传霖等美术摄影家,即使他们都学习欧美摄影之风,开摄影工作室,办摄影沙龙,成立摄影学会、办展览、出刊物、组织摄影旅行团、做演讲,"但他们的作品却有意识地回避着西方的现代主义精神、新都会艺术的特色与价值,在一座弥漫着外国气味的城市中,这批美术摄影者保持着一种暧昧的民族主义态度"[②]。此论对郎静山摄影中的现代主义取向同样持暧昧态度;因此,关于郎静山这个类型的摄影,也有学者干脆称之为"实验摄影"[③]。

但是,如果把郎静山摄影创作前后期做一个对比,或许真的会发现郎静山摄影中的现代主义痕迹。长期在上海这样一个国际化都市进行摄影创作,郎静山对都市文化的融入和体认不可谓不深;作为与《时报》《良友》等都市商业媒体渊源颇深的媒体人和商业摄影家,郎静山的女性裸体摄影本身就是一种"现代实践",他的人体摄影中浓厚的西方古典主义唯美理念与东方审美的平衡,本身就具有现代主义艺术实践痕迹。

如果从1932年郎静山拍摄的《新婚中之黎明晖》(图18)这张照片来看,电影明星黎明晖头戴白色绒帽,身着白色无袖洋装,脚蹬浅

[①] 陈申:《郎静山和集锦摄影》,见《摄影大师郎静山》,中国摄影出版社2003年版,第99页。

[②] 林路:《郎静山与上海摄影琐证》,见《海上摄影名家大系·郎静山》,上海文化出版社2014年版,第6页。

[③] 姚璐:《郎静山的摄影艺术研究》,中央美术学院2019年版,第55页。

棕色高跟鞋，右手夹着香烟，是一个典型的"现代"影像；透过百叶窗斜照在女主身上的阳光，浓重的斜光与浅色调的女主及其背后交错的光影，流溢着十足的洋场"现代性"氛围和现代主义气息。1933年郎静山为《时代》拍摄的《现代淑男》，调皮女主是一个挑战父权与传统的前卫现代主义形象。而分别拍摄于1928年和1935年的《曲线美》《起重机》两幅，无论是桥洞桥体、桥上灯柱构成的曲线，还是起重机上凌空的线条和线杆、起吊杆形成的几何旋律，与都市景观融合在一起，尤其以仰角处理拍摄对象，大胆置放被拍摄体而不顾构图倾覆之危，具有现代主义的"惊悚"；而且现代主义在一定程度上，就是"指涉那些前卫的艺术运动，强调特定的媒介（油画油彩、大理

图18 新婚中之黎明晖（郎静山摄）

图片来源：《光明画报》（上海）1934年第4期。

石、铜、摄影等）及表现形式，而并非关注主题本身"①。

郎静山与其他活跃在 20 世纪 20—40 年代的中国摄影家，以各自的用心努力，推动中国摄影形成"自家"面目，在中国摄影史上，这个时期"也是摄影的各种可能性经过试验与实践而获得确认的时期"②。西方现代主义摄影思潮在中国摄影界得到郎静山、金石声等人的回应，但因为抗战爆发被迫搁置，它的再度兴发，已是 60 年后。

（3）集锦摄影

郎静山美术摄影的代表，或者说最高成就，体现在他写意的集锦摄影中。郎静山的集锦摄影受到了以"高艺术和画意摄影"为典范的瑞典摄影家雷兰德合成照片的启发③；集锦摄影本质就是照片"合成"。不过，郎静山的集锦摄影更准确地说，应该是"中国式画意摄影"。

"合成"照片其实也没有什么神秘，稍往前追溯，清人刘体智在其笔记《异辞录》里，有一则"志人"之异事记载，名为《伪造合影》，今录于此："摄影之法极其浅近，两片相合尤轻而易举。光绪十年间，招商局得旗昌洋行业产，浸以盛大。李文忠以马建忠总办局务，沈能虎为副。建忠忌之，密以能虎与妓女合影献之。文忠雄才大略，本不以为罪，嗣见能虎，仅加斥责而已。能虎末秩微员，谒见上司，殊不敢对；文忠既未明言，尤难申诉。退而告人曰：'苟以傅相影加於其上，无不合也。'时传为笑柄。后二十年而有岑西林之事。"④ 面对被"伪造合影"，遭人构陷的尴尬，沈能虎因为无法申辩，只得抱怨一句"苟以傅相影加於其上，无不合也"自嘲了事。

然而"伪造合影"这个事件，与沈能虎的这句抱怨之辞，却透露了摄影的"合成"之术，以及这种"术"的两种基本功能：一是在艺

---

① ［英］Liz Well 等：《摄影批评导论》（第 4 版），傅琨、左洁译，人民邮电出版社 2012 年版，第 286 页。
② 顾铮：《来自上海——摄影现代性检证》，西泠印社出版社 2016 年版，第 8 页。
③ 林路：《当代摄影探究》，上海人民美术出版社 2021 年版，第 55 页。
④ （清）刘体智：《伪造合影，异辞录》，中华书局 1988 年版，第 207 页。

术上，合成"伪造"之术可以成就名家名作，郎静山及其集锦摄影，即用"合成"术。二是在政治上，此合成"伪造"之术，可用以打击政敌。比如岑西林事件：1907年4月17日，岑春煊（广西西林人）解职出京，前往上海等候时机；远在日本的梁启超于4月23日专程回沪等候，企图和岑春煊见面。岑、梁是否见面，因彼此行踪诡秘不得而知，但袁世凯在此时，通过上海道蔡乃煌抛出一张岑、梁等人的合影，呈递慈禧，慈禧震怒，将岑春煊开缺。沈能虎与岑西林两个政治事件，以"小说家"之言记载下来，可见摄影在晚清时就被应用于政治斗争，摄影之"欺人"也是一个和摄影术俱来的"母题"。

如继续往前追溯，则宋元时期兴起的"锦灰堆"（又称八破画）也是中国集锦艺术的一种。锦灰堆在清末曾经大盛，根据郑逸梅的说法，"无论一页旧书，半张残贴，以及公文、私札、废契、短简，任何东西都可以临摹逼真，画成缣幅……所谓'锦灰堆'即把这些东西加以错综组织，有正有反，有半截、有折角、或似烬余、或如揉破，充分表现着艺术意味，耐人欣赏"①。所以，"锦灰堆"作为文人画士的笔墨游戏，透露的是"集灰成锦"的审美情趣。

再看所谓集锦摄影，就是两个及以上底片合成或拼贴而成的照片。1948年，郑午昌为《静山集锦》做序，其说法颇中要义，"集锦照相者，即于摄影多数底片中翦取其合于美例而近画理者于一纸。照相亦绘画也，是自然景物之写实，亦绘画而得气韵生动之化工者也。"② 郎静山使用的拼贴照片合成法，与古之"锦灰堆"异曲同工；而且郎氏在其集锦摄影中，也有非常明确的诉求，"静山集锦照相，以中国画理为旨归，采用composite之名西方集锦之名，自1848年始用于瑞典人所制之人像绝非静山集锦之法。"③ 郎氏受西人集锦之启示，又拒绝

---

① 郑逸梅：《珍闻与雅玩》，北京出版社1998年版，第232—233页。
② 郑午昌：《静山集锦·郑序》，参见龙熹祖编著《中国近代摄影艺术美学文选》，中国民族摄影艺术出版社2015年版，第528页。
③ 张仲良：《名家·名流·名士——郎静山逝世廿周年纪念文集》，台北"国立"历史博物馆2015年版，第182页。

与之"同流",因为他认为双方在手法上"虽同一拼合,但作者于放映时之意匠与手术经营之后,遂觉天衣无缝,其移花接木、旋乾转坤,恍若出乎自然,迥非剪贴拼凑者所可比拟也,此亦即吾国绘画之理法"①。至此可知,郎静山集锦摄影是中国传统绘画理法与摄影技术的合一,是摄影家艺术个性与中国传统绘画写意审美的合一。郎氏集锦摄影以 1934 年创作的《春树奇峰》为起点,根据创作题材,可以分为山水集锦(含高阁茅舍、轻舟钓船等物象集锦);人物集锦;杂项三类:

山水集锦。此类作品在郎静山集锦摄影中意境空灵、画意唯美,最具中国传统山水画审美意境。如《斜风细雨不须归》《寒林映远岫》(1934)、《春树奇峰》(1934)、《寒风岚光》(1934)、《湖滨秋色》(1939)、《绝嶂迴云》(1942)、《坐看云起》(1934)、《晓汲清江》(1934)、《雁荡鸣春》(1941)、《山亭论古》(1943)、《谿山新雾》(1943)、《芦岸轻舟》(1945)、《晓风残月》(1945)、《湖山揽胜》(1984)……

此类集锦作品另有以高阁茅舍、轻舟钓船等传统意象,表达放任江湖的志趣之集锦摄影。如《春柳依依舟横斜》(1945)、《烟波摇艇》(1951)、《云峰鸟语》(1955)、《枫桥夜泊》(1960)、《桅影轻舟》(1985)、《孤亭绝嶂》(1962)、《仙山楼阁》(1956)、《一舟当过万重江》(1963)、《农舍幽情》(1965)、《远山环绕亭可憩》(1975)、《华亭入翠微》(1986)、《渔夫归家路》(1988)等。

人物集锦。此类作品以前文提到的《旷观大宇》(1963)、《松荫高士》(1963)、《云淡风轻》(1953)、《竹阴静坐》(1963)、《云深不知处》(1963)(图 19)、《云间出岫》(1993)等"集锦高士图",以及《坐看云起时》(1934)等。

杂项。此类或以自然风物如日月沧海,或以中国传统文化中福寿吉

---

① 郎静山:《集锦照相》,参见龙熹祖编著《中国近代摄影艺术美学文选》,中国民族摄影艺术出版社 2015 年版,第 253 页。

图19 云深不知处（郎静山摄）

图片来源：赵迎新主编《中国摄影大师》，中国摄影出版社2017年版。

祥之鹤、鹿，或者花草物类等为创作对象，表达祥瑞康宁、欣喜恬澹之情。如《松鹤长春图》（1934）、《寒林落日》、《寒林孤月》（1940）、《新篁倚石》（1940）、《关关雎鸠》（1950）、《花好月圆》（1950）（图20）、《蜻蜓和绿草》（1955）、《愿做远山木 愿做连理枝》（1960）、《鹿苑长春》（1956）、《祥和月夜》（1857）、《长荫双侣》（1965）、《呦呦呼伴》（1970）、《喜上眉梢》（1970）、《百鹤百寿图》（1990）等。

郎静山终其一生，都在"为艺术而艺术"。就集锦摄影而言，自1934年创作了《春树奇峰》，直到1990年，他还以百岁高龄创作《百鹤百寿图》。

2. 集锦美学

关于郎静山的摄影思想，1949之前的文本，主要有《集锦照相作

图 20　花好月圆（郎静山摄）

图片来源：《永安月刊》1944 年第 65 期。

法》(《沙漠画报》1941 年第 17 期)，此后该文先后以《论集锦照相》《怎样制作集锦照相》《我对于集锦照相之心得》等为名，发表于 1942 年《上海艺术》月刊第 3 期，《风云〈重庆〉》1943 年第 1 期，《幸福世界》1947 年第 9 期，《中华艺报》1947 年第 2 期等，可见郎静山对这篇文献的重视。此外，1950 年在香港发表的《摄影与中国绘画艺术》，也可用以研究郎静山集锦摄影美学。结合郎静山集锦摄影作品分析，其摄影美学思想可以从三个方面阐述：

（1）以气韵融神思。郎静山认为，摄影"是发表个性的东西，同着各人的面孔一样，绝对不会相同的，所以个性也是绝对不能模仿，就是书，画，文章，各个人的作品有自己的格调，气韵，绝对不会雷同的"①。其次，摄影如绘事，是和绘画一样的艺术，"作者必须运用其心灵，发挥其天才，构图取景专攻其事，非偶然成之。"但作品的格调是神来的，"尺幅之中，可见格调之高，风韵之雅，非竟人而能之也"②。比如《松荫高士》就是一幅气韵生动之作。中国画的气韵，成为衡量郎静山集锦摄影的首要审美标准。

谢赫在《画品》一文中，提出著名的"谢赫六法"。"六法者何？一气韵生动是也，二骨法用笔是也，三应物象形是也，四随类赋彩是也，五经营位置是也，六传移模写是也。"③ 其中气韵生动，最为人称道。关于神韵，宗炳以为："夫以应目会心为理者，类之成巧，则目以同应，心亦俱会，应会感神，神超理得。虽复虚求幽岩，何以加焉？又神本无端，栖形感类，理入影迹。诚能妙写，亦诚尽矣。于是闲居理气，拂觞鸣琴，披图幽对，坐穷四荒。不达天励之业，独应无人之野。峰岫峣嶷，云林森渺。圣贤映于绝代，万趣融其神思。余复何为哉？神畅而已。神之所畅，熟有先焉！"④《宋书·宗炳传》载，宗炳"凡所游履，皆图之于室，谓人曰：'抚琴动操，欲令众山皆响'"⑤。可谓尽得神韵，坐穷四荒之趣了。

谢赫所谓"气韵生动"本质是生命力的体现，指绘画精神与气质，而摄影在摄取最动人一刹那时，也是捕捉最有"气韵"、最能展现生命活力和精神的"刹那"。不过，这样的境界，很难达到，郎静山集锦摄影所要做的，就是以"集锦"来"塑造"出这样的气韵。这种融现代技术和传统艺术的"整合之美"，让他终生痴迷；在其摄影专刊自序里，郎静山曾说，摄影"所采构图理法，亦多与吾国绘事相

---

① 郎静山：《克立摄影集序》，参见龙熹祖编著《中国近代摄影艺术美学文选》，中国民族摄影艺术出版社2015年版，第249页。
② 郎静山：《桂林胜迹序》，参见龙熹祖编著《中国近代摄影艺术美学文选》，中国民族摄影艺术出版社2015年版，第250页。
③ （南北朝）谢赫：《古画品录》，参见傅抱石《中国绘画理论》，江苏教育出版社2011年版，第3页。
④ （南北朝）宗炳：《画山水序》，参见傅抱石《中国绘画理论》，江苏教育出版社2011年版，第41页。
⑤ 参见潘天寿《中国绘画史》，团结出版社2011年版，第43页。

同,如凑合数种底片,而造成理想之新境地,其法一也,又取底片之一部分,剪裁成章,及用长焦点镜摄影,在适合角度,求画面物象匀称,与吾国画中、远近物体匀称而无大差别,其理同也,由此观之,东方艺术,可为摄影之助,摄影亦可足证东方艺术已早入精妙之域也"[①]。郎静山的集锦摄影,衔接不同时空的手段,其实归根结底是"气",以及由山、水、人与气所生发出的"韵"。《云深不知处》《烟波摇艇》(图21)和《仙山楼阁》,小舟(艇)滑行所在不仅是水,更可以被看做是气(实际上的视觉效果也是"云气");而楼阁所立之基也不仅是山体,更可以被看做是层云;烟云深处,寄托悠远之念;山不仅由云所缠绕,更因云而被折断。郭熙在《林泉高致》中如此论山水绘画之技,"山欲高,尽出之则不高,烟霞销其腰则高矣。水欲远,尽出之则不远,掩映断其脉则远矣。盖山尽出,不唯无秀拔之高,兼何异画碓嘴?水尽出,不唯无盘折之远,兼何异画蚯蚓?"[②] 烟霞断山、云气截水,似断而连,形成绵缈氤氲的艺术效果和阅视体验;且"气韵生动"之所指,在绘画精神的调达与生机之勃发,是画者人品高下之所在。因此气韵既是画品,也是人品,在"气韵生动"的呈现中,绘画者的风骨和品格亦得以抒发,如郭若虚所论,"人品既已高矣,气韵不得不高,气韵既已高矣,生动不得不至"[③]。郎静山生而好古,终生步鞋长衫,其审美理想、摄影志趣与中国传统美学思想非常契合,在自然山水中托怀寄兴,霁月光风。其集锦摄影与其说是艺术创造,倒不如说是情怀所托、气韵所秉。

(2)以雕琢复归自然。中国山水画发展到宋,已经趋于成熟,也积累比较丰富的空间透视经验。郭熙归纳出山水画空间透视原理——"三远"法,"自山下而仰山颠,谓之高远;自山前而窥山后,谓之深

[①] 郎静山:《郎静山摄影专刊自序》,参见龙憙祖编著《中国近代摄影艺术美学文选》,中国民族摄影艺术出版社2015年版,第252页。

[②] (宋)郭熙:《林泉高致》,参见傅抱石《中国绘画理论》,江苏教育出版社2011年版,第195页。

[③] (宋)郭若虚:《图画见闻志》,参见俞建华编著《中国历代画论大观——宋代画论》,江苏凤凰美术出版社2017年版,第34页。

图 21　烟波摇艇（郎静山摄）

图片来源：陈申编著《摄影大师郎静山》，中国摄影出版社2003年版。

远；自近山而望远山，谓之平远。高远之色清明，深远之色重晦，平远之色有明有晦。高远之势突兀，深远之意重叠，平远之意冲融而缥缥缈缈。其人物之在三远也，高远者明了，深远者细碎，平远者冲淡。明了者不短，细碎者不长，冲淡者不大，此三远也"①。"三远"法给山水画创作经营空间位置提供了广阔天地，画家可以在一幅画面上交错有致安排景物的隐现、起伏、开合，但需要重视剪裁。

---

①　（宋）郭熙：《林泉高致》，参见傅抱石《中国绘画理论》，江苏教育出版社2011年版，第194页。

郎静山集锦摄影以中国山水画为路向，"三远"法在其空间景物设置上的使用尤为关键，这使得郎氏集锦摄影很注重"雕饰"。郎静山在《集锦照相》一文中就提到，集锦照相之缘起，首先乃因照相受机械限制，常因局部不佳而破坏全面，而集锦摄影可以补救之，以随意取舍移植，造成完美之画幅；其次，摄影不能与人视觉印象相一致，每取一景多为平视，而"集锦照相，於尺幅中可布置前景，中景，远景，使其错综复杂，幽深雄奇，匪独意趣横溢，且可得较优之透视"①。就章法而言，摄影拘小节而屈全局；但是郎静山所倡导的集锦照相，将所得之局部影像，根据自己的美学意味任意组合，"以雕琢而复归于自然"②，具体如何"雕琢"，郎氏的做法是随游踪所至，任取一花一木，一水一石，皆为集锦照相制作时之资料；景物之布置，近景务须清晰，衬景不必十分清晰，亦不可过于模糊，须合乎人视觉所得之印象；底片接合当以出于自然而无拼凑之痕，或涂红，或遮蔽。"三远"法在绘画的空间处理上，使画面在高、宽、广三个虚构维度上形成远近、高低错落有致的视觉效果。如《春树奇峰》即把高远之突兀，与深远之重叠揉在一幅画面中，形成高低迭合的视觉效果；而以"鸟瞰"和"以大观小"的透视技法广延空间维度，前景的树、石造型自成一体，中景突兀之山为一体，深远之处渐淡之山又为一体；"三迭段"从近、中、远形成断裂层次，而以云气衔接，形与气、虚与实错位"迭合"，把"自近山而望远山"的平远、"自山前而窥山后"的深远巧妙叠加，山峰与山峰、山峰与云气在不同深度形成整体。这样的视觉效果，没有层层剪裁、雕琢是无法建构的。

郎静山集锦照相是中国画意摄影的典范。画意摄影在19世纪末20世纪初的欧美也曾繁盛，当时美国摄影界的变化与躁动，主题围绕摄影"美"与"个人表现"③。欧美画意摄影和郎静山的艺术主张大致

---

① 郎静山：《集锦照相做法》，《沙漠画报》1941年第17期。
② 郎静山：《集锦照相做法》，《沙漠画报》1941年第17期。
③ See Diana Emery Hulick & Joseph Marshall, Photography-1900 to the Present, Prentice-Hall, Inc., 1998, p. 7.

相同，都主张形式和内容模仿绘画，具有意趣，追求摄影的绘画效果。顾铮认为，欧美画意摄影"反映当时人们对于越来越物质化的现代文明与城市化进程的一种不安心理。从这个意义上说，画意摄影一度流行也可视为当时人通过摄影所表达的对于现代文明的一种矛盾心情"①。而郎静山的集锦照相则有其特殊的文化及社会语境：郎静山前半生身处动荡和战乱之境，后半生远走海外。异族入侵，要守护国族文脉；家山万里时，割不断文化情结；终其一生，文化的乡愁弥漫在郎静山的摄影创作中。他的集锦照相和西方的画意摄影因语境不同，而呈现出别样情绪。

（3）以虚静造无我之境。中国美术摄影从诞生之初，即注重境界，善于造美；郎静山集锦摄影把营造意境的美学追求发挥到极致。作为早期中国美术摄影开拓者，刘半农在《谈影》中倡导"写意"摄影，认为"非复写"的"写意"摄影目的就是要"造美"——通过绘画来造摄影之美，摄影当使用"美术糊"，"使所有的线条都不是枯瘦的而是丰腴的，画中的事物，就可以由死板的变而为生动的；看的人也自然是余味盎然，不再感觉到平直无聊了"②。造美在刘半农看来，即是造"意境"——境界。

境界在中国传统艺术中有一个流变过程。王昌龄在《诗格》中提出诗有三境："一曰物境。欲为山水诗，则张泉石云峰之境，极丽绝秀者，神之于心。处身于境，视境于心，莹然掌中，然后用思，了然境象，故得形似。二曰情境。娱乐愁怨，皆张于意而处于身，然后驰思，深得其情。三曰意境，亦张之于意，而思之于心，则得其真矣。"③ 到了晚清，海宁王观堂集古之大成，独崇"境界"，他说"严沧浪《诗话》谓：'盛唐诸公，唯在兴趣。羚羊挂角，无迹可求。故其妙处，透澈玲珑，不可凑泊。如空中之音、相中之色、水中之影、

---

① 顾铮：《世界摄影史》，浙江摄影出版社2006年版，第33页。
② 刘半农：《谈影》，参见祝帅、杨简茹编著《民国摄影文论》，中国摄影出版社2014年版，第50页。
③ 参见王云熙、杨明编著《隋唐五代文学批评史》，上海古籍出版社1994年版，第204页。

镜中之象，言有尽而意无穷。'余谓：北宋以前之词，亦复如是。然沧浪所谓兴趣，阮亭所谓神韵，犹不过道其面目，不若鄙人拈出'境界'二字为探其本也。"① 王观堂境界说，本质上与严羽的"兴趣"说、王士祯的"神韵"说无太大差别；但王氏之创新者，在于他以"境界"代"意境"。"境界"被出拔为审美批评的核心概念，从而"探文学批评之本"，把意境提升到了艺术创作和批评的审美本体上。何以言之？王氏以"造境""写境""有我之境""无我之境"回答了这个问题："有我之境，以我观物，故物皆著我之色彩。无我之境，以物观物，故不知何者为我，何者为物。"② 无我之境者，即物我两忘之"化境"；造境之最高妙者，即艺术创作与审美本体之所在，王氏把它界定为摆脱各种关系和功利的束缚。

以此来考察郎静山的集锦照相，可以发现其摄影美学的核心所在，即极力欲营造"无我"之境。郎静山集锦摄影以"中国画"为风格，以写意抒情为目的，以传统画理为技法；意在营造幽寂、出世境界，和道家精神高度关联。比如《云峰鸟语》与《晓汲清江》（图22）就是塑造这种境界的作品。《晓汲清江》在郎静山画意摄影中，占有很重的分量；与《云峰鸟语》相类的是，整幅画面依然笼罩在云雾中，作为远景的山峰只在云雾中微微探出一峰之巅；占据核心空间的"清江"则既被云雾隔断，又被作为前景的树木掩映；在透视上采用的是"平远"法。因此，作品"意冲融而缥缈"。和《云峰鸟语》枝头鸟不一样，这幅作品中景是一个"汲水"人，完全融入"冲融缥缈"之境；他不是一个个体，而是一个从容游于心的方外之人，一个高士，一个创作者出离尘俗羁绊的"表征"——无论这里的汲水人，还是上述那只兀立的春鸟，都表征着中国传统美学的精神之境，"中国美学要求艺术作品的境界是一个全幅的天地，要表现全宇宙的气韵、生命、生机，要蕴含深沉的宇宙感、历史感、人生感，而不只是刻画单个的

---

① 王国维著，徐调孚校注：《人间词话》，中华书局2009年版，第5页。
② 王国维著，徐调孚校注：《人间词话》，中华书局2009年版，第3页。

人体或物体。所以，中国古代的画家，即使是画一块石头，一个草虫，几只水鸟，几根竹子，都要表现整个宇宙的生气，都要使画面上流动宇宙的元气"①。这就是弥散在郎静山集锦摄影中的审美"元气"，或曰"精气神"。

图 22　晓汲清江（郎静山摄）

图片来源：赵迎新主编《中国摄影大师》，中国摄影出版社2017年版。

《云峰鸟语》（图23）的前景，一个硕大的老树，枝叶初绽趋繁，

---

① 叶朗：《中国美学大纲》，上海人民出版社1985年版，第224页。

时令当在春时；兀立枝头的春鸟，俯瞰右下角浅淡茅舍；中景大片云雾与远景交融，山峰在云雾中绵延断续。整幅画面，云雾占去三分之二还要多的空间，春树、春鸟皆以云雾远山为背景，茅舍则在高鸟俯瞰下，被压缩在一个小小的角落，且因云遮雾绕而更显疏淡。在创作手法上，这幅作品所师之"古法"是"鸟瞰"。沈括在《梦溪笔谈》中谈到过绘画的"鸟瞰"之法，"大都山水之法，盖以大观小，如人观假山耳。若同真山之法，以下望上，只合见一重山，岂可重重悉见？兼不应见其溪谷间事。又如屋舍，亦不应见其中庭及后巷中事。若人在东立，则山西便合是远境；人在西立，则山东却合是远景，似此如

图 23　云峰鸟语（郎静山摄）

图片来源：《京沪周刊》1948 年第 29 期。

何成画？"① 此"以大观小"，即"鸟瞰"。对此郎静山也曾提到过，"中国的山水画，往往一幅中要表现很远，假使有大的景物在前，远的就不可能看见了。使景物匀称，是用远大的目光来观察宇宙，以高远的角度立意。今且说一个比方，如乘飞机的人在空中见地面的人，他们距离虽远，还是差不多大小，这种鸟瞰式的风景，又是中国最早，也是中国画的理法。"② 尺幅之间，欲写千里之景，"鸟瞰"是一关键技法；郎氏的《云峰鸟语》中茅舍既为云气所笼，又在树、鸟双重鸟瞰下，是居人复归自然之像，意境苍茫高远。此外，其他作品如《高阁流泉》《深谷幽居》等风格与此相类，亦采用鸟瞰手法，营造出世之境。

《斜风细雨不须归》（图24）、《云峰鸟语》、《晓汲清江》，这三幅作品所营造的是极其虚静的境界。郎静山集锦摄影这种境界归根溯源，精神道场直追庄子的"心斋"与"坐忘"。庄子在《人间世》中说，"唯道集虚。虚者，心斋也。③" 在《大宗师》里提出"坐忘"，"堕肢体，黜聪明，离形去知，同于大通，此为坐忘"④。"坐忘"是路径，"心斋"是目的。经由"坐忘"方能外天下、外物、外生，及至于"虚"之"心斋"。郎静山摄影作品中，《晓汲清江》境界的作品比比皆是，如《临流独坐》《芦岸归舟》等。即使以张大千为原型的"高士图"，如《云淡风轻》《旷观大宇》等，也扬厉着欲"乘天地之正，而御六气之变，以游无穷"⑤ 的自由渴望，直至"斜风细雨不须归"之境。

---

① 沈括：《梦溪笔谈·书画》，参见俞建华编著《中国历代画论大观——宋代画论》，江苏凤凰美术出版社2017年版，第204页。
② 郎静山：《摄影与中国绘画艺术》，（台北）"中国摄影学会"：摄影艺术论集，1955年，第2页。
③ （战国）庄周：《人间世》，参见陈鼓应注译《庄子今注今译》，中华书局1983年版，第117页。
④ （战国）庄周：《大宗师》，参见陈鼓应注译《庄子今注今译》，中华书局1983年版，第205页。
⑤ （战国）庄周：《逍遥游》，参见陈鼓应注译《庄子今注今译》，中华书局1983年版，第14页。

图 24　斜风细雨不须归（郎静山摄）

图片来源：《摄影大师郎静山》，中国摄影出版社 2003 年版。

第三节　骆伯年：有个性的摄影"Amateur"

20 世纪三十四年代，浙籍摄影家艺术摄影创作中，极具特色的还有骆伯年。与郎静山有专职摄影记者经历不同，骆伯年摄影纯粹是玩，他是一个典型的"非职业"摄影人，是 Amateur；即其所作所为与其本身职业无关，如刘半农所说"amateur 的生活，浅一步说，是爱的生活；深一步说，是兴趣的生活"[①]。骆伯年为爱生活，为兴趣而摄影，

[①] 刘半农：《北京光社年鉴》（第一册）序，参见龙熹祖编著《中国近代摄影艺术美学文选》，中国民族摄影艺术出版社 2015 年版，第 197—198 页。

他的大多数作品直接冠之以《无题》（图25）之名。

图 25　无题（骆伯年摄）

图片来源：《骆伯年》，北京联合出版公司2016年版。

一　生平及影事

骆伯年（1911—2002），浙江杭州人。根据其亲属金酉鸣记述[①]：1911年3月，骆伯年出生在杭州一县衙官吏家庭；1932年，毕业于杭州商业专科学校，进入浙江商业银行任职，成为一名会计；1934年考入中国银行杭州分行，被派往浙江兰溪支行，一年后正式调入中国银行上海总管理处；全面抗战爆发后，骆伯年从1938年跟随中国银行辗转任职于香港、重庆和成都分行，1946年回到上海。颠沛流离中，骆伯年始终没有放弃摄影创作；1949年参与中国银行总行重建工作，并调往北京；1951年调往杭州，建国后骆伯年基本不再进行摄影活动。

因此，骆伯年的摄影活动应该是集中在20世纪三四十年代。活动

---

① 参见金酉鸣《忆我的曾外祖父——骆伯年》，［2017-07-24］，https：//www.sohu.com/a/159684216_753214。

范围包括杭州、上海、香港、重庆、成都等地。就题材而言，骆伯年摄影涉及范围还是比较广泛的，美术摄影固然是核心，但在此之外，他的摄影中还有一些纪实性作品出现，比如挖野菜、浣衣之类的"无题"作品。在骆伯年创作量较大的美术摄影中，除了向中国传统绘画借画意之外，他还是自觉的现代主义摄影尝试者。

骆伯年的美术摄影作品，主要发表于《美术生活》①《现象》②《中华摄影杂志》③《飞鹰》④《柯达杂志》⑤等期刊。比如1936年，他在《现象》第13期发表了《塔影波光》《月出于东山之上》《姮娥临镜》《满船空载月明归》，以及"春满西湖"系列之《柳丝蘸水》《暮云春树》《灌丛临水》《泉之始达》《柳阴孤泊》《春江水暖》《春山杂树》《倚傍听莺》《担秸杂蔌》，及《细雨垂杨系画船》等14幅作品。1936年于《飞鹰》第10期发表的《兰江晚泊》（图26），应该是他在浙籍兰溪时所拍摄。而早在1934年，骆伯年就在《中华摄影杂志》第9期，发表了他广有影响的现代主义摄影作品《汲瓮》。1936年，他在《美术生活》第34期发表两幅美术摄影作品《任重致远》和《飘萍泛梗》。此外，骆伯年也有一些作品发表于他所从事的金融行业期刊《中行生活》⑥上，比如1935年在该刊第34期发表的静物摄影《芍药》《努力：像蜗牛一般的努力》等，亦当属美术摄影之列。

---

① 《美术生活》1934年4月创刊于上海，是重要的美术刊物。骆伯年1937年在该刊发表有摄影作品。

② 《现象》1934年12月在上海创刊，分有文字、漫画、铜图三部分；作品以社会现实为题材，图文并茂；刊登了大量国内国际新闻、照片，对研究民国时期中国政治、经济、社会生活、文化事业等方面提供了丰富、翔实的资料。骆伯年1936年在该刊发表多幅摄影作品。

③ 《中华摄影杂志》1931年10月创刊于上海，是专门的摄影刊物，刊期不定；主要刊载摄影作品，包括风景、人物、动物等，胡伯洲、朱寿仁等知名摄影家都曾在其上发表作品；还刊发摄影学研究文章。

④ 《飞鹰》在中国美术摄影发展史上影响深远，1936年1月创刊于上海，月刊，主编为金石声、冯四知、蒋炳南。停刊于1937年7月。

⑤ 《柯达杂志》1930年7月创刊于上海，月刊，由柯达公司发行，对中国摄影发展产生过重要影响，尤其对中国"业余摄影"发展多有推动。

⑥ 《中行生活》1932年5月创刊于上海，由中国银行总管理处编印，属于经济类刊物；仅供该行同人参阅，不对外发售，不作任何商业用途；主要介绍民国时期全国各地中国银行业务问题的研究，刊登反映该行行员公私生活状况的文章，偶有照片发表。

第一章
美术摄影家:仿山水中觅画意 | 63

图26　兰江晚泊（骆伯年摄）

图片来源：《飞鹰》1936年第10期。

根据2014年中国民族摄影艺术出版社出版的《金石声与骆伯年》，2016年北京联合出版公司出版的《骆伯年》两本摄影作品集来看，骆伯年的摄影除了前述美术摄影外，还有大批静物摄影以及少量纪实摄影。值得注意的是，骆伯年静物摄影中有浓重的绘画风格：他借助摄影这一媒介，尝试静物摄影对于绘画的描摹甚至超越。因此，骆伯年静物摄影具有明显的"画意"，应纳入美术摄影之列。据此，从理论上讲，可以把骆伯年的摄影作品分为风光摄影、人像摄影、静物摄影与纪实摄影等类别。不过考虑到他的风光摄影与同时期的郎静山、吴中行、张印泉等摄影家一样，注重向中国传统画构图、题材靠拢；而他的人像摄影及个别人体摄影，如《汲瓮》，具有典型的现代主义探索痕迹，也是美术摄影之支属；静物摄影与静物绘画的"聚合"，则使它们天然与美术摄影不能截然割裂。

二　古典与现代

如前所述,骆伯年摄影基本以美术摄影为主体,兼有少量社会纪实作品。为书写的便宜,这里把骆伯年的美术摄影分为画意风景摄影和现代主义摄影两大类进行文本分析。

1. 画意风景

骆伯年的风景摄影,也可以称之为画意风景摄影。考察中西摄影家摄影实践,有一个非常有趣的现象,在中西方摄影家中广泛存在,那就是在从事摄影之前,很多人都有过绘画经历,或者本身就是画家。比如,公认的摄影术发明者达盖尔,在进行摄影创作之前,就是一位优秀的风景画家。本章重点论述的两位摄影家,郎静山早年亦学习过绘画,且与张大千、吴湖帆过从甚密;而出生于官宦之家的骆伯年,由于其父酷爱书画收藏,幼年即耳濡目染于中国传统书画,琴棋书画皆有所涉[①]。学者林路研究风景摄影历史,特别提到19世纪法国著名画家卡米尔·科罗在卡罗式照相法"诱惑"下,"将原本因纸底片先天不足所造成的粗糙、朦胧、柔和的印象,作为其绘画技巧的一种实践,并获得了很大的成功"[②]。而从学者对骆伯年摄影作品的研究中,也看到了同样的痕迹;比如毛卫东通过对骆伯年摄影底片与展出成片的比对发现,"大多以画意风格为主,而且兼有集锦摄影的意蕴。分析其原因,约略在于早期摄影材料的局限,一般只用于印相,而在放大时损失了大量细节,造成画面的柔焦效果。但是在查看底片时,发现这部分作品是对焦锐利、细节丰富的。当然,中国早期摄影中以摄影作为表现中国传统审美的工具成为一种主流的倾向,一如郎静山、张印泉等人"[③]。其实,除了摄影材料的局限外,更应考虑到当时的所谓"主流倾向"中,对摄影"美术糊"的刻意追逐。如刘半农1926

[①]《骆伯年年表》,参见《金石声与骆伯年》,中国民族摄影艺术出版社2014年版,第101页。
[②] 林路:《风景摄影史》,浙江摄影出版社2014年版,第24页。
[③] 毛卫东:《骆伯年:民国业余摄影师的影像实验》,参见《金石声与骆伯年》,中国民族摄影艺术出版社2014年版,第94页。

年即提出不妨照得糊一点，"使锋芒棱角藉着胭线隐藏了而变为含蓄"①。刘半农等人的风景摄影中弥漫着他所倡导的"美术糊"。从中西风景摄影流变史，皆可得出"风景摄影脱胎于绘画"的结论。因此，中国早期风景摄影，包括骆伯年、刘半农、吴中行等人的作品，是可以纳入到画意摄影进行考察的。

来看一下骆伯年在1937年发表于《美术摄影》的两幅作品：《任重致远》（图27）和《飘萍泛梗》（图28），这两幅作品在骆伯年摄影中最具画意摄影之风。《任重致远》画面构图奇特，以两牛拉车负重行走于整幅画面左上角，占据些微空间，大幅画面留给阳光照射下粼

图27 任重致远（骆伯年摄）

图片来源：《美术生活》1937年第34期。

---

① 刘半农：《谈影》，参见祝帅、杨简茹编著《民国摄影文论》，中国摄影出版社2014年版，第50—51页。

粼波光的水面,在远端行负重前行的牛与坐在车头的农人,与大幅闪烁的波光,构成不平衡的动感,原本艰辛的农民日常生活,却因此蕴含了一种自然的美,甚至诗意;动荡的国内外局势和工业技术带来的现代化变革,在这里被悄然"隔绝",如同沈从文笔下的湘西净土,骆伯年以绘画意境洋溢摄影本土化审美特质。而《飘萍泛梗》中,深沉色彩中睡莲与静水、杂草营造深厚的唯美气质;其恬静而略有些伤感的氛围,让研究者把它看做是对西方画意摄影的中国回应之典范,"这幅作品与美国画意摄影大师爱德华·施泰兴(Edward Steichen)在1904年的作品《池塘月光》(*The Pond-Moonlight*)遥相呼应。二者都运用高超的画意技巧,节制地描绘光影与空间的关系,营造出如油画一样优美、静谧的氛围,通过成熟的画意技巧展示了一个与工业世界相隔绝的世界"[①]。骆伯年的其他作品如《春满西湖》系列,《满船

图 28　飘萍泛梗（骆伯年摄）

图片来源:《美术生活》1937 年第 34 期。

[①] 郭秋孜:《重读"业余性"——骆伯年与业余摄影的兴起》,[2022-06-01], https://baijiahao.baidu.com/s? id =1734393128396451573&wfr = spider&for = pc。

空载月明归》《月出于东山之上》等，从图像选择，如垂柳、明月、归舟、岸树、栖鸭等，都是从中国传统绘画中寻找物象，也可以被看做意象，构图设置往往配以浮云、倒影等，以呈现含蓄、唯美之画意。

而在视觉上颇能展现摄影画意指向的，当属骆伯年一些摄影作品上的题词与印章等传统绘画构成要素的存在，这也是其美术摄影人文情怀的直接体现。在骆伯年已经发表或在当下被展示出来的作品中，其摄影作品上的题词、印章等"物质性"元素已经和摄影图像融合在一起，成为其风景摄影的画意所在。如1935年，与骆伯年交好的郁达夫为其江中放木排照所题"满江都是栋梁材"（图29），不仅成为这幅作品的命名，也构成这幅作品作为画意摄影的视觉依据。郁达夫还为骆伯年的《兰江渔唱》题词"西湖塔影大似兰溪，伯年兄自兰溪寄此画来，嘱为题字，故谈湖作江，恐将被烟波钓徒笑矣"。在其他作品上，骆伯年也喜欢点缀题词或印章，比如其静物摄影《芍药》上，曾有赵宗蕃题诗，"记得采兰人去后，将离时节最相思"。《细雨垂柳系画船》既是题词，又是照片命名。诸如此等，皆为骆伯年或以照片留白，或以墨描框，精心组构，以传统画幅为主导，多媒介、多维度承载视觉体验。骆伯年的静物摄影中，佳作也颇多，比如很具有画意的静物《绝海摩天》就堪称佳绝，作品以苍鹰标本与松枝（或为罗汉松）"混搭"组合拍摄而成，苍鹰昂首凌空之势勃然于画面，以曹靖陶（1904—1974，字惆生，号看云楼主，安徽歙县人，擅诗）题以《绝海摩天》更彰显气势，照片下方题识"乙亥春，看云楼主，靖陶题于杭州"，钤印：看云；为静物作品增添了画意。

2. 蒙太奇"图案拼贴"

骆伯年的静物摄影不仅有画意的唯美，其突出的现代主义风格，亦引起研究者的关注。

所谓静物摄影，"是摄影艺术的一个品种，与动态摄影相对，是将人为可自由移动或组合的物体作为表现对象，同时是在真实反映被摄体固有特征的基础上，经过创意构思，结合多种摄影手段进行艺

图 29　满江都是栋梁材（骆伯年摄）

图片来源：顾铮编著《来自上海：摄影现代性检证》，西泠印社 2016 年版。

创作，将拍摄对象表现成具有艺术美感的摄影作品。"[1] 骆伯年最广为人知的静物摄影，是被看做"以较为含蓄和抽象的方式进行创作"的人体摄影《汲瓮》[2]。这是一幅以玻璃人像为标本的"人体"拍摄，与刘半农、黄万里、郎静山等以真实人体模特为对象拍摄不同，本质上还是属于静物摄影。但是，骆伯年 1934 年发表在《中华摄影杂志》

---

[1] 林路：《静物摄影史》，浙江摄影出版社 2022 年版，第 1 页。
[2] 陈申、徐希景：《中国摄影艺术史》，生活·读书·新知三联书店 2011 年版，第 203 页。

上的这幅《汲瓮》（图30），通过暗房技术，以花朵和树枝为前景，把一个效仿安格尔名画《泉》中女性造型的玻璃雕塑小人，以负像背朝观看者，嫁接、置放在时尚的 Art Deco 风格背景下，是一幅"拼贴"出来的作品，显现出摄影家的审美趣味与都市现代商业的交融与互动，具有典型的现代主义色彩。日常物品拼接、组合在骆伯年摄影中大量出现，比如他以棕榈叶为主题，围绕中心点拼贴成旋转的抽象图像；剖开的白菜、旋转的陀螺、螺旋排放的寿司、削下的苹果皮、或立或躺的玻璃器皿，以及栏杆、瓦片等都成为他组合、拼贴、拍摄的对象和选材。这种把系列、复数照片组合、拼贴的摄影蒙太奇手法，不仅拓展了摄影的语言表达，同时扬厉着拍摄者大胆而新颖的艺术想象力。

图30 汲瓮（骆伯年摄）

图片来源：《中华摄影杂志》1934年第9期。

骆伯年摄影蒙太奇"图案拼贴"（图31）的现代主义尝试，与现代生活转向密切相关。通过对细节的精确表现，以达到日常生活及事物的陌生化，视角独特新颖，与画意摄影风格截然不同。这种"古典与现代"截然不同的摄影风格，在骆伯年摄影中都被大胆尝试。如果骆伯年的画意风景摄影是"向后看"的话，现代主义风格摄影则是"看当下"，且超越"当下"。比如一件现代生活中的物品，具有超越现实的寓意，就会成为摄影者观看与呈现的对象。骆伯年镜头下玻璃器皿、螺旋、齿轮，乃至寿司，作为被拍摄的静物，却被他置换或嫁接进想象，甚至幻觉空间，精神与物质双重空间组合、拼贴在复数照片上，这种"迷宫式"的摄影方式，就具有了超现实主义的风格与精神。而且，如果再进一步来分析文本，还可以发现，其实骆伯年静物摄影文本比较复杂，比如在其"寿司""苹果皮""白菜"等静物摄影作品中，亦能够感受到其中沉浸着"反艺术"的达达主义气息，即追

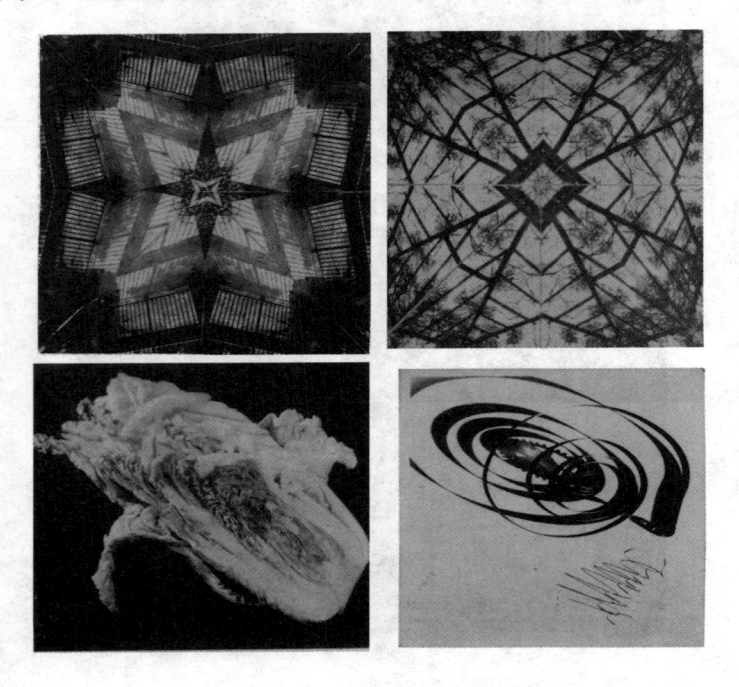

图31 无题一组（骆伯年摄）

图片来源：《骆伯年》，北京联合出版公司2016年版。

求一种偶然、随性的境界。当然，过度的解读可能会对艺术造成"侵犯"，但是如果从骆伯年的一篇文字作品《我们职责以外的生活》中倡导的"以适合各人的趣味来调剂生活"①，就能理解他的日常摄影创作中确实存在着"无意义"的自觉探寻②。这就涉及另一个值得关注的话题：作为业余摄影者。

3. 作为"Amateur"摄影家

"艺术和社会处于一种连锁反应般的相互依赖的关系之中，这不仅表示它们总是互相影响着，而且意味着一方的任何变化都与另一方的变化相互关联着，并向自己提出进一步变化的要求。"③ 而把艺术与社会关联起来，且推动艺术及社会进一步变化的，则离不开物质性媒介，比如摄影术与照相机，以及摄影杂志等。中国早期美术摄影家中，一个重要群体是非职业的"业余"摄影人，即刘半农所说的"Amateur"。作为一个"amateur"，骆伯年摄影艺术个性鲜明，对于研究中国早期摄影的"业余性"极有个案价值。而且经过梳理，至少可以从三个进路发现业余摄影人的成长轨迹。

（1）技术背景：小型相机的推广。作为一个业余摄影人，骆伯年的成功有重要技术背景，那就是小型相机的推广。19世纪末，小型相机在西方开始流行，美国柯达公司为了推销胶卷，推出买胶卷送相机活动，推动了摄影普及。但早期柯达相机木质镜箱比较粗糙。1913年，德国推出小型相机，投放市场时取名为"徕卡"，这种相机小巧、精密，且是铝合金机身，性能提高很多，受到市场认可。到20世纪30年代前后，小型相机在中国得到提倡，并很快被广泛接受。使用这种小型相机（小镜箱）一个重要后果，就是能够完成抓拍。比如彭兆良提出小镜像便于"快影"④，且能准确漏光，即是此意。摄影家卢施福不仅直言小镜像轻便、底片便宜，还从十个方面论证其优势，从六

---

① 骆伯年：《我们职责以外的生活》，《中行生活》1935年第34期。
② 林路：《静物摄影史》，浙江摄影出版社2022年版，第100页。
③ [匈] 阿诺德·豪泽尔：《艺术社会学》，学林出版社1987年版，第37页。
④ 彭兆良：《论小镜箱的技巧》，《摄影画报》1935年第11卷第23期。

个方面提出改进建议①。当时许多摄影名家，如陈传霖、朱寿仁、林泽苍等都对小镜箱有过讨论和评价。而且一个有意思的现象是，像卢施福这样的摄影名家，与骆伯年一样是业余摄影人。也就是说，在小型相机（小镜箱）技术推广下，业余摄影人可以在抓取上快速进入状态，捕捉到法国摄影家布列松提出的那个"决定性瞬间"，而不必要经过烦琐的专业训练。

小型相机的普及带来两个"后果"，一是提升了业余摄影人对感悟、抓拍现实瞬间的敏感度和精确性，从而出脱刻意的摆拍。二是提升了民众对镜头的认同和信赖。因此，随着小型相机推广，非专业摄影人队伍在增大，大众的日常生活受到关注，人物摄影、家庭摄影、社交摄影逐渐增多。摄影作为新兴的视觉媒介在社会生活中发挥着重要作用，尤其是其愉悦身心的功能被认知、延展开来。摄影由此成为如骆伯年所想望的"生活的艺术化"之工具②，以相机为媒，来谋得与各人性情相投合的生活方式，而不致陷于空虚。游山玩水拍照，成为骆伯年认为与他的性情相投合的"艺术化"生活。

（2）传播环境：媒体与影展。业余摄影人的成长及摄影风格培育，除了小镜箱推广之促进，还有一个重要因素，也是值得关注与考论的，那就是传播渠道。

业余并不意味着不专业。骆伯年、刘半农、卢施福等业余摄影人的艺术探索，通过三个传播渠道完成：第一个是以民间社团为基本"组织"的文人雅集。比如1923年，艺术写真研究会在北京大学成立，在此基础上，1924年中国第一个民间摄影团体——北京光社成立。陈万里、黄振玉等为发起人；1926年刘半农入社，他即从"业余"视角明确了光社的定位，具体就体现在1927年出版的《谈影》《北京光社年鉴》第一册序，1928年出版的《北京光社年鉴》第二集序等文章中。光社作为摄影的文人雅集，其倡导的业余摄影之

---

① 卢施福：《论徕卡与康泰时的小镜箱》，《黑白影集》1934年第1期。
② 骆伯年：《我们职责以外的生活》，《中行生活》1935年第34期。

"造美"观、趣味论，使其成为"中国摄影艺术的最初开拓者与实践者"①。1935年骆伯年来到上海时，具有文人雅集式的摄影团体，如中华摄影学社（简称华社）已经在1928年成立；此外，黑白影社1929年成立，上海摄影会1934年成立；其他比较有影响的如三友影会、复旦摄影学会等也纷纷成立。骆伯年在上海与民间摄影团体是否有勾连，尚需通过文献发掘来予以考论。但无疑这种"文人雅集"式的民间摄影团体活动，他是受到过影响的，比如当代摄影学者顾铮就认为，骆伯年1935年来到上海后，"受当时的氛围所激励，对于自己的摄影爱好就更加投入了"②。民间摄影团体的成立，直接推动业余摄影传播路径的拓展，影展成为其传播、切磋摄影艺术的重要渠道。比如光社成立的当年6月14—15日，即在北京中央公园举办第一次影展，两天内有五六千人参观，而且好评如潮③；之后每年一次，连续举办5次影展，1928年、1929年推出《北京光社年鉴》第一集、第二集。影展作为业余摄影人的重要图像传播渠道，推动了中国早期美术摄影的发展。

  文人雅集带来了业余摄影人第二个呢？摄影传播渠道——摄影画报的兴起。比如上海的华社成立后，其社友就编辑出版了两本摄影杂志，分别是《天鹏》和《中华摄影杂志》。以倡导艺术摄影著称的《飞鹰》虽然由上海冠龙照相材料行出版发行，由鹰社编辑，但主编金石声、冯四知、蒋炳南等人依然是以该杂志为核心进行雅集的摄友和同志；且该杂志亦为业余摄影相标榜，比如其发刊词这样说，"编者同人，素嗜摄影，几欲废寝万事。每于工余，辄挟镜箱偕出。或流连于乡村陇亩之间，或登高山而涉流水，无分于寒暑。兴之所至，即披荆攀棘，亦觉趣味盎然"④。这些"同人"摄影杂志的创办，为业余摄影人创作提供了园地。

  骆伯年作为一个银行职员，其摄影作品当时多发表于《中华摄影

---

① 陈申：《光社纪事》，中国民族摄影艺术出版社2017年版，第200页。
② 顾铮：《来自上海：摄影现代性检证》，西泠印社2016年版，第8页。
③ 马运增、陈申等：《中国摄影史（1840—1937）》，中国摄影出版社1987年版，第160页。
④ 《飞鹰发刊词》，《飞鹰》1936年创刊号。

杂志》《飞鹰》《美术生活》等期刊。比如《美术生活》原本提倡美术发扬中国固有艺术,以刊登古今中外艺术作品为主,包括篆刻、山水画、花鸟风景画及美术摄影等,并介绍各国艺术家的作品,摄影只是其中一项。但是1937年该刊第34期推出"美术摄影特辑",集中发表了穆一龙、卢施福、刘旭沧、杨公赞、敖恩洪、金石声、王劳生、陈国珍、陈万里、郑景康、魏南昌、陈传霖、蒋炳南、吴印咸、胡君磊、吴寅伯、钟山隐、冯四知、杜鳌、张印泉、张进德以及骆伯年等人的摄影作品;其中如陈万里、刘旭沧、敖恩洪、卢施福、金石声、骆伯年等人皆为业余摄影人。可以看出,摄影或美术杂志的兴起,为20世纪三四十年代中国业余摄影家提供了重要平台。此外,这些杂志的创办,也在理论上为美术摄影进行鼓吹、呐喊,对中国早期美术摄影理论话语生成做出探索,留下丰富的文献文本。比如1928年,胡伯翔即于《天鹏》上发表《美术摄影谈》对中国美术摄影进行界定,对于业余摄影人的审美理念和实践均具有引导、"规训"功用。

(3)艺术空间:自由与疏放。刘半农在《北京光社年鉴》第一册序中,明确提出业余摄影人"必须所作所为完全处于兴趣,而又始终不跳出兴趣范围以外的,才是真正的amateur"[1]。因此,彼此尊重个人的个性,被认为是amateur基本精神。但是,刘半农在《北京光社年鉴》第二集的序中,又对照相中个性的"我"做了一个界定,"我以为照相这东西,无论别人尊之为艺术也好,卑之为狗屁也好,我们既在玩着,总不该忘记了一个我,更不该忘记了我们是中国人"[2]。所以业余摄影人出于"个性"的兴趣,可以用摄影去尽情"造美""造境";但"造美"或"造境"时心中当有一个"我",这个我既是个性之我,也是民族性之我。

刘半农关于"业余"摄影的思想,在骆伯年以及卢施福们的摄影

---

[1] 刘半农:《北京光社年鉴》(第一册)序,参见龙熹祖编著《中国近代摄影艺术美学文选》,中国民族摄影艺术出版社2015年版,第198页。

[2] 刘半农:《北京光社年鉴》(第二集)序,参见龙熹祖编著《中国近代摄影艺术美学文选》,中国民族摄影艺术出版社2015年版,第201页。

中都得到了印证。无论美术摄影、静物摄影,都是其个性和情趣的自觉投射,是非功利、非道德,更非职业的个人化业余行为。顾铮谈到骆伯年的"业余"摄影时,认为"或许正是一个纯粹的票友,因此其观看可以从容悠闲而不受比赛晋级或为生活挣稿费之迫,因而更有自己的一份笃定。一般认为银行家的这种身份相对会在各方面趋于保守,但骆伯年的探索表明,这样的身份并不影响他展开大胆的甚至是激进的摄影语言探索"[①]。骆伯年的摄影不仅在选材上不受拘束,艺术探索上也呈现"天马行空"的疏朗与放纵,在古典与现代之间自由穿梭而毫无负累。如博蒙特·纽霍尔所言,业余摄影师对摄影媒介的关注远不是记录,"而是一往情深地相信,摄影是一门纯艺术,而且值得得到认可。他们凭自身的活力和献身精神,探索了摄影的审美潜力……身为业余摄影师,他们并没有经济负担,而且能够无视职业摄影师们自我强加的各种限制。他们无拘无束地进行实验,富于想象力,而且愿意打破公认的规则。他们的风格最终成为了普遍的原则"[②]。但在审美的自由与放澹中,骆伯年所关注并呈现的核心依然是以传统画意装点镜头下的山水风景。即便是对西方现代主义风格的吸收与实验,以用万花筒般的拼贴方式,把叠加的复数照片裁剪成光怪陆离而气象万千的光影或图案,在骆伯年的摄影中仍然闪烁着中国情趣与韵调,如雕栏、灰瓦、白墙、窗棂,以及题词、画框等都来自古典中国的意象,散发着化不开的"中国韵调"。这幅静物摄影《芍药》(图32),确实很难把它与中国绘画区分开来。"业余"的并非不专业,这句话对骆伯年来说,是担得起的。

20世纪30年代,内忧外患下民族意识高涨,摄影家们也试图在巨变时代,以摄影这一新兴的现代媒介找寻民族身份认同,以中国传统文人画为审美路径,以摄影再现、再读人文山水。与郎静山不同的是,骆伯年是一个"Amateur"摄影家;与郎静山等早期美术摄影家相

---

① 顾铮:《来自上海:摄影现代性检证》,西泠印社2016年版,第8页。
② 转引自毛卫东《骆伯年:民国业余摄影师的影像实验》,参见《金石声与骆伯年》,中国民族摄影艺术出版社2014年版,第96页。

图 32　芍药（骆伯年摄）

图片来源:《中行生活》1935 年第 34 期。

同的是，骆伯年的风景摄影同样与绘画关联密切，艺术性鲜明。不过，与郎静山的另一个不同是，骆伯年的画意风景摄影作品不过度使用暗房技术，而是更加注重运用多样化镜头语言，突出画面形式感，在新与旧、动与静、古典与现代的张力中，努力避免造成过度的视觉冲突，其现代主义倾向也因此没有大开大合，从而在 20 世纪三四十年代专业摄影之外，形成其独特的摄影审美个性和艺术风格。

第四节　刘旭沧:"阔少爷"的摄影路

在浙籍摄影家中，进行美术摄影创作的摄影家除了郎静山、骆伯年,还有胡君磊、蒋炳南,以及刘旭沧等。胡君磊(1902—1991),浙江慈溪人。1928年上海中华摄影学社成立不久,即成为其会员;1929年,与邵卧云等人创建上海摄影会,并邀请郎静山、刘旭沧、吴中行等摄影家加入。胡君磊是早期推动中国摄影走向国际摄影沙龙的先行者之一。20世纪30年代,他有10余幅作品入选《英国摄影年鉴》。其摄影作品以美术摄影居多,散见于《美术生活》《良友》《摄影画报》《飞鹰》《晨风》《华昌影刊》等摄影期刊。美术摄影中比较有代表性的,如《古堡》(图33)(《良友》1940年第150期)、《群舟》(《美术生活》1936年第34期)、《荫下》(《晨风》1934年第4期)、《乔松》(《晨风》1934年第8期)、《孤舟》(《电声》1938年第21期,该作品入选1938年波士顿沙龙)。还有一些纪实性作品,如《湖畔》(《摄影画报》1937年第14期)、《山轿》(《飞鹰》1937年第13期)等。

图33 古堡(胡君磊摄)

图片来源:《良友》1940年第150期。

蒋炳南（1910—1967），浙江杭州人，也是一个"业余"摄影家。1936年与金石声、冯四知三人创办著名的《飞鹰》摄影杂志。擅人像摄影，如电影明星黎莉莉等；风光美术摄影。其主要美术摄影作品亦多发表于《飞鹰》，如《任重致远》（《飞鹰》1936年创刊号封面）；1936年发表的《黄山云海》《叠翠》（图34）、《顺流》《雪朝》《临流》《浣溪沙》《雪后》；1937年发表的《桥》《春光好》《瘦西湖》《逆流》等。其他如《月夜归舟》（《柯达杂志》1935年第11期）、《芦荻秋风》（《美术生活》1937年第34期）、《残雪》（《现象》1935年第4期）、《黄山胜景》（《万象》1934年第2期）等，亦属佳作。

图34 叠翠（蒋炳南摄）

图片来源：《飞鹰》1936年第3期。

本节从摄影道路、美术摄影成就及其摄影创作的摄影史意义等三个方面，个案研究"南浔阔少"刘旭沧的摄影道路。

刘旭沧（1913—1966），浙江吴兴（今湖州）人，出生于湖州南浔古镇西街贻德堂。其祖父刘镛，因排行第三，人称"刘三东家"。刘镛初为锦绸庄学徒，后到丝行当会计，逐步发迹，生意涉及蚕丝、淮盐、典当、轮埠、垦牧，还在南浔、上海、杭州、青岛、汉口等地涉足房地产，精明通达，家族财产"富可敌国"，最终成为著名的"南浔四象"之首。其子刘锦藻进士及第，被封通奉大夫，刘旭沧为刘锦藻二房夫人应氏所生。南浔是一个非常典型且知名度很高的江南古镇，除了小桥流水、粉墙黛瓦的江南建筑外，南浔物产丰盈、人才辈出，明清时即有"九里三阁老，十里两尚书"之坊间歌谣。至今依然为市井乐道的"南浔四象"，除了刘家的"银子"，还有张家的"才子"，庞家的"面子"，顾家的"房子"，"四大家族"皆为南浔人望之族。张家不仅涉足丝绸、盐业、房地产等实业，而且家学渊源深厚，曾以倾家之财力，资助国民革命，支持革命党推翻帝制。张家的张静江一生就充满传奇色彩，在经济上大力资助孙中山，被孙中山先生称之为"革命圣人"；蒋介石建立南京国民政府后，则称其为"革命导师"。庞家、顾家也都家大业大，名重四方。"一部民国史，半部在湖州"，南浔居功于其中。南浔是鱼米之乡、丝绸之乡，又是诗书之乡、文化之乡。刘家盖起了嘉业藏书楼，张家不仅有藏书过十万卷，还资助创办西泠印社。在近现代中国史上，南浔称得上集财富、文化、权力于"一镇"。"四大家族"中，刘、张二家族尤为显赫。那么，出生于"四象之首"家的刘旭沧，是如何走上摄影这条道路的呢？

一 "阔少爷"的摄影路

刘旭沧是"阔少爷"。关于他如何走上摄影这条路，可以从他的一篇短文说起。为纪念达盖尔铜版照相法发明一百周年，1940年1月，《良友》画报第150期推出专版，约请刘旭沧与郎静山、邵卧云、胡君磊、卢施福、聂光地等11人以"吾怎样开始学习摄影"为题，撰写短文，介绍自己从事摄影的经历。录刘旭沧短文如下：

> 余性嗜美术，于图画尤所醉心，童时肆业塾中，课本插画，辄背师钩勒，着意临摹，但致力虽多，仅具模型，鲜能酷肖，引以为憾，思有某戚，尝为其家属摄影，时间既简，而形态逼真，

心窃羡之，拟舍所学而从焉，翌日，即借其镜箱（系柯达克摺式白朗尼），并集所储糖果金，购软片一卷而试摄之，因渴慕已久，急不暇择，第一张即摄路灯数盏，次为家人及家畜等，未及半小时，均已摄完，及洗出一观，有不清楚者，或重复摄者，但仍颇满意，如是约经七八卷，惜我戚之机，不能久假不归，又自立不足购机，偶见他人摄影，垂涎欲滴，尝乞彼为己摄影，彼以无片之境箱给余，翌时询之，则云片已拍坏，余明知而无如之何，乃决将果金储积，历年而得置一较优之镜箱，但成绩反不如前，因镜箱愈佳，则手续愈较复杂，后得友人指导，所作渐有进境，兴致益浓，乃自习冲洗，至于废寝忘餐，高堂见责，余仍孜孜不倦，及后长者见余专力一艺，究胜于无所用心，亦听其自然矣，研求迄今，忽忽十余年，虽登峰造极，志有未逮，而此中甘苦，亦已备尝，摄影余暇，偶忆及学摄之初，往事经历，如在目前，笔之于书，以充日记之篇幅，不足为外人道也，遇良友张君为纪念摄影百年纪念，拟出一特辑，徵余记述，余言之无文，无所贡献，聊录此以应。①

短短 500 字，记述了刘旭沧少年时期学习摄影的欣喜与勤奋。刘旭沧少年时，离刘府家不远开了一家顾影轩照相馆，老板王世蔚于摄影颇有造诣；后来少年刘旭沧托他购买照相机，王世蔚亦给了颇多指点，由此刘旭沧学会了摄影及暗房冲洗、放大技术。1928 年，15 岁的刘旭沧跟随家人迁往上海。更加沉迷于学习摄影，因常出入名家摄影展览，结识了后来名震中外、同属浙籍的摄影家郎静山，与郎氏切磋学习，他的摄影技术"进阶"很快；而且在拍照之余，勤奋的刘旭沧自学德文、英文，能够阅读海外摄影杂志，视野日渐开阔，并成为最早将中国摄影推向国际的先行者之一。从 1931 年起，刘旭沧的摄影作品"先后被英、法、德、日、瑞士等国际摄影年鉴和摄影刊物选载；

---

① 刘旭沧：《吾怎样开始学习摄影》，《良友》1940 年第 150 期。

参加过25个国家的295个国际沙龙影展,得过54次奖。据1938年美国波士顿摄影年鉴统计,刘旭沧的作品在国际沙龙的入选数已为世界的第六位"[1]。声名鹊起的刘旭沧在1938年到1943年六年间,拜入雕塑家张充仁门下,学习素描、水彩、油画等,以从绘画艺术中丰富、提高自己的摄影语言。

刘旭沧自1925年始,其作品多发表于《美术生活》《良友》《时代》《摄影画报》《中华摄影杂志》《万影》等刊物;尤长于风光、人像(人体)及静物摄影。在上海期间,刘旭沧先后参加了"三友影会"、上海摄影会等摄影团体,担任《美术生活》常务编辑,在摄影创作、理论等方面均取得丰硕成果。然而这个被誉为"中国摄影灯塔式人物"的摄影大家[2],在"文化大革命"初期即遭到冲击与迫害;在眼睁睁看着自己平生所摄19万张照片被"造反派"付之一炬后,1966年,刘旭沧于上海怆然离世,时年53岁——艺术家的思维和创作都应是大好的年纪。

二 刘氏美术摄影

刘旭沧的摄影创作以人像、风光和静物著称。这是从摄影题材来说的,而仅就摄影形式或摄影语言而论,刘旭沧于摄影贡献之巨者,首先应该是色彩摄影,这一点在当下的研究中,似乎并没有受到应有的关注。

1. 彩色(天然色)摄影

刘旭沧美术摄影中对彩色摄影的尝试,在中国近现代摄影史上是有开拓性的。1935年《美术生活》第16期刊出他的静物彩色摄影(图35),杂志还特有编者按,"天然色摄影,在欧美早已盛行,然在我国,作者绝少,盖因其底片有效期短而价又甚昂,且摄制冲洗,手续极为繁杂,偶一不慎,即成废物,刘君旭沧夙具摄影天才,兼以数

---

[1] 马运增、陈申等:《中国摄影史(1840—1937)》,中国摄影出版社1987年版,第192页。
[2] 祖宇:《寻找刘旭沧》,《中国摄影家》2016年第10期。

年来潜心研究，近制成佳作多幅，构图命意，多涵东方艺术趣味，尤为难得……"① 该期刘旭沧所摄静物以青红两色苹果为主，倚傍在通绿之器皿旁，中间垂放绿葡萄，整幅画面色彩鲜艳明丽，令人耳目一新。刘旭沧在《美术生活》第 17 期发表的彩色静物摄影，以绯红色玫瑰花和青绿色古瓶为主体，杂以荔枝样果物，柔和现代与古典，风格旖旎。其他如《美术生活》第 18 期《案头清供》、第 25 期《案头小景》、第 29 期《案头清品（荷花）》也是色彩静物。

图 35　静物（刘旭沧摄）（原图为彩色）

图片来源：《美术生活》1935 年第 16 期。

故而，刘旭沧众多静物摄影，尤其是彩色静物摄影（即天然色摄影），不仅具有鲜明的艺术性，更具有浓郁的民族性和绘画风，刘旭沧对此亦曾直言不讳，"一张素描的画片如没有深刻的写意，当然要比一张彩色画来得逊色一点"②。正如《艺术与生活》1939 年辑刊刘旭沧、金石声等人的静物摄影时所谈到的那样，这些摄影家的作品

---

① 《静物·编者按》，《美术生活》1935 年第 16 期。
② 刘旭沧：《天然原色摄影法》，《摄影画报》1934 年第 10 卷第 36 期。

"受自国本格艺术——国画的影响而产生异于他国的二种特殊作风，即为本文所介绍的'静物'与'仿山水画'（暂名）的摄影了"[①]。

就彩色摄影而言，除了拍摄静物之外，刘旭沧也把这种"天然色摄影"用到了人像摄影中；比如他曾经为电影明星陈云裳拍摄的作品《陈云裳女士》（图36）（《良友》1940年第150期），就是色彩摄影。在风光摄影中，他也使用了"天然色"，比如1936年《美术生活》第27期发表的《遥指白云生》、第28期《湖滨》等皆是彩色摄影。时间过去将近百年，从今天的视角回溯20世纪三四十年代，来阅视刘旭沧当年发表在《良友》《美术生活》等刊物上的彩色摄影，确实会激发异样的"悸动"。因此，刘旭沧是独特的，从他的"天然色摄影"中，有许多值得细读其时的技术与文化"秩序"。

图36　陈云裳女士（刘旭沧摄）

（原图为彩色）

图片来源：《良友》1940年第150期。

---

① 《吾国摄影的两种特殊作风（上）》，《艺术与生活》1939年第1卷第3期。

2. "仿山水画"摄影

《艺术与生活》中提到静物与"仿山水画"摄影,所谓"仿山水画"摄影,即郎静山等人的"画意摄影",刘旭沧本人创作的许多风光摄影,也是"仿山水画"摄影。而且如前文提到的,刘旭沧跟随张充仁学习雕塑绘画六年,其在摄影的画意上用心之深可见一斑。

刘旭沧的风光摄影中,很为人所称道的如1936年发表于《美术生活》第27期的专题作品《维扬杂感》,在这组作品的序文中,刘旭沧写道:"扬州为苏省往昔之繁华地,奢靡之风,冠绝全省,其间之雅迹韵事,尤为人所艳称,古语有云,'腰缠十万贯,骑鹤下扬州'。观此二语,概可想见一斑矣。惟自清末以还,民生凋敝,旧日纷华,顿化烟消,名胜古迹,亦多湮逝于荒烟蔓草中,徒供游人之凭吊而已!"① 刘旭沧的这组摄影分别为《寂寞浮屠云雾里》《参差嫩柳烟雨中》《放乎中流如入荒江古渡》《画舫寻春不见春》《荒凉满眼春光初到瘦西湖》(两幅)、《夕阳空照五亭桥》,以及《船娘停棹无客问津》等八张作品。每张作品的命名,实际上也是摄影说明,同时在文字中流布了拍摄者的叹惋。这组摄影以古木、流水、泊舟、塔影等传统绘画意象为拍摄对象,风格细腻、意境苍凉,"仿山水"之风使其充溢画意,堪称刘旭沧此类作品中的典范。

此外1937年刘旭沧在《美术生活》第41期发表的组照《衡岳奇观》,其画意色彩更加显著。这组作品包括了《衡山之磨镜台》《登山之大道》《衡山云海》《衡山远眺》《络丝潭瀑布》,以及《衡山最高峰之祝融寺》《南岳庙大殿一角》《半山亭一角》《狮子峰》等九幅作品,其中前五幅作品十分契合画意摄影的图像审美与神思气韵。尤其《衡山之磨镜台》(图37)这幅作品气势宏阔,画意俊朗,前景右侧林木扶苏中三处秀雅楼阁,与居于左侧云雾中的水墨色山头和近旁隐现的山体相映对,画面平稳端正;上面大半幅画面则以云雾笼遮山体,并弥漫充溢于山谷,延伸消散至远景深处。这幅作品无论从构图布局,

---

① 刘旭沧:《维扬杂感》,《美术生活》1936年第27期。

还是用光深浅及画境,都堪称美术摄影中的上品。在刘旭沧的衡岳摄影中,还有一幅《衡岳松云》值得关注,这幅作品前景之巨松直插框外,以壮其"入云"之势,旁立五棵低松,形成错落,且以错落之松,映衬远山之绵缈;前松色深如墨,远山色淡如烟,山与松在散布整个画面的云烟中交融,观之顿生"化外"之思。如刘旭沧本人所讲,"衡岳山高多云,每值新雨初霁卷棉堆雪浩瀚如海⋯⋯"① 大自然的奇观,经过摄影镜头与刘旭沧的艺术气韵相遇合,成就了这组深蕴画意之摄影佳作。

图 37　衡山之磨镜台（刘旭沧摄）

图片来源:《美术生活》1937 年第 41 期。

仅就《美术生活》而言,刘旭沧 1935—1937 年在其上发表的作品,如《孤村寒夜》(1935 年第 17 期)、《芦荻花疏水国秋》(1935 年第 21 期);《寒山暮霭》(1936 年第 22 期)、《寒林古寺》(1936 年第 23 期)、《望断碧云深处思悠悠》(1936 年第 32 期);1937 年第 34 期"美术摄影特辑"之《爆竹》《秋色》《云山》等都可以视为其美术摄影的优秀之作。另外,刘旭沧的作品也发表在《飞鹰》《良友》《中华摄影学会画报》《图画晨报》《联合画报》等刊物。比如在《飞鹰》上,刘旭沧发表有《晓风杨柳》《柳荫深处》《云深不知处》《竹筏》《孤帆》(图 38)《秋郊》《烟雨》《归途》等,都称得上其摄影中深

---

① 刘旭沧:《衡岳奇观》,《美术生活》1937 年第 41 期。

具"画意"的仿山水之作。

图 38 孤帆（刘旭沧摄）

图片来源：《飞鹰》1936 年第 5 期。

3. 有意味的纪实摄影

刘旭沧长于人像、风光和静物摄影，这是摄影史的公认；但是刘旭沧摄影中还有一个题材，这个题材摄影的风格也需要关注，这就是纪实摄影，他的纪实摄影同样具有画意。这在浙籍摄影家中，是刘旭沧的一个艺术个性，却容易为研究者所忽视。其中最具代表性的当属于 1936 年《美术生活》第 30 期发表的《渔家乐（渔民生活素描）》；第 33 期《农村即景：刘旭沧君游浙东照相集之一页》两组摄影作品。

《渔家乐（渔民生活素描）》（图 39）组照共六幅作品，配六首五言诗[①]。这是一组诗配"画"纪实作品，记录了渔民生活的自然状态，如"结社秋江上，风雨入户闼，大江为陇亩，取之无穷竭。"描述渔家日常劳作的，其诗说，"日出携罾去，妻儿频叮咛，网得金睛鲤，早归莫醉酩。"生活境况白描的，其中两首，其一，"潮平春岸阔，云

---

① 刘旭沧：《渔家乐》，《美术生活》1936 年第 30 期。

密天宇低，今番渔汛好，入市蓟新衣"。其二，"镇日逐溪渚，负得秋阳归，孙儿兢相问，笑道粟尚余"。展现渔家日常乐趣的，五言诗这样写，"船小堪容膝，网圆获巨鳞，隔江传酬唱，遥和两三声"。揭示渔中生活之境界的，配诗曰，"乘竿宜微雨，投罾喜波平，烟波帆没处，白云冉冉生"。六首诗写得轻灵生动，富有浓郁的生活气息；当然其中固然少不得摄影家的艺术想象。这组作品江阔云低、风帆高悬，唯美的画面和诗歌中气定神闲的抒情气质，让人往往会忽视这组作品的纪实性。但是镜头中，渔民负巨罾出行的场景，却真实记录了渔家的劳作境况，这种日常劳作也绝不是刘旭沧五言诗所书写的那么唯美，那么诗意。

图 39　渔家乐（刘旭沧摄）

图片来源：《美术生活》1936 年第 30 期。

《农村即景：刘旭沧君游浙东照相集之一页》，也是六幅作品。这

几幅作品因为没有《渔家乐》那样五言诗的"阻隔",其纪实性相对容易被"识别"出来。农人或负担、或牵牛、或耕作,或溪头浆洗的场景被镜头忠实记录下来,具有浓郁的乡野气息。但是,和《渔家乐》的风格相似之处在于,这组作品因"游"记事,风光摄影的特性在其中还是非常清晰的;比如农家耕作的场景,农人田间耕作被压缩在狭小的画面底部,占据画面主体的是半幅云山和数株野树,构成"野旷天低树"的画意境界。相比较而言,牵牛图与负担图的主体则是农人,纪实性比较鲜明。

有意思的是,1935年郎静山也以农村题材为拍摄对象,发表了一组摄影作品,命名为《华北农村即景》(见《美术生活》1935年第17期)。与刘旭沧相比较,郎静山的这个"农村即景"更注重细节,突出人物,这应该与他的新闻摄影记者出身有关。刘旭沧实质上是一个非专业的"业余"摄影家,在他的摄影实践中,更多的是率性和自由地"造美"。因此,即便在纪实性比较强的作品中,依然闪烁着美术"画意",不妨把他的这些摄影作品称为"有意味"的纪实。

三 切入摄影史的三个范式

艺术史的范围和方法跟随着不断变迁的图像媒介而变化[1]。摄影无论是作为媒介技术,还是作为艺术产品,其本身既是图像媒介,而且也以图像媒介促成自己的发展。在中国近现代摄影发展史上,作为图像媒介促成摄影发展的至少有三种,影展、文人雅集式的摄影团体和包括摄影杂志在内的城市画报。这三种图像媒介在摄影史书写中所具有的功能,在摄影史书写中,还需要深入挖掘。而刘旭沧作为现代摄影史上一个重要人物,以其摄影实践、与图像媒介的交集角色,至少从这样三个视角,为摄影史研究与书写提供了范围和方法的考量。

1. 投身摄影团体,打开摄影实践新视窗

刘旭沧到上海后曾参与过多个摄影团体,每个摄影团体都既给他

---

[1] [德]汉斯·贝尔廷等:《艺术史导论》,贺询译,北京大学出版社2021年版,第341页。

打开摄影实践新路径,最终也让他为中国摄影发展推开新视窗。

  首先是"三友影会"。该会 1931 年由郎静山、徐祖荫、黄仲长三人发起,他们的共同目标是将中国的摄影带入国际摄影展,在当时民族主义高扬的时代,以提振民族自信心。1932 年,刘旭沧加入"三友影会",徐祖荫退出,这个社团依然是"三友"。"三友影会"致力于推动中国摄影的"国际化",致力于让世界了解中国;因此,刘旭沧、郎静山、黄仲长及早期的徐祖荫,经常结伴在华东诸省,及山东、山西、北平等地拍摄,寻访名胜于黄山、衡山、天目山、莫干山等地。创作了大量如《寒林古寺》(图 40)这样的风景作品。1931—1937 年,即抗战全面爆发前,他们将作品投寄给世界各地摄影沙龙,"获得各种奖牌数十枚。展出地点遍及欧、美、亚、非、澳等洲的 30 多个国家,作品的内容有表现祖国山水风光,表现我国历史遗迹、古代佛像、古建筑,也有静物、花卉和人像等。这些作品在国外受到了广泛的好评,据 1932 年国际摄影沙龙公布的数据,该年中国参加国际摄影沙龙的成绩总分超过了日本"①。以"三友影会"为基地,刘旭沧等人将中国摄影引入国际摄影舞台。

图 40　寒林古寺(刘旭沧摄)

图片来源:《美术生活》1936 年第 23 期。

---

① 王天平、蔡继福、贾一禾:《民国上海摄影:海派摄影文化前世之研究》,上海世纪出版集团 2016 年版,第 41 页。

其次是上海摄影会。该会1929年由浙籍摄影家胡君磊等人发起，1932年，郎静山、刘旭沧等人应邀加入。1937年，因"八一三"淞沪会战爆发而停止活动；至1945年抗战胜利后，胡君磊返回上海，邀集故旧筹备复会，刘旭沧、金石声、吴中行等摄影家再度入会，刘旭沧的老师张充仁亦参与复会后的影展活动。

最后是中国摄影学会。该会于1925年由沪上摄影玩家林泽苍发起组织，到1928年会员已经近千人之多，并且该会出版有《摄影画报》①。该会也因淞沪会战而在1937年停顿，1948年复会于北京，刘旭沧当选常务理事。但因为各种原因，实际上该会的活动很快被终止，直到1956年，借"双百"春风，中国摄影学会再开一场成立大会，宣告新中国第一个摄影组织诞生，刘旭沧亦再一次当选常务理事。1962年，刘旭沧当选中国摄影学会上海分会副主席。这是刘旭沧为新中国摄影服务的新时期，不过时间很短暂。

刘旭沧与"三友影会""上海摄影会"及"中国摄影学会"关系密切，这三个学会在中国摄影发展历程中，见证了许多重要的历史时刻。因此，从这个角度看，刘旭沧的"三会"履历是一个研究摄影史的重要窗口和视角。

2. 以影展活动，助力民族救亡

1931年"九一八"事变，日寇侵华，陷中国于国族生死存亡之际。1932年"八一三"事变、"一二·八"事变，淞沪会战爆发，中国人民掀起抗日救亡运动。抗战兴，举国上下同仇敌忾，投入抗战救亡运动中，中国的摄影实践也由此开始转变。刘旭沧加入"三友影会"后，就以赈灾影展的方式参与到救亡运动中。据《申报》1932年12月18日报道，"三友影社，借座威海卫路一五〇号中社开义赈展览会，昨早开幕，陈列郎静山、黄仲长、刘旭沧、徐祖荫作品，共计一百一十七点（张），发售义赈券，每券十元，凭券抽号，每号一张……"② 将作

---

① 《摄影画报》1925年创刊，后更名《中国摄影学会画报》，再更名《摄影画报》；出版13年，是中国近代摄影团体发行时间最长的摄影画报。

② 《三友影展义赈券》，《申报》1932年12月18日第4版。

品售卖所得全部救济东北难民，"这是见诸文字记载，直接和挽救民族危亡运动有关的一次最早的摄影展览活动"①。

与抗战救亡运动有关的影展，刘旭沧还参与了1937年6月24日至30日举办的"北平第一届摄影联合展览会"。这次影展虽然以刘旭沧、郎静山、叶浅予等追求摄影画意和唯美的摄影家作品居多，但是在会展的《致敬——参观诸君》中，却赫然写道，"有人生即有艺术，这是一种定律。可是它的趋势，常受着社会潮流推荡而变迁，摄影也不外此。我们当国难严重的关头，所需要新的艺术，当然是以发扬民族精神为前提"②。在时局突变，救亡压倒一切之时，摄影家从对摄影的唯美追求转向了民族存亡之大局，刘旭沧在这个潮流中，同样以摄影回应时代和国族的需要。

当代摄影史学者顾铮认为，"有的摄影展览，在举办的时候，可能是对于一种摄影观念与潮流的倡导，但事后却成为了检验这种观念与潮流的标志性事件，成为了摄影史的一部分"③。站在近百年后的今天，回看1937年的"北平第一届摄影联合展览会"，结合同年同月，以刊发美术摄影作品著称的杂志《飞鹰》发表的《摄影在现阶段的任务》一文，来"对读"刘旭沧参加的"北平影展"，就更能理解其摄影史意义。因此，以包括刘旭沧在内的摄影家影展活动为范式，可以从另一个视角为摄影史书写提供了史料与理念。

3. 《美术生活》编辑的史学启示

在摄影史演进和摄影家艺术创作中，作为图像媒介的艺术画报、摄影画报起着至为重要的作用。因此，从摄影或其他艺术类杂志切入是摄影艺术史研究的另一个重要路径与范式。

20世纪30年代，上海的美术类期刊发展蓬勃，其中1934年出版

---

① 王天平、蔡继福、贾一禾：《民国上海摄影：海派摄影文化前世之研究》，上海世纪出版集团2016年版，第41页。

② 马云增、陈申等编著：《中国摄影史（1840—1937）》，中国摄影出版社1987年版，第241页。

③ 顾铮：《作为新学科领域的摄影史：历史、现状与反思》，参见《海上摄影名家大系·顾铮摄影文论集》，上海文化出版社2012年版，第76页。

的《美术生活》（图41）独树一帜。创刊于民族生死存亡之际,《美术生活》宗旨有三,"表彰我国固有之灿烂文物,使国人知所眷顾,一也。介绍世界之新兴艺术,使国人有所借镜,二也。影写现今之社会生活,使国人知所警惕与勉勖,三也"。其敬告读者亦有三,"第一用美术来挽救科学的偏弊""第二用实用美术来挽救玄想美术的空谈""第三采取实际生活平民生活的题材,来挽救雅人名士的作风"[①];刊物的路线,被概括为"站在'艺术'或'美'的路线上,要使'艺术'或'美'生活化,大众化,实用化"。"站在'生活''大众'或'社会'的路线上,要使生活艺术化或美化,大众艺术化或美化,社会艺术化或美化"[②]。要之,该刊的宗旨既是生活的,又是美术的。故而,《美术生活》提倡美术,发扬中国固有艺术,刊登古今中外艺术

图41 美术生活封面（第二期）

图片来源:《美术生活》1934年第2期。

---

① 《美术生活发刊辞》,《美术生活》1934年创刊号。
② 唐隽:《我们的路线》,《美术生活》1934年创刊号。

作品，有篆刻、山水画、花鸟风景画，介绍各国艺术家的作品。刘旭沧与郎静山、汪亚尘、黄宾虹、林风眠、吴湖帆、陈抱一、徐仲年、孙福熙、徐悲鸿、黎锦晖等一时之名家，皆曾为其特约编辑。

在20世纪30年代，上海大众社会兴起，市民文化繁荣的境况下，《美术生活》能够出娱乐之境而不染，坚守艺术性和学术性，实在是上海报刊界的"一股清流"。刘旭沧作为该刊特约编辑，也把自己的美术摄影理念贯穿于编辑中。《美术生活》编辑一大半是艺术家，因此，其刊载的艺术摄影，包括前文已经阐述的刘旭沧摄影作品，其倾向皆类似于中国山水画，即"仿山水画"摄影；而且"艺术摄影以业余摄影者的作品为主，是个人的表达"[①]。因此，刘旭沧编辑《美术生活》的个案，为摄影史研究提供了又一个切入视角。而且在20世纪前半叶，这样的个例也实在不止刘旭沧一人，如林泽苍之于《摄影画报》、金石声之于《飞鹰》、陈嘉震之于《艺声》等，此类案例比比皆是，以其切入摄影史研究，是一个很有学术价值和文献支撑的视角，甚至可能会开启摄影史书写新范式。

---

① 陈学圣：《寻回失落的民国摄影》，台北富凯艺术有限公司2015年版，第182页。

第二章 "红色摄影师":透过硝烟的凝视

中国战地摄影记者群体的崛起,应该是在日本发动侵华战争之后。"九一八"事变后,战云密布,国家进入生死存亡之际。王小亭、毛松友、俞创硕、吴宝基等人纷纷受聘于《申报》《晨报》《良友》等媒体,成为中国的战地摄影记者。摄影家孙明经在1937年全面抗战爆发之前,即奔赴华北战场前沿,拍摄、撰写了《万里猎影记》。在全民抗击外侮、救亡图存的大时代,浙籍摄影家群体中的徐肖冰、高帆、雷烨、罗光达、俞创硕等人,因抗日战争的爆发而走向抗敌前线,成长为杰出的战地摄影记者。其中徐肖冰、高帆、雷烨、罗光达投身延安抗日根据地,成为"红色摄影师"主力军,俞创硕则以《良友》记者身份,在长辛店、良乡等华北抗日前线,拍摄同仇敌忾的抗战将士,并在彭雪峰护送下,到达八路军总部,采访了朱德、左权、刘伯承、邓小平等根据地将领。在特殊的历史环境中,这些浙籍战地摄影记者,以相机为武器,记录下了特殊的历史场景。因此,研究这些战地摄影记者,只有从"摄影武器论"入手,才能深入理解他们的摄影题材和图像审美。

第一节 作为武器的摄影

梳理"摄影武器论",需从沙飞说起。1937年12月,沙飞在河北阜平加入八路军,成为抗日根据地第一位专职新闻摄影记者①。1939年,他受命担任晋察冀军区新闻摄影科长;同年,在为吴印咸《摄影常识》撰写的序文中,沙飞提出"战时新闻摄影"概念。"战时新闻摄影"的提出,是中国现代新闻摄影发展历程中的一个重要"事件";而且"战时新闻摄影"的基本理念——摄影武器论,和以"摄影训练班"为主要组织形式的根据地新闻摄影训练机制,也"为推动我党早期宣传中的影像转向准备了条件"②。沙飞的"摄影武器论"作为延安时期根据地战地摄影的指导思想,是在抗战语境下摄影观念转向和红色摄师群体形成的前提下,才得以传播开来,并付诸实践的。

一 摄影的转向

1937年6月,以艺术摄影标榜的摄影杂志《飞鹰》推出署名"须提"的文章——《摄影在现阶段之任务》(图42),倡导"国防摄影"。明确提出,国难当头"国防摄影"当兴,摄影家应该立即从"古木苍松""野渡无人"的摄影画意中转向满目疮痍的故国山河,和民族抗争"战斗的时代",此为"现阶段之任务";因为目前"'全中国到处可闻到大众不平的吼声,社会上任何角落里,可以看到为争取民族解放而汇流的斗争鲜血,这一切都是大好题材。'运用敏锐的目光,摄制伟大的作品正是时候了"③。摄影在须提这里被表征为抵抗外侮、使"一切不愿做奴隶的人们因此而奋起"的战斗武器。须提发表此文的三个月前,即1937年3月,《飞鹰》第15期,著名摄影家张印泉发表《现代美术摄影的趋势》一文,明确提出摄影"尤需要阳刚的美,因为有力,才能表现伟大"④。须提和张印泉的文章,标志着《飞鹰》摄影立场的改变,也是中国摄影实践和观念转向的重要标志。

---

① 顾棣编著:《中国红色摄影史录》,山西人民出版社2009年版,第610页。
② 曹培鑫、赵鹏、彭天笑:《从文艺大众化到摄影武器论:中国共产党早期宣传的影像转向》,《中国新闻传播研究》2017年第1期。
③ 须提:《摄影在现阶段之任务》,《飞鹰》1937年第18期。
④ 张印泉:《现代美术摄影的趋势》,《飞鹰》1937年第15期。

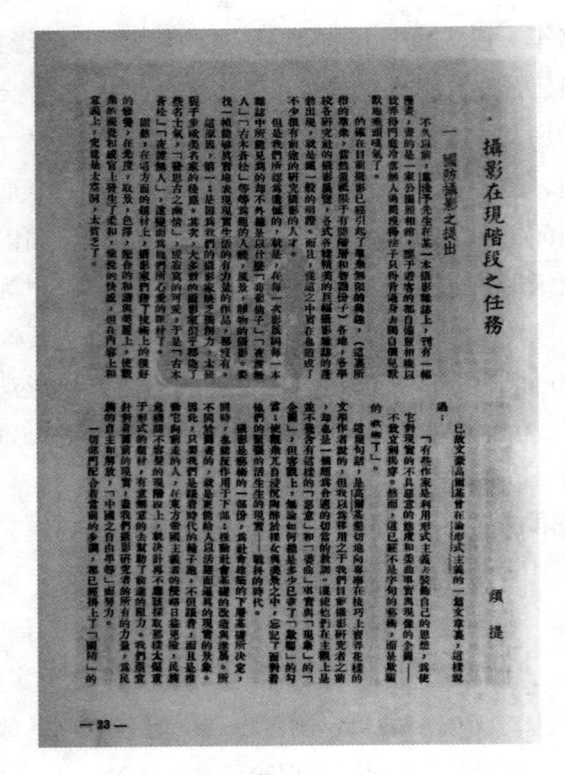

图 42　1937 年《飞鹰》第 18 期发表
《摄影在现阶段之任务》

图片来源：《飞鹰》1937 年第 18 期。

不过，这个转向实际上从 1931 年"九一八"事变始就现出端倪。抗战爆发，摄影界就开始探索从表达有闲人登山临水"留鸿爪""带湖山归去"的"美的陶醉"①，到雄伟之气的力的呈现：国难当头之际，走向现实、关注时代。比如铁华 1934 年对摄影题材的选取和主题的呈现，表达了这样的观点，"目前的社会是不需要那些享乐品的。我们的主题是：在于社会的动向，现实的写真，促进新时代的光临。记得，我们是负着援助被压迫的民众而达到人类自由平等的绝对重大

---

① 廖壁光：《摄影只是消闲吗？》，参见龙憙祖编著《中国近代摄影艺术美学文选》，中国民族摄影艺术出版社 2015 年版，第 400 页。

使命啊！"① 可以看出，1931 年到 1937 年前后，中国摄影家的摄影观念和摄影创作实践已经从摄影"为艺术"转向摄影"为人生"的现实关照。正是在这种转向语境下，作为根据地第一个专职摄影记者，沙飞的"摄影武器论"，明确喊出了"摄影是暴露现实的一种最有力的武器"②。

二 "红色摄影师"群体形成

延安时期，根据红色摄影师群体的形成有两个来源，一是从上海等地辗转而至的摄影家、摄影师；二是根据在"外来"摄影师主导下，进行的"本土化"培育。徐肖冰与他的师傅——已经在大上海拍摄过《马路天使》《风云儿女》等电影的著名摄影家吴印咸，从上海"明星"电影公司来到太原西北电影公司之后，住在与八路军办事处住处很近的地方，于是徐肖冰就隔三岔五跑去，坚决要求参加八路军，后来被周恩来接待，介绍他去延安。1938 年，吴印咸受周恩来指示，携带荷兰伊文思和香港爱国人士赠送的电影摄影机及胶卷赴延安；同年，吴印咸即出任刚组建的延安电影团摄影队长，徐肖冰也被安排进电影团担任摄影。徐肖冰后来回忆说，当时"全团只有袁牧之、吴印咸和我是搞过电影的"③。在全国各地知识青年"归心延安"的洪流中，徐肖冰和吴印咸感受到生活在他们面前展开了广阔绚丽的前景，吴印咸曾因此发出感慨，"离开这火热的斗争，离开中国的民众，艺术家到哪里去发挥他的才智呢！"④ 吴印咸早期摄影即具有"大众化"色彩，关注底层民众的艰辛；比如他拍摄的《饥寒交迫》《朝市》（图 43）等作品，都是"走向群众""走向民间"的题材，前期积淀为吴印咸走向革命，成为红色摄影师奠定了生活和思想基础。

---

① 铁华：《摄影的题材》，《晨风》1934 年第 5 期。
② 沙飞：《写在展出之前》，参见龙喜祖编著《中国近代摄影艺术美学文选》，中国民族摄影艺术出版社 2015 年版，第 377 页。
③ 高琴主编：《透过硝烟的镜头》，中国摄影出版社 2009 年版，第 7 页。
④ 吴印咸：《延安影艺生活录》，参见艾克恩编《延安文艺回忆录》，中国社会科学出版社 1992 年版，第 268—271 页。

图 43　朝市（吴印咸摄）

图片来源：《大众画报》1934 年第 3 期。

　　关于根据地摄影人才培育，1938 年，沙飞以"带徒"形式，在晋察冀军区训练过摄影记者，培养了李廷占、刘彬、王宗槐三人[①]。同一时期，其他到达根据地的摄影人员也不断加入到新闻摄影教育行列；比如 1938 年 4 月，高中毕业的石少华自带照相机和大批胶卷投奔延安，1939 年 6 月在"抗大"举办个人影展，同年秋赴晋察冀抗日根据地，被吕正操将军留在冀中根据地，出任摄影科长，并于 1940 年开始举办摄影训练班。1939 年盛夏，吴印咸写出《摄影常识》一书，此书后来成为沙飞举办摄影训练班的专用教材。1940 年，郑景康放弃国民党外宣处摄影室主任身份辗转到延安；在延安郑景康觉得，"延安能

[①] 王雁：《我的父亲沙飞》，社会科学文献出版社 2005 年版，第 116 页。

使我得到合适的工作,使我能对抗战贡献出我的力量"①。在总政治部担任新闻摄影工作之余,郑景康经常在摄影学习班授课。

不过,延安时期根据地第一个摄影训练班,是1938年春八路军第115师侦查科长苏静在山西孝义县碾头村主持举办的。苏静当时举办摄影训练班的主要意图并不是新闻摄影,而是用于军事侦察。根据摄影家顾棣先生考证,1940年6月—1942年6月,石少华在冀中军区举办4期摄影训练班,先后培训学员100多人;1941年起,沙飞效法石少华,抗战期间在晋察冀军区举办3期摄影训练班;其他如八路军129师、晋冀鲁豫军区、冀热辽军区、山东军区及延安等地均举办了摄影训练班;从抗战初期到解放战争末期,训练学员人数达500余人,结业后从事专职摄影的200余人②。《晋察冀画报》及其他根据地新闻媒体和画报的新闻摄影作品大多出自沙飞、石少华等人带出来的学员之手。来自浙江的高帆、雷烨与其他学员,如叶曼之、张进学、高粱、李峰、邹建东、吴群、裴植、齐观山等人迅速崛起,形成中国新闻摄影史上独具特色的"红色摄影师"群体。

沙飞在为《摄影常识》作序时,还表达了一个重要观点:新闻摄影需要作为一个有组织、有计划的形式,方能真正在抗战救亡中发挥作用,因此要把"全军区所有愿意从事摄影工作的同志联系起来,以便共同担负起时代给予我们新闻摄影工作者的重大的任务。我们知道,没有组织和计划,就绝不会发生多大的力量的"③。联系所有愿意从事摄影工作的人,首先要解决的问题,就是给予他们摄影技术,摄影训练班在这个意义上说,就是"有组织""有计划"的战时新闻摄影工作形式,它也是建筑在共同革命理想和信念上的战斗组织。"摄影武器论"也就很自然地成为作为"教学单位"的"摄影训练班"的核心理念与指导思想。

---

① 转引自高初《抗战时期的边区摄影:一个意味深长的起点》,《中国摄影》2015年第7期。
② 顾棣编著:《中国红色摄影史录》,山西人民出版社2009年版,第18页。
③ 沙飞:《摄影常识·序二》,参见龙喜祖编著《中国近代摄影艺术美学文选》,中国民族摄影艺术出版社2015年版,第383页。

三 "摄影武器论"溯源

摄影武器论生成并非一日之功，基于对中国近现代新闻摄影发展史视角来看，至少可以追溯至清末民初的《时事画报》和《真相画报》时期，而且从地缘考证，与最早"开眼看世界"的广东关联紧密。

1905年9月，广东人潘达微、高剑父、何剑士等人创办《时事画报》，在9月29日的创刊号中，潘达微明确提出"以革命思想入画"。作为受孙中山委托创办的刊物，鼓吹革命反满成为其宗旨，而且其为数不多的新闻照片也以此为主要报道、刊载对象。比如1908年的《鉴湖女侠秋瑾墓》，1909年的《秋瑾墓》摄影新闻，与1907年秋瑾遇害时的《李县令身殉秋瑾案》《吊秋瑾》《公祭秋瑾》等绘画新闻一起，共同构成关于秋瑾案的连续图文报道。鼓吹革命、参与革命、报道革命，是《时事画报》新闻系列的重要特征。1905年出任《时事画报》主笔的陈树人撰写《时事画报出世感言》一文，其中这样写道，"沉沉大陆，遍是愁城；莽莽神州，已无净土。用是摇海岳之笔，快绘变幻风云；仿福泽谕吉之前模，热望开明社会，此《时事画报》所由设也。"[①] 明确表达了"以笔为枪"的办报理念。《时事画报》因为1908年配合黄兴的起义暴动发表《宋江夜题反诗图》，遭到清政府查封；1909年在香港复刊后，潘达微直接以"攻击满清政府，指示革命方向"作为报刊宗旨[②]。

和《时事画报》一脉相承，在《时事画报》被迫停刊后，高奇峰、高剑父主持的《真相画报》1912年6月在上海创办。怀霜在《真相画报序》一文中，如此称述高奇峰等人，"出没枪林弹雨中，举鼎战场，一望一决，收之眼底"[③]。《真相画报》以照相机为武器，揭露并呈现"真相"。高剑父、高奇峰等早在创办该刊之前，就受孙中山指示成立"中华写真队"，以摄影实录革命史迹，并深入部队进行战

---

① 陈树人：《时事画报出世感言》，《时事画报》1905年9月29日。
② 韩丛耀等：《中国近代图像新闻史（5）》，南京大学出版社2012年版，第1687页。
③ 怀霜：《真相画报·序》，《真相画报创刊号》1912年6月5日。

地拍摄,故又称"中华战地写真队"①。因此《真相画报》创办之初,就提出了"监督共和政治、调查民生状态、奖进社会主义、输入世界智识"的办刊宗旨②;虽然它因"宋教仁案"黯然被封,但它拿起摄影"武器",勇于揭示真相,不畏强权的政治功用,从《时事画报》的"以笔为枪",到《真相画报》的以"相机为枪"的"武器论"理念,成为图像摄影报道的"文脉"。

沙飞(图44)与潘达微、高剑父、高奇峰、石少华、郑景康一样,均来自广东,他们在精神气质上有某种天然的精神联系,"摄影武器论"可以说绵延着这种精神血脉。在上海经历了左翼文艺洗礼,并与鲁迅先生有所交集的沙飞,1937年8月15日在《广西日报》发

图44 "中国革命摄影奠基人"——沙飞

图片来源:王雁《我的父亲沙飞》,社会科学文献出版社2015年版。

---

① 韩丛耀等:《中国近代图像新闻史(6)》,南京大学出版社2012年版,第2049页。
② 《真相画报出世之缘起》,《真相画报》1912年第1期。

表《摄影与救亡》一文，呼吁救亡运动下以摄影唤醒民众，"直到现在，文盲依然占全国人口总数的80%以上。因此单用方块字去宣传国难是绝不易收到良好的效果的。摄影即具备如述的种种优良的特质，所以，它就是今日宣传国难的一种最有利的武器"①。这里沙飞以摄影、武器、宣传三个关键词，对摄影武器论做出初步表述。到根据地后，沙飞、罗光达、徐肖冰、吴印咸、郑景康、石少华等先后奔赴延安的摄影人，奠定了根据地摄影人才基础，新闻摄影训练班作为建制的战斗组织，在他们的主持下，拉开根据地新闻摄影教育和图像生产帷幕，走上抗击外侮、战争动员和"宣讲式"观看的前台；摄影武器论也经过摄影训练班宣教传播，成为"战时新闻摄影"教育基本理念。

1941年沙飞在晋察冀军区第1期摄影训练班上告诫学员，时代赋予新闻摄影的重任，就是把根据地的游击战争、日寇的残暴与阴谋反映并传播出去，"摄影要为抗战胜利服务，激励人民抗战到底的决心和信心"②。石少华也告诉训练班学员，摄影"掌握在我党手里，变成我党的最重要的斗争武器之一"③。郑景康与吴印咸则在延安成立的摄影研究小组上，组织大家学习"摄影如何为人民服务"④。摄影武器论理念不仅在学员中间传播，还被冀中火线剧社社长凌子枫写成《我们是革命的摄影工作者》一歌，作为摄影训练队（班）队歌，其词说，"我们是革命的摄影工作者/带着我们的武器/走进人群去/奔驰战斗里/把人民愤怒的心火/和子弟兵的胜利/摄进镜头/把敌人的暴行和无耻/印成千万张照片，昭示国人……"⑤ 这首队歌以文艺形式，生动诠释摄影训练班以摄影为武器的理念。

---

① 沙飞：《摄影与救亡》，《广西日报》1937年8月15日。
② 王雁：《我的父亲沙飞》，社会科学文献出版社2005年版，第116—117页。
③ 参见顾棣、方伟《中国解放区摄影史略》，山西人民出版社1989年版，第325页。
④ 吴立本：《延安的摄影活动》，参见《延安文艺丛书·电影、摄影卷》，湖南文艺出版社1988年版，第87页。
⑤ 参见蒋济生、舒宗侨、顾棣编著《中国摄影史（1937—1949）》，中国摄影出版社1998年版，第78—79页。

四 "向着群众"的摄影

延安时期,摄影武器沦落到实践层面,即摄影为革命、为大众。时任《晋察冀日报》主编邓拓为吴印咸的《摄影常识》作序时,在认同摄影武器论前提下,提出"摄影大众化",认为"摄影家还必须让他自己以外的更多的人,让自己以外的大众,学会摄影,学会使用摄影的工具,使摄影的工具逐渐成为大众所熟习的武器之一。这就像让广大群众都成为武装的战士,都能用枪杆,就像让广大群众都能读书识字和写作,使人人都能使用笔杆一样……"① 邓拓的"摄影大众化"观点,与左联倡导的"文艺大众化"一脉相承,而且与沙飞、徐肖冰、吴印咸等人早期摄影实践道路相符合。这个理念同样需要从两个方面进行溯源:

首先是左翼文艺的影响。20世纪30年代,"左联"成立后,先后在1930年和1932年进行过两次文艺大众化讨论。"左联"在文艺大众化讨论中提出一个重要口号——"向着群众","左联应当'向着群众'!应当努力的实行转变——实行'文艺大众化'这目前最紧要的任务"②。知识分子走出书斋,走出"亭子间"到大众中去,是左联"向着群众"转变的基本路径。

1936年8月3日,鲁迅先生在《答徐懋庸并关于抗日统一战线》一文中,针对"两个口号"论争,坚持认为"只要'民族革命战争的大众文学'的口号不是'汉奸'的口号,那就是一种抗日的力量"③。在相关的言论中,鲁迅先生亦认为"民族革命战争的大众文学"不只局限于写义勇军打仗、学生请愿,而应该是和民族生存所共的各种生活和斗争,"因为我们需要的,不是作品后面添上去的口号和矫作的尾巴,而是那全部作品中的真实的生活,生龙活虎的战斗,跳动的脉搏,思想

---

① 邓拓:《摄影常识序一》,《晋察冀军区政治部摄影科抗敌报社》1939年。
② 关于左联目前具体工作的决议,引自《中国现代文艺资料丛刊》第5辑,第16—17页。
③ 鲁迅:《答徐懋庸并关于抗日统一战线》,参见《鲁迅全集》第六卷,人民文学出版社1981年版,第532页。

和热情,等等"①。指出了左翼文学面向大众,"向着群众"的具体方向和道路。沙飞作为《鲁迅与青年木刻家》《鲁迅先生最后的留影》等珍贵影像的拍摄者,深受左翼文艺和鲁迅思想影响;他后来举办了两次影展,在第一次摄影展览前专门著文,表明开展摄影工作必须先深入大众,"深入社会各个阶层,各个角落,去寻找现实的题材"②。创作可以激励爱国和斗争热情的作品。随着全面抗战的爆发,1938 年 3 月 27 日成立的包括左翼作家、自由主义作家及至国民党右翼作家在内的中华全国文艺界抗敌协会在武汉成立,进一步提出"文艺的大众化,应该是全国文艺界抗敌协会的最主要的任务"③。"向着群众"的"大众化"导向,成为包括(新闻)摄影在内的抗战动员文艺宣传生产精神。

其次是延安文艺宣传政策引导。这里需要提及两个《讲话》,一是 1936 年 11 月,毛泽东的《在中国文艺协会成立大会上的讲话》。在这个讲话中,毛泽东提出革命的文艺工作中应该"文武双全","文学家也要到前线上去鼓励战士,打败那些不愿停止内战者。所以在促成停止内战、一致抗日的运动中,不管在文艺协会都有很重大的任务。发扬苏维埃的工农大众文艺,发扬民族革命战争的抗日文艺,这是你们伟大的光荣任务"④。在这个讲话中,毛泽东已经表明了艺术家要到"战斗中去"的思想。这个思想在 1942 年《在延安文艺座谈会上的讲话》中,毛泽东进行了具体的阐述,即文艺要"使人民群众惊醒起来,感奋起来,推动人民群众走向团结和斗争,实行改造自己的环境"。革命的文艺家、知识分子应该到"工农兵群众中去,到火热的斗争中去"⑤。与"左翼文艺"和鲁迅渊源极深的沙飞,以及来自上海的知识

---

① 鲁迅:《论现在我们的文学运动——病中答访问者》,O. V. 笔录,参见《鲁迅全集》第六卷,人民文学出版社 1981 年版,第 590 页。
② 沙飞:《写在展出之前》,参见龙喜祖编著《中国近代摄影艺术美学文选》,中国民族摄影艺术出版社 2015 年版,第 377 页。
③ 《全国文艺界抗敌协会成立大会》,《新华日报》1938 年 3 月 27 日。
④ 毛泽东:《在中国文艺协会成立大会上的讲话》,参见《中国共产党宣传工作文献选编》,学习出版社 1996 年版,第 1241 页。
⑤ 毛泽东:《在延安文艺座谈会上的讲话》,参见《毛泽东选集》第三卷,人民出版社 1991 年版,第 861 页。

分子吴印咸等人在根据地举办的摄影训练,也必然会把"摄影大众化"作为教育和图像生产基本理念进行传布。投入"火热斗争"中的吴印咸就曾深切地感受到,在延安"大家唯一的目的,就是为了打败日本帝国主义"①。在"延安文艺座谈会"之后,徐肖冰、吴印咸等人赶赴120师359旅屯田的南泥湾,深入大生产运动"火热的斗争"中;1943年2月,拍摄完成《生产和战斗结合起来》(又名《南泥湾》)电影及系列摄影,他们还获得毛泽东亲赠手书"自己动手、丰衣足食"题词②。

摄影大众化与战时社会动员密切结合在一起。1942年,郑景康在他所著的《摄影初步》中,从摄影视觉表达视角,回答了新闻摄影大众化和战时动员功用依据,"文字宣传的效果只能达到使人'知道',而照片则可以令人'看见'……历史是不会重复的,而摄影的记录可以使人'重睹'一切历史事件的伟迹"③。因此,摄影的宣传和战争动员功用要比文字、漫画大得多,具有作为武器的威力。

通过对"摄影武器论"源流、发展及时代语境的梳理,再来分析阐述徐肖冰、罗光达、雷烨、高帆等浙籍摄影家的战地摄影主题及审美理念,就能够深切理解其理念的宣喻性、主题的时代性和审美的恢宏性。

第二节　徐肖冰:站在相机后观察历史

徐肖冰(1916—2009)(图45),浙江桐乡人。1932年,因家道中落,16岁的徐肖冰跟随七舅到上海谋生,在上海"天一"影片公司照相科当学徒,跟随一个师父学习照相业务,配药水、印照片、修花点、修底版等都很快能够上手。1933年进入"电通"公司担任摄影助理,

---

① 转引自高初《抗战时期的边区摄影:一个意味深长的起点》,《中国摄影》2015年第7期。
② 吴印咸:《延安影艺生活录》,参见艾克恩编《延安文艺回忆录》,中国社会科学出版社1992年版,第272页。
③ 参见蒋济生、舒宗侨、顾棣编著《中国摄影史(1937—1949)》,中国摄影出版社1998年版,第89页。

参与拍摄了中国第一部有声电影《桃李劫》（吴印咸摄影），以及《自由神》（杨霁明摄影）、《都市风光》（吴印咸摄影）、《风云儿女》（吴印咸摄影）等在中国电影史上有重要影响的影片。1936年，徐肖冰进入"明星"影片公司二厂，参与拍摄了《马路天使》（吴印咸摄影）、《十字街头》（王玉茹摄影）、《生死同心》（吴印咸摄影）等影片。以上七部中国电影史上的优秀作品，徐肖冰均为摄影助理。在上海期间，吴蔚云、杨霁明、吴印咸三位摄影师对徐肖冰学习摄影技术影响很深。1937年9月，由周恩来介绍，徐肖冰参加八路军，1938年9月，延安八路军总政治部电影团（即延安电影团）成立，吴印咸、徐肖冰负责摄影。电影团中也只有吴印咸、徐肖冰和袁牧之是摄影专业人员。1938年秋至1946年，电影团先后摄制了《延安与八路军》《南泥湾》《边区生产展览会》《中国共产党第七次全国代表大会》等纪录片、新闻片。徐肖冰是中国共产党电影机构创建人之一。

图45　1938年徐肖冰在延安抗大学习

图片来源：侯波、徐肖冰口述，刘明银整理《带翅膀的摄影机：侯波、徐肖冰口述回忆录》，北京大学出版社1999年版。

新中国成立后，徐肖冰肩负新闻纪录电影领导工作，参加拍摄了《活捉谢文东》《东北三年解放战净》《新中国的诞生》《解放了的中国》《抗美援朝第一部》等 50 余部新闻纪录电影，并拍摄了毛泽东、朱德、周恩来、刘少奇、邓小平等革命先辈的照片，留下了珍贵的历史资料。关于徐肖冰摄影研究，本文将从生平影事梳理其摄影道路，从"见证者风格"阐述其摄影艺术成就。

一　从洋场到战场

徐肖冰的摄影道路与他的人生两次"转场"紧密相连。一次是从桐乡到上海，一次是从上海到延安。

1. "到一个全新的世界里去"

16 岁那年，徐肖冰接过母亲含泪递给的小包裹，拘谨地跟在身材高大的七舅背后，出离桐乡到上海。那时"我不知道我们是朝着什么方向走，我也不知道前面等着我的会是什么，但有一点是非常明白的，那就是我离开了家，离开了我的母亲，我要到一个全新的世界里去，在那里我要靠自己生活"[①]。初入大上海，徐肖冰虽然有七舅照料，但还是因为顽皮出去捉蟋蟀，被"天一"公司老板邵醉翁给开除了，所幸后来经电影导演、左联领导人司徒慧敏介绍，徐肖冰在"电通"公司又谋到了生路；之后又在"明星"影片公司二厂工作。从桐乡来到大上海的徐肖冰，也感觉到"就像从井下到了井上似的，眼界豁然开朗了"[②]。不过，在让他"豁然开朗"的大上海，徐肖冰看到更多的却是洋场租界里中国人地位的卑贱，同胞被洋鬼子踩躏的惨状，以及 1932 年日军侵占上海的凶残。

左联电影为抗战奔走，引起了国民党文化特务盯梢。1934 年电通公司被关闭，徐肖冰和老师吴蔚云一起受聘于武汉的"蒋委员长武昌

[①] 侯波、徐肖冰口述，刘明银整理：《带翅膀的摄影机：侯波、徐肖冰口述回忆录》，北京大学出版社 1999 年版，第 32 页。

[②] 侯波、徐肖冰口述，刘明银整理：《带翅膀的摄影机：侯波、徐肖冰口述回忆录》，北京大学出版社 1999 年版，第 36 页。

行营政训处电影股"。但因为受来时同船的共产党人影响,加上不满于"电影股"军事管制与反共宣传,徐肖冰很快借故返回上海。但是因为"明星"二厂在夏衍、阳翰笙、阿英、司徒慧敏等左联人士领导下,拍摄《马路天使》《十字街头》《生死同心》等三部左翼片子,很快也被国民党关闭。失去工作的徐肖冰与老师吴印咸决定到太原西北电影公司谋求出路。于是,又一个"全新的世界"即将在徐肖冰面前打开。

在太原,给阎锡山拍摄了一组沉闷的生活纪录电影后,徐肖冰经过公司同意,办好手续,准备到前线去拍抗战纪录片,结果路遇国民党乱兵,被抢了钱物;随后在一个村庄,巧遇八路军一支队伍,受到热情接待,八路军对军民的友善,还有一个儒雅的八路军团政委给徐肖冰留下了深刻印象。遇到两种兵,获得两种不同感受,徐肖冰深感震惊。回到太原后,西北电影公司也将分流撤离,徐肖冰不得不重新思考自己的去路。在吴印咸做出回上海的决定后,徐肖冰决定留下来,去参加八路军。于是,带着吴印咸留给他的"雷丁那"照相机和简单的行李,1937年9月成为八路军一员。然后在八路军总部及115师685团短暂停留后,根据周恩来的指示,取道西安奔赴延安,开始人生和事业的第二次"转场"。

需要一提的是,在太原八路军办事处请求参军时,办事处秘书赵品三与徐肖冰有过一段对话(图46)。徐肖冰这样说,"我虽然不会打仗,可是我能用我手中的照相机,把八路军抗日的英勇行为报道出去,让全中国甚至全世界了解八路军,了解共产党,让全世界知道日本人在中国的土地上所犯下的罪行。我可以拍纪录电影,把八路军与日本鬼子的战斗场面拍下来,既可以作为宣传抗日的好教材,也可以作为珍贵的资料保存下来"[①]。后来的事实证明,这些徐肖冰都做到了。如果和1937年8月沙飞初次提出摄影是"宣传国难的一种最有利的武

---

① 侯波、徐肖冰口述,刘明银整理:《带翅膀的摄影机:侯波、徐肖冰口述回忆录》,北京大学出版社1999年版,第59—60页。

器"表述相比较，两个人的关于"摄影武器论"的思想不谋而合，而且时间上也在同一时期。

图46　徐肖冰（右）与赵品三

图片来源：侯波、徐肖冰口述，刘明银整理《带翅膀的摄影机：侯波、徐肖冰口述回忆录》，北京大学出版社1999年版。

延安电影团成立后，1942年开始举办摄影训练班，徐肖冰在拍摄新闻照片和新闻电影的同时，积极参与对学员的摄影培训，与吴印咸、沙飞、石少华等人一样，通过摄影训练班这个组织，把摄影武器论思想散播开去[①]。

2. 摄影类型

为便于分析，根据目前发掘到的史料，除了纪录片和新闻电影外，这里把徐肖冰的摄影梳理为四个类型，也可以理解为四个方面的题材。

（1）纪实摄影。就拍摄照片而言，徐肖冰摄影中最具代表性，最有影响，思想性和艺术性都极高的，无疑是他在延安时期拍摄的纪实摄影。徐肖冰的纪实摄影又可以分为三个类型：一是战地纪实、二是生产纪实、三是边区日常纪实及战时动员。

---

① 顾棣编著：《中国红色摄影史录》，山西人民出版社2009年版，第24页。

延安时期徐肖冰的战地纪实摄影,以抗战纪实摄影为代表。记录侵略者的暴行与凶残,记录抵抗者的英勇与无畏。战地纪实摄影中,徐肖冰跟随陈赓386旅进行的榆社战斗拍摄给他留下了深刻的印象,他也在战斗中拍下真实而残酷的战斗现场。其中一个场景是他看到一个战士被敌人的机关枪打中头部阵亡的现场,特写镜头记录了战士牺牲时血如凝固泥浆的悲壮和惨烈。徐肖冰后来回忆说,"拍这张照片时,心里很沉痛。他还那样年轻,而很快就要被黄土掩埋了。我强烈地感到他不应该就此被遗忘,因而破例地拍下了这带血的场面"[1]。这张照片就被命名为《不能忘记他》。另一个场景是徐肖冰本人被炮弹震晕过去,被战士挖出来后,晕晕乎乎间抓起相机拍摄的模糊的战后画面。此外,徐肖冰的战地纪实摄影中,如拍摄于1940年的《攻占正太路上芦家庄铁桥》《狮脑山战斗中的八路军机枪阵地》《太行行军》《夜袭途中》等都是重要作品。

徐肖冰战地纪实摄影还有一个为人所称道的拍摄题材,那就是民兵开展地雷战以及抢救伤病员的后勤工作。民兵在共产党领导的抗日根据地发挥了保家卫国的重要作用,徐肖冰拍摄于1940年的《民兵制造地雷》《鬼子来了》《女民兵在操练》《民兵担架队》等是这个系列的代表作品。《女民兵在操练》中,女子们颤颤巍巍的小脚,却承担起炸铁路、传消息的重任,在国家危难面前不屈不挠,担起了民族大义。《鬼子来了》(图47)中的小脚老太,作为村妇救会主任,边奔跑、边敲锣、边呼叫,把民众的坚韧与勇敢用抓拍的瞬间展现出来;民族的苦难也透过硝烟的镜头被记录下来。徐肖冰纪实摄影中,对于根据地日常生活也有很生动的记录,不仅记录了根据地的文体生活,更重要的是这类作品起到了战时动员作用。比如拍摄于1943年的《兄妹开荒》就是其中的典型。这个作品不仅反映了边区生活的场景,表达了根据地民众的乐观心态,而且激发了民众投身于大生产运动,起到鼓舞抗战的作用。因此,这个作品实质上是战时社会动员的表征。

---

[1] 顾棣编著:《中国红色摄影史录》,山西人民出版社2009年版,第216页。

其他如拍摄于 1941 年的《放学后向妈妈汇报学习》则以母子和谐问功课场景，激发保卫和平生活的隐喻。

图 47 鬼子来了（徐肖冰摄）

图片来源：高琴主编《透过硝烟的镜头》，中国摄影出版社 2009 年版。

在徐肖冰的纪实摄影中，359 旅的南泥湾垦荒生产运动也是根据地摄影的重要收获。比如拍摄于 1941 年的《359 旅开进南泥湾》（图 48），群山、黄土、芦苇中行进的蜿蜒队伍，场面恢弘、气势磅礴；拍摄于 1942 年的《开垦南泥湾》，不仅洋溢着战士们垦荒屯田的热情，更生动记录了处处黄山变身"陕北江南"的过程。纪实摄影是徐肖冰摄影中体量最大，艺术水平也最高的作品。这些作品的产生，使他在延安红色摄影师群体中独树一帜，与沙飞、吴印咸、石少华、郑景康等人相比，具有独特的审美个性。

（2）革命领袖及军事统帅摄影。在徐肖冰拍摄的领袖人物中除了

图 48　359 旅开进南泥湾（徐肖冰摄）

图片来源：高琴主编《透过硝烟的镜头》，中国摄影出版社 2009 年版。

毛泽东，还有朱德、周恩来、邓小平等人。贾一琛以 2000 年浙江人民美术出版社出版的《路——徐肖冰侯波摄影作品集》、2007 年人民出版社出版的《为胜利写真：徐肖冰摄影作品集》，以及 2016 年太白文艺出版社出版的《延安文艺档案——延安影像》等三部作品中，删除重复作品，梳理出徐肖冰 1937—1949 年的摄影作品 108 幅，发现他为中共领袖人物共拍摄 31 幅摄影作品，其中"数量最多、也最具有代表性和影响力的当属徐肖冰为毛泽东拍摄的精彩瞬间，经统计数量高达 17 幅，在他所拍的领导人作品中占有相当高的比重。"[①] 徐肖冰拍摄领袖的任务，建国后由他的妻子——摄影家侯波继续担任。

　　关于给毛泽东主席的拍照，根据徐肖冰回忆，他印象最深的当属 1938 年拍摄的《毛泽东在抗日军政大学作〈论持久战〉的报告》（又名《毛主席在抗大讲课》）（图 49）。那是他第一次给毛泽东拍照，因为抗大教室人员拥挤，他无法走到前面去，于是就站在主席侧面三四米距离，拍了一张侧身照，结果人物画面丰满、瞬间抓的好，侧面摄影也把战士听报告的现场摄入画面，"后来有些摄影界的

[①] 贾一琛：《徐肖冰延安时期摄影艺术风格研究》，硕士学位论文，西北大学，2021 年，第 31 页。

行家评价这张照片,觉得无论是构图,还是画面的处理角度都是很新的"①。徐肖冰为毛泽东主席拍摄的照片,还有两张见证了历史的重大时刻:一是1945年8月28日拍摄的《挥手之间》,记录到了毛泽东登机到重庆谈判,前路吉凶未卜下依然坚毅的目光和坦然姿态;二是1949年4月拍摄的《毛泽东阅读"南京解放"号外》。这是徐肖冰用自己观察历史、记录历史的责任感和敏锐性抓拍下来的重要瞬间。除此之外,徐肖冰的革命统帅摄影中,八路军总司令朱德、副总司令彭德怀,以及陈赓等将领的照片不仅具有重要的革命史、摄影史价值,同时具有极高的艺术性,是根据地红色摄影重要收获。

图49　1938年,毛泽东在"抗大"作
《论持久战》报告(徐肖冰摄)

图片来源:高琴主编《透过硝烟的镜头》,中国摄影出版社2009年版。

---

① 高琴主编:《透过硝烟的镜头》,中国摄影出版社2009年版,第16—17页。

（3）艺术摄影。徐肖冰的艺术摄影中，应该说由明星摄影和根据地摄影两部分组成。而且目前出现的研究成果，也很少有把徐肖冰摄影专门列出一个艺术摄影的做法，大多只是从艺术角度对徐肖冰战地摄影做出解读。比如前文提到的贾一琛，其学位论文《徐肖冰延安时期摄影艺术风格研究》，是当下一篇比较系统阐述徐肖冰摄影艺术的论文，其中把徐肖冰延安时期摄影根据内容与主题，划分为"战争场面纪实""工农兵形象塑造""革命将领指挥作战""劳动生产纪实""百姓生活""文体活动"以及"党政军各领导人会议及活动合影"七个方面[①]。应该说，这样的划分基本囊括了徐肖冰延安摄影的方方面面，为研究延安时期"红色摄影师"摄影实践和艺术审美提供了一个视角。但是，这样的划分烦琐难以聚焦，而且有被局限单一观察"范式"的风险，得出的结论也往往流于浮泛。

因此，有必要把徐肖冰延安时期摄影中一些个性鲜明的作品，纳入"艺术摄影"范畴，而不是单纯从摄影艺术视角解读其摄影的艺术性，这样能够比较深入地阐述徐肖冰摄影的艺术个性和审美风格。根据这样的思路，徐肖冰拍摄的《毛泽东在抗日军政大学作〈论持久战〉的报告》（1938）、《中国革命圣地——延安古城》（1938）；《朱德在太行山》（1840）、《百团大战期间，八路军副总司令彭德怀亲临前线指挥作战》（1940）、《胜利曙光》（1940）、《鬼子来了》（1940）、《八路军骑兵强渡漳河　追歼残敌》（1940）；《战斗胜利后的喜悦》（1941）、《129师359旅在王震率领下，开赴南泥湾屯田垦荒》（1941）；《战士们攀越天桥》（1942）、《陕甘宁边区警备第三旅的骑兵团在沙漠军事演习》（1943）、《陕甘宁边区的前哨》（即"树上的战士"）（1943）、《延安地区的民间秧歌演出》（1943）；《延安党政机关的干部在延河边修筑飞机场》（1944）等都堪称艺术摄影。

（4）明星摄影。这是在目前的徐肖冰摄影研究中，基本处于被忽

---

① 贾一琛：《徐肖冰延安时期摄影艺术风格研究》，硕士学位论文，西北大学，2021年，第18页。

略状态的题材与类型。在众多徐肖冰访谈中，他的明星摄影也很少有人提及过；目前徐肖冰研究多集中于延安时期或新中国成立后的纪录片、新闻电影等革命话语下的摄影研究。其实20世纪30年代，在上海"天一""电通"和"明星"三大电影公司都工作过的徐肖冰，也和陈嘉震、卢施福、何佐明、严次平、蒋炳南、吴印咸、杜鳌、穆一龙等人一样，曾经拍摄过很多电影明星照片。对此，徐肖冰本人在其口述自传中，并没有回避。在上海期间，徐肖冰接触过的电影明星就有赵丹、袁牧之、王莹、陈波儿、王人美、蓝苹、周璇、白杨、施超等人，徐肖冰的机灵、勤快，也很招明星们喜欢，"有时我把他们的照片发表在《电通》《明星》和其他报刊上，比如当时的《时代》《良友》等，一幅封面照片就能赚20块钱的稿费，这在当时是一笔很可观的收入了，我一个月的工资才20块钱嘛"[①]。

徐肖冰拍摄并发表的明星照片以女明星为主。比如仅以《明星》《电声》《青青电影》为例，徐肖冰在1936—1937年，发表于《明星》的明星照片有周璇（1937年第2期、第4期、第8期）、陈波儿（1936年第3期）、赵慧琛（1937年第1期、第2期）等；发表于《电声》的如赵慧琛（1937年第20期）、周璇（1937年第8期、第16期）、白杨（1937年第13期）等；发表于《青青电影》的如陈波儿（1937年第5期）、谈瑛（1937年第5期）等。其他还有赵丹、袁牧之等人的少量照片及电影海报剧照等，应该说徐肖冰的电影明星摄影用工很深，涉及明星数量多，发表媒体也基本涵盖了当时沪上知名的电影杂志，完全称得上是当时上海一个电影明星摄影记者。

从上海"洋场"到延安各根据地战场，作为20世纪前半叶中国战地摄影家中一个很值得深入剖析的个案，徐肖冰的摄影涵盖了军事战斗、领袖形象、边区日常生活、大生产运动以及明星摄影等多个方面；就其对现实的呈现而言，表现出纪实性与表现性不同特征。当然，

---

① 侯波、徐肖冰口述，刘明银整理：《带翅膀的摄影机：侯波、徐肖冰口述回忆录》，北京大学出版社1999年版，第34—35页。

徐肖冰摄影作品中那些代表作,则融纪实性与表现性于一体,在思想和艺术上都取得了令人瞩目的成就。二者一起,生成了徐肖冰独特摄影理念,即作为历史的观察者与记录者。

二 "观察历史"的风格

徐肖冰到延安后,专职从事摄影拍照,目睹、记录了众多重要的历史时刻、关键瞬间。对此,他有一个非常精辟的说法,"我之所以有幸目睹了很多重要的历史场面,不是因为我是一个什么样的拍摄高手,而是因为我沾了照相机的稀与贵的光,我是照相机的操作者,我是躲在照相机后面观察历史的人"①。躲在照相机后面的徐肖冰在长时期拍摄中,形成了独特的"观察历史"的风格,这些可以从叙事与艺术两个方面进行阐述,而且徐肖冰的摄影也在这两个方面形成了自己的个性。

1. 叙事风格

解读徐肖冰摄影作品的叙事风格,很有必要从美国学者欧文·潘诺夫斯基的图像学理论入手。潘诺夫斯基在1939年出版了《图像学研究》,提出图像解释的三个层次,分别是第一性或自然意义,即某些纯粹的形式;第二性或程式意义,即被图像、故事和寓意所表现的特定主题或概念的世界;第三性或内在意义(本质意义),即一个民族、一个时代、一个阶级、提个宗教和一种哲学的基本态度②。第二层次属于所谓的狭义"图像志"领域,即通过对图像的细节分析,跨越图像的结构与色彩,重点阐述图像的思想内容③。第三个层次,可以被理解为,揭示一个民族、时代、阶级、宗教及哲学态度的原理,"不知不觉地体现于一个人的个性之中,并凝结于一件艺术作品里;不言而喻,这些原理既显现在'构图方法'与'图像志意义'之中,同时

---

① 侯波、徐肖冰口述,刘明银整理:《带翅膀的摄影机:侯波、徐肖冰口述回忆录》,北京大学出版社1999年版,第68页。
② [美]欧文·潘诺夫斯基:《图像学研究:文艺复兴时期艺术的人文主题》,戚印平、范景中译,上海三联书店2011年版,第3—5页。
③ [英]彼得·伯克:《图像证史》,杨豫译,北京大学出版社2018年版,第44页。

也使得这两者得到阐明"①。

潘诺夫斯基的图像解释的三层次说，综合起来理解，即把图像的纯粹形式、母体、故事、寓意视为揭示一个民族、时代、宗教、哲学等基本态度的根本原则或基本原理的"象征形式"。因此，潘诺夫斯基斯基的图像学理论核心，是把对图像的解读集中于时代精神的体现，把图像的表现手法放在具体的社会背景下发掘其"象征"性。换句话说，图像的解释，即从象征性入手，解释它的"构图方法"背后的主题与"图像志意义"。徐肖冰在延安时期的摄影，是面向大众与革命的图像叙事，其目的是阐述并呈现特殊历史背景下的时代精神，具有显著的"象征性"。其叙事风格体现在几个方面：

(1) 大叙事与纪实相结合

所谓"大叙事"，实质上是一种叙事范式，彼得·伯克把它界定为删除"任何有可能损害画面庄严气氛的东西"②。但是这种叙事范式因为遵循保障"历史尊严"的原则，一般会排除普通民众和日常场景在图像中的呈现。在徐肖冰的摄影作品中，记录并呈现"历史尊严"的作品有两个板块，一个是"领袖"系列，另一个是"重大会议"系列。这两个系列无疑是大叙事范式或风格的体现，必须庄重、严谨。徐肖冰在1949年前拍摄的《挥手之间》《毛泽东西苑机场阅兵》《朱德在太行山》（图50）、《朱德与彭德怀在五台山》，以及《中国共产党第七次全国代表大会》等，都是具有"大叙事"风格的重要作品。

但是，徐肖冰的作品材视野开阔，并不局限于"大叙事"视角，纪实摄影在他的摄影中占有重要分量。在这里，有必要梳理一下纪实摄影内涵。1940年，美国摄影家多萝西娅·兰格提出，"纪实摄影记录我们时代的社会场景。它映照现在，为将来保留文献。它焦点所在是人与人类的关系。它记录人在生活中、在战争中、在游戏中的举止，或他周围一天24小时的活动，季节的循环，或一个生命的长度"③。

---

① 罗小华：《潘诺夫斯基图像学研究》，中国社会科学出版社2016年版，第23页。
② [英] 彼得·伯克：《图像证史》，杨豫译，北京大学出版社2018年版，第44页。
③ 引自顾铮《反思纪实摄影》，参见《顾铮摄影文论集》，上海文化出版社2012年版，第2页。

图50　朱德在太行山（徐肖冰摄）

图片来源：高琴主编《透过硝烟的镜头》，中国摄影出版社2009年版。

根据兰格的这个定义，纪实摄影是通过记录人类活动来理解人类自身及其社会与文化。学者顾铮认为，"广义地说，只要是见证了历史事件、风格、文物、世态百相的摄影，都可归入纪实摄影"[①]。因此，纪实摄影基本内涵应该包括两个方面的内容，一是具有新闻性的事件、人物和行动，二是具有让人反思的精神内涵，能引起观者对人与自然、人与社会，人与人本质关系之思考者。纪实摄影的这种特性，当然是来自摄影这个媒介的特性，"这个新媒介是完美的新证据，它不会受到拍摄者主体、记忆过失和想象力的损害。它是可以推翻任何怀疑的证据"[②]。而且摄影之所以能在世界各地传播开来，一个很重要的原因就是"人们想用它记录战争"[③]。

如前文所提到，徐肖冰在延安时期的纪实摄影，包含了战地纪实、

[①] 顾铮：《世界摄影史》，浙江摄影出版社2006年版，第61页。

[②] Vicki Goldberg, The Power of Phorography: how photographs hanged our lives, New York: Abbeville Press, 1991, p. 19.

[③] ［英］liz Wells 等：《摄影批判导论》（第4版），傅琨、左洁译，人民邮电出版社2010年版，第100页。

大生产纪实和边区日常生活纪实。普通士兵和百姓成为其纪实摄影的"内容"。普通士兵最为人称道当属徐肖冰1938年拍摄的《城墙上的哨兵》(又名《中国革命圣地——延安古城》)、1940年的《树上的哨兵》、1943年的《夜过独木桥》、1942年的《开荒》、1941年的《群众支前》、1943年的《王大化表演〈兄妹开荒〉》等。

　　大叙事与纪实风格的融合,是徐肖冰延安时期典型的摄影风格。延安时期的"红色摄影师"群体中,具有这种风格特征的还有吴印咸与郑景康。比如,仅《挥手之间》这个"大叙事场景"(图51),当时徐肖冰、吴印咸、郑景康三人都有几乎是同一角度的拍摄。因此当作家方纪在他的散文《挥手之间》里满怀深情地写道,"请感谢我们的摄影师吧,为人们留下了这刹那间的、永久的形象;这无比鲜明的、历史的纪录!正是在这挥手之间,表明了一种深刻的历史过程,表现了主席的伟大人格。愿所有的人,通过这张照片,能够理解和体会,那当抗日战争胜利,我们的国家处在十字路口,处在两种命运、两个前途决定胜败的斗争的严重时刻,我们的党和毛主席,为国家和人民

图51　挥手之间(徐肖冰摄)

图片来源:高琴主编《透过硝烟的镜头》,中国摄影出版社2009年版。

做出了怎样的贡献!"如果在此用潘诺夫斯基图像解释中的第三层,即本质意义来解释徐肖冰、吴印咸、郑景康三人的"大叙事"风格摄影《挥手之间》的话,作家方纪的这句话,就是非常"合式"的诠释。而大叙事与纪实风格的融合,在徐肖冰摄影里,既记录了历史的"尊严"与庄重,又全景展现了真实的战争镜像,用透过硝烟的镜头,呈现时代精神。

所以说,大叙事与纪实相融合的摄影风格,让徐肖冰"躲在照相机后观察历史"的初衷得以实现;观察角度的物质性与视觉呈现的精神性融合,使徐肖冰纪实摄影获得鲜活的艺术个性。

(2)"图像文本"介入叙事

尽管"照相机从来不撒谎",但是照相机是由人来操作的。比如"纪实摄影"出现于20世纪30年代的美国,主要指拍摄普通民众,尤其是穷人的日常生活。当时从事社会学研究的人,多用摄影镜头纪录他们调查的场景,因此有"社会摄影学"的称谓产生。中国摄影学者林路就曾提出"社会纪实摄影"概念,认为纪实摄影有了"社会"二字,摄影家就会把拍摄的焦点放在"揭示人们的现实生活处境上,并注视着社会事件与人类命运直接相关的重大意义"①。因此,即便是早期美国纪实摄影,其也是为了"把观众的注意力引导到某些主题上,通常的目的是希望改变现存的社会与政治观点"②。所有摄影家的拍摄行为,其实都以自己的感受为圆点选择主题、构图,直至镜头、滤色镜。纪实摄影主题围绕着让观众认识社会秩序而展开,本身是带着明确的目的性。

因此,图像的意义是多元的,对图像的分析必须把它放置在历史背景下。以图像志理论视角研究、解读包括摄影在内的图像,除了眼睛紧盯着图像细节之外,还通常需要以文本交融方式,即把图像与其他文本放在一起作比较分析。其他文本的存在形式有两种,要么在图

---

① 林路:《摄影思想史》,浙江摄影出版社2015年版,第156页。
② [英] liz Wells 等:《摄影批判导论》(第4版),傅琨、左洁译,人民邮电出版社2010年版,第117页。

像内，要么在图像外。像中国传统文人画、山水画那样，一般图像内嵌入题诗、图章等。内置于图像的文本，本质上构成图像的叙事，显示或透露着图像的语境和所指。徐肖冰摄影叙事一个显著特征，就是内置的书写文本与照片一起，构成其摄影照片对事件或人物的叙述。

所以，考察徐肖冰的照片，就会发现与同时期其他战地摄影家相比，他的摄影叙事非常独特。内嵌于照片的文字，代替了对于照片的命名。这些文字文本许多都比较详细地标明了照片拍摄的时间、地点、事件、人物，极像一则新闻稿的导语。今天看到的徐肖冰摄影，一幅作品往往有不同命名，其实皆因观看者从各自不同的阅读语境对它们进行理解与"填空"所致。比如《沙漠练兵》（图52），相对应的文本是"陕甘宁边区警备第三旅的骑兵团在沙漠地区举行军事演习"①；《放学后向妈妈汇报学习》，对应文字文本为"有八路军的保卫，敌后的孩子可以安心地学习。放学回来向妈妈汇报学习情况"②。另一种内置文本则是以照片内的物象为叙事手段，比如《毛泽东看"南京解

图52　沙漠练兵（徐肖冰摄）

图片来源：顾棣编著《中国红色摄影史录》，山西人民出版社2009年版。

---

① 高琴主编：《透过硝烟的镜头》，中国摄影出版社2009年版，第32页。
② 高琴主编：《透过硝烟的镜头》，中国摄影出版社2009年版，第28页。

放"号外》（图 53），内置对应文本即是毛泽东手持报纸上的四个大字"解放南京"。①徐肖冰摄影作品中，这样的叙事手段比比皆是，因此导致当下出版的徐肖冰摄影作品集中，同一张照片的命名，被出版者各取所需地"设置"。所以，要真正明了其内在的叙事，必须结合内置的文本，进行比较，方可对其作出正确的、或者接近其本意的理解。

图 53　毛泽东看"南京解放"号外（徐肖冰摄）

图片来源：高琴主编《透过硝烟的镜头》，中国摄影出版社 2009 年版。

其实，在徐肖冰早期明星摄影中，内置叙述文本已经存在，比如 1937 年发表的《程家少奶奶谈瑛》，其内置文本如是说，"号称东方神秘女星的谈瑛女士和程步高正式成立公馆以来，她的生活已是剧烈的转变，大概受到环境的感触，知所警惕了，于是交际场中也不见其迹，据说她现在已是有孩子的母亲，在家里管着家务，正是一个贤妻良母型的少妇了，当然神秘女星之号也不能再加在她的头上了"②。徐肖冰摄影这种"图像文本"介入叙事的策略，与当时以摄影照片进行战时

---

① 高琴主编：《透过硝烟的镜头》，中国摄影出版社 2009 年版，第 19 页。
② 徐肖冰：《程家少奶谈瑛》，《青青电影》1937 年第 5 期。

动员,关系密切。

战时动员一个很重要的渠道是摄影展。因此摄影,尤其是根据地的战争摄影,不仅记录了战争事件,在一定程度上,也通过摄影展传播途径,影响民众看待这些事件的方式。在革命进程中,包括摄影在内的图像"往往有助于唤起普通民众的政治意识,特别是在文盲较多的社会中"[1]。根据地民众识字率低,多数人通过观看图像改变思想,加入到抗战御侮之中。若再辅以文字解说,战时动员效果就明显提升。比如1939年春节,罗光达和沙飞在晋察冀军区驻地平山县蛟潭庄举办街头新闻照片展,展示抗战战绩,参观的人像赶庙会一样,军人、群众妇孺争相观看,"山沟里来了照相的"成了头号新闻。聂荣臻将军观看后称赞"这样做很好,这样的形象宣传作用大",并建议把照片设法放大,寄到延安及大后方和国外,各军分区首长看到照片宣传效果好,就要求军区派摄影人员去,于是就有了办摄影训练队(班)的需要[2]。所以,在徐肖冰等摄影家的照片"图像文本"上,不仅通过识字战士或村民的解说,帮助文盲观看者理解照片及其叙述的事件,同时作为图像文献,也为后来的解读者提供了一个"视窗",用来澄清图像本身的复杂歧义,以及在时间流逝中或自然消逝、或被遮蔽的真正含义。

(3)"公式化"的叙事习惯

如前所述,徐肖冰在加入八路军前与赵品三的对话,直陈其以摄影为武器的思想。因此,记录历史场景、传播时代精神是徐肖冰在摄影实践中从不避讳的主题。徐肖冰战地摄影与沙飞、吴印咸、郑景康、罗光达等人一样,有自己的叙事习惯,或者说叙事话语。这种习惯或者话语,使得叙事得以"公式化"。而这种"叙事公式",在经过长时期实践(或者借鉴其他图式)后,又逐渐内化为摄影家的叙事惯习,内储于摄影思维中,一旦遇合相适境况,即可随时拿来满足拍摄需求。

---

[1] [英]彼得·伯克:《图像证史》,杨豫译,北京大学出版社2018年版,第222页。
[2] 参见蒋济生、舒宗侨、顾棣编著《中国摄影史(1937—1949)》,中国摄影出版社1998年版,第29页。

其实关于战地的可视化叙事，自古皆有，只不过在不同媒介时代，因为使用媒介不同，战争场面呈现方式和观看对象也不相同。前摄影时代，战争场景图像观看对象只有特殊的少数群体，比如皇室、官员；而且绘制战争场景者大多根据关于战争的口语陈述或记述文本，进行想象性创制。进入19世纪后，随着近代报刊业兴起，尤其是新兴画报出现，绘制战争场景的画家开始逐步被报刊派往前线，画家上战场逐步常规化。比如，创办于1842年的世界上第一份新闻画报——《伦敦新闻画报》①，从1856年开始向中国派遣特约画家兼记者，对战争进行可视报道。此后该报对晚清期间中国发生的重大历史事件，如第二次鸦片战争、太平天国起义、中日甲午战争、中法战争、义和团运动、八国联军火烧圆明园、日俄战争等，都持续给予关注报道。被派来中国的报社画家兼记者不仅根据目击或采访到事件制作大量战争画，并辅以文字（如前文所说的图像文本），其中还包括对中国各地风土人情、文化传统、社会状况等报道。摄影术被运用到战场报道，在西方是发生于1854年到1856年的克里米亚战争。这场战争中，英国的罗杰·芬顿进入战争现场进行拍摄报道；但是"他的战争摄影没有直接呈现战争本身酷烈的一面，而采取间接表现的手法。比如，他拍摄的战争照片上呈现的是散落一地的炮弹，而没有让尸体等出现在画面中"②。而在中国，战地摄影记者的产生，应该是在抗战爆发后，在这个语境下，包括浙籍摄影家徐肖冰、罗光达、雷烨、高帆等在内的红色摄影师也作为战地记者，与高粱、邹建东、吴群、裴植、齐观山等革命的专职"摄影记者"成为中国共产党早期职业新闻摄影记者。

早期画家绘制的战争画，为了用感人的方式传达宣传或颂胜（或颂圣）目的，这些图像基本会遵循一定的图式，即具有自己的叙事习惯。徐肖冰及延安时期的战地摄影记者，遵循"摄影武器论"思想，其摄影报道同样有自己所熟悉的视觉图式，每个摄影记者亦因此形成

---

① 沈弘编译：《遗失在西方的中国史——〈伦敦新闻画报〉记录的晚清》，北京时代华文书局2014年版，第7页。

② 顾铮：《世界摄影史》，浙江摄影出版社2006年版，第17页。

各具特色的叙事习惯。徐肖冰战地摄影叙事习惯主要表现为：一，统帅形象建构，以阵前指挥和运筹帷幄为基本"图式"。如《朱德与彭德怀在五台山》，百团大战中拍摄的《八路军副总指挥彭德怀在前线指挥》（图54），攻打榆社时拍摄的《陈赓与罗瑞卿》《攻打榆社战中休息时的陈赓》《榆社战斗后，陈赓和周希汉》等。二，具有"象征"性的物象，比如高山与战马。高山在徐肖冰的摄影中不断出现，并不仅仅是因为地理环境所致，而是与构图、色调的选择一样，具有主观色彩。比如1940年拍摄的《太行行军》，绵延山谷与蜿蜒队伍形成强

图54 1940年"百团大战"，八路军副总司令彭德怀在前线指挥（徐肖冰摄）

图片来源：顾棣编著《中国红色摄影史录》，山西人民出版社2009年版。

烈的纵深对比，整幅作品气韵足、气势盛。拍摄于1943年的《陕甘宁边区警备队第三旅的骑兵巡逻队》（又名《骑兵巡逻队》）（图55），沙漠空旷、山势高耸，山上持枪前望的战士，山下肃立的战马，场景肃穆挺拔。战马在徐肖冰摄影中同样不仅是坐骑，更多时候是生命奔腾、一往无前的"象征形式"。比如1938年拍摄的《太行山上的八路军号手》，阳光透过云层洒向苍茫太行山，号手端坐昂首的战马吹响号角；1940年拍摄的《朱德在太行山》，八路军统帅朱德在巍巍太行之巅，器宇轩昂地跨在战马上，照片充溢着一个革命统帅、一支新生队伍扬厉奋进的精神气质。其他如1940年拍摄的《骑兵乘胜追击》、1941年拍摄的《359旅开进南泥湾》都展示了这样的气质。

图55　陕甘宁边区警备队第三旅的
骑兵巡逻队（徐肖冰摄）

图片来源：顾棣编著《中国红色摄影史录》，山西人民出版社2009年版。

与同为战地摄影家的沙飞相比,沙飞的摄影叙事习惯也比较鲜明,而且他和徐肖冰一样,比较喜欢拍摄骑兵与战马。比如沙飞1937年拍摄《沙原铁骑》,辽阔广漠、铁骑如风,张扬着八路军豪迈的气魄;《长驱出击》,八路军铁骑突破平型关的威武之风展现得淋漓尽致。战马铁骑的叙事习惯,沙飞与徐肖冰极为相似,但沙飞与徐肖冰叙事习惯也有一个显著不同,沙飞在摄影中极其喜欢"长城",以长城为表达物象,更以长城为"象征形式",表达抵御外侮的民族力量和时代精神。比如他的《塞上风云》(1937)、《八路军攻克平型关》(1937)、《八路军战斗在古长城》(1938)等都是经典作品,这些作品具有长久的生命力,原因就在于"除去这些照片本身所具有的历史感与宏伟力度之外,还有部分原因在于这些照片从视觉上把长城这个中华民族的象征物与中国共产党的抗战伟业牢固地结合在一起"[1]。

徐肖冰的战地摄影在长期实践中,以"摄影武器论"为理念,形成了自己的叙事习惯和所依凭的摄影图式,与他在摄影中充分利用的"图像文本"叙事手段,并把大叙事与纪实恰切融合,从而在"红色摄影师"群体中,成就了他"观察历史"之叙事特征。

2. 艺术风格

徐肖冰以照相机"观察历史",也通过摄影的艺术风格体现出来。关于徐肖冰的摄影艺术,也有必要借助"图像志"的一些方法或策略进行分析。为便于阐述,这里从两个方面来做分析。

(1)捕捉运动中的生命

照片代替了绘画对现场的"想象",使记录者能够直面现场,使观察者得以直面历史。作为现场的可视化呈现,摄影是一种有力的视觉表象和媒介,可以让后来者面对生动画面以想象过往,共享与书面文本不同的人类经历与历史场景。而摄影这个功能的取得,在很大程度上得益于摄影能够捕捉运动中的生命,或者说能够抓取生动的运动瞬间。徐肖冰摄影艺术风格最突出的一面,即是善于用镜头捕捉运动

---

[1] 吴雪杉:《不到长城非好汉:沙飞抗战摄影的历史建构》,《美术研究》2015年第6期。

中的人，或者在各种特殊环境中人的运动；其创作手法则通过独特的构图技巧完成。具体来讲，最具特色当属立体构图与曲线构图：

立体构图打破平面与直角的平稳，在视觉上形成动感。如《陕甘宁警备第三旅骑兵巡逻队的战士们攀越天桥》（又名《359旅练兵，夜过独木桥》）（图56）立体构图最为典型，这张照片使用的是三角构图。放置在画面中线偏右部位高点的三角顶点，以左右两端攀越的战士进行平衡，画面稳重，棱角分明；仰拍视角，既突出了战士攀缘飞升之象，又造成天高山低的视觉效果，尽显八路军战士的矫健英姿，具有浓重的美术摄影意味。其他如《攻占正太路上芦家庄铁桥》（1940），全副武装的八路军战士立于铁轨旁，铁架桥、铁轨与战士构成几何形图像，立体构图中不仅把战后喜悦的动感展现出来，照片也具有"钢铁战士"的精神隐喻。

图56　359旅练兵，夜过独木桥（徐肖冰摄）

图片来源：高琴主编《透过硝烟的镜头》，中国摄影出版社2009年版。

曲线，即"S"形构图，也是徐肖冰善于使用的构图手段。蜿蜒延伸的曲线不仅能给人以美感，其渐行渐远的视觉效果，历来是抒情写意的绘画，以及文学作品中的重要意象。徐肖冰使用这个构图手法拍摄过很多八路军行军演练照片，比如前文曾经提到的《太行行军》（1940）、《夜袭途中》（1940）、《沙漠骑兵》（1943）等，就是其中的成功之作。《太行行军》中依山势而形成的行军曲透迤连绵，加以俯拍逆光构成的阴影，使画面色调层次感突出，人与骡马投影于山谷，使作品因动感而平添美感。《沙漠练兵》在徐肖冰的摄影作品中更为人称道，回环游走在大漠的骑兵宛若游龙，随着沙丘起伏蔓延开去，直到消失于远方，画面丰满而气韵生动。

  徐肖冰摄影画面的动感除了在构图手法上使用这些技巧之外，还有一些作品动感的捕捉则来源于镜头的抓拍。比如《八路军骑兵强渡漳河，追歼残敌》（1940），动感呈现于马蹄下奔腾的浪花，与战士扬鞭之姿态。《鬼子来了》（1940）这张照片的动感不仅来源于虚焦的画面，更来自女人小脚奔走、张口持棒敲锣的动作以及其身后的仓皇村民，这张照片的场景把战争给人带来的恐慌与挣逃表现得淋漓尽致，是徐肖冰，乃至延安时期整个抗战摄影中不可多得的佳作；所谓"国家不幸诗家幸"，这幅作品堪称徐肖冰抗战摄影经典之作，与王小亭的《中国娃娃》、刘峰的《救救孩子》（又名《劫后余生》）等一样，应给予客观的评价和历史定位。

  （2）观察记录"历史的细节"

  徐肖冰自称要做照相机后面"观察历史"的人，参加八路军之始，他就把自己定位在"见证者"角色。因此，他的战地摄影在艺术上也坚守"见证者"风格：注重对细节的观察，以展现特定的时代精神与摄影主题。徐肖冰摄影在观察记录历史场景上，展现出他对"历史细节"的高度关注。

  《不能忘记他》（图57）这张照片徐肖冰记忆最深刻，也给人造成强烈的视觉冲击；究其原因，就在于战士牺牲现场的细节呈现太过于惊心怵目。同一时期拍摄战场残酷画面的战地摄影记者还有沙飞、雷烨、邹健东等人，但是沙飞、雷烨、叶曼之等人的有些作品场面过于血腥。徐肖冰作品中，以特写画面展现血腥战场场面的，像《不能忘记他》这样的作品其实并不多见，拍摄这个特写的直接起因，是因为徐肖冰目睹了这个战士（129师386旅16团排长张义周）① 牺牲在自己眼前，受到强烈震动，才怀着极大的悲愤之情，拍下这个残酷画面，要为他留下一个纪念。

图57　不能忘记他（徐肖冰摄）

图片来源：顾棣编著《中国红色摄影史录》，山西人民出版社2009年版。

徐肖冰摄影对细节的重视，还有两幅作品也捕捉的非常准确，一幅是1942年拍摄的《359旅战士学文化》，镜头不仅记录下战士或席地、或蹲下学习的场景，而且摄影画面的核心（或者主象）竟是战士俯身在地上书写的"团结是胜利"清晰字样这个细节；这个细节不仅把战士在物质条件极其艰苦的环境中，努力学习文化的场景记录下来，而且以这几个字迹，把不畏艰难的"时代精神"展示了出来。因此，这个细节在此

---

① 童煜华编著：《为胜利写真：徐肖冰摄影作品》，人民出版社2007年版，第22页。

间有高度隐喻性。另一幅作品是前文已经提到的《放学后向妈妈汇报学习》（图58），这幅作品的关键细节是孩子身上斜挎的"书包"，上面清晰可见"八路军、打鬼子"字样，无疑作品的隐喻是八路军打跑了鬼子，百姓才能过上安稳日子，孩子才可以安静读书。这两幅作品的细节隐喻，从艺术视角再一次印证了徐肖冰摄影中"图像文本"的叙事功能。

图58　放学后向妈妈汇报学习（徐肖冰摄）

图片来源：高琴主编《透过硝烟的镜头》，中国摄影出版社2009年版。

徐肖冰镜头语言中的隐喻，是画面形象具有了隐秘的图像含义。因此，图像志理论与解释方法特别重视对图像中细节的关注和解释。摄影中的细节本质上是一种凝视的视角，镜头背后是主题与意义，是物质性镜像背后精神性含义的"潜伏"，也可以说是摄影立场。因此图像志的分析方法，是从图像的色彩和构图中，发掘图像主题。徐肖冰战地摄影所投注的时代精神，透过图像志分析，才能真正窥其堂奥。从这个意义上说，其摄影细节艺术呈现之处，也是其精神所托之所。徐肖冰正是以对历史细节呈现，来完成其"观察历史"的摄影理念。

徐肖冰作品中有许多单纯从艺术视角审视，具有很高的艺术价值，即便如塑造统帅形象的，如《朱德与彭德怀在五台山》《八路军副总指挥彭德怀在前线指挥》《朱德在太行山》等，都达到了很高的艺术水准。其他如《树上的哨兵》（图59），也是一幅很有艺术性的作品。但徐肖冰作品的第一性并不是为了审美，而是为了再现。其实，延安时期战地摄影记者的作品都没有纯粹的审美，只有同仇敌忾、向往独立与民族解放的时代精神。只不过，最终成就经典作品的，依然是那些审美与再现水乳交融，既反映时代精神，又深具美学个性的作品。徐肖冰的战地摄影经过战火洗礼，无论叙事习惯，还是艺术风格都形成了自己的品质与格调，以其个性化的"观察历史"，为回望那个峥嵘年代留下重要的图像史料，也成就了中国摄影史上的艺术典范。

图59 树上的哨兵（徐肖冰摄）

图片来源：高琴主编《透过硝烟的镜头》，中国摄影出版社2009年版。

第三节　罗光达　高帆

把罗光达与高帆放在一节阐述，并不是"蒙太奇"式的交叉比对，而是因为两人除了战地摄影外，在浙籍摄影家，乃至在延安时期的战地摄影家中，他们对摄影理论都有自己的思考和贡献。

一　罗光达：从南浔到延安

罗光达（1910—1997）（图60），浙江吴兴（今湖州）南浔人。罗光达虽然出生在一个平凡人家，但在南浔镇这样一个文教与实业都兴盛的江南古镇，也自然孕育出他的"地方"个性。16岁那年，他被父亲送往上海一家染洗店当学徒，父亲希望他学成回家以此创业为生；

图60　罗光达

图片来源：蒋济生编《罗光达摄影作品·文论选集》，辽宁美术出版社1995年版。

不过，罗光达对读书的热情超过生意，于是他在做学徒之余，不仅坚持读书，学会了照相，还与上海的左翼人士、中共地下党有了接触。在抗日救亡时代洪流中，年轻的罗光达同样热血沸腾，因参加"上海职业青年救亡团"，在1938年日本人占领上海后，被迫逃离上海，经香港到广州，再到武汉；在八路军武汉办事处帮助下，以新四军学兵名义转至西安，然后从西安一路步行到延安，1938年7月加入共产党，从此走上革命道路。1938年12月，随彭真到平山县蛟潭庄晋察冀军区司令部，由聂荣臻亲自安排他跟随沙飞作摄影记者，罗光达也因此被认为是我军继沙飞之后第二位专职摄影记者[1]。罗光达对中国战地摄影的贡献体现在三个方面。

1. 战地人物及纪实摄影

罗光达的摄影活动主要集中于1938—1948年。主要拍摄对象有战地人物摄影、战地场景、根据地民主建设等纪实摄影。人物摄影代表作，如1939年拍摄的《永远保卫晋察冀》（又名《英勇卫士》《太行山上》）（图61），以旭升东升之天空为背景，从侧面仰拍视角，展现太行山上战士的威武，尖锐刺刀指向天空的豪迈。1940年拍摄的《朱总司令在太行》与徐肖冰拍摄的场景大致相似，隐喻的革命气势也很鲜明；《白求恩抢救伤员》（图62），以在"直接的原形取出最精华的一部分"的新闻摄影美学理念，抓拍了白求恩"用手指指着手术器械的严肃神情和他那果断的手势这一瞬间"[2]。这三幅作品是罗光达摄影中艺术性和思想性融于一体的优秀之作。

纪实摄影除了1940年拍摄《桐屿检阅南下部队》，记录了朱德、聂荣臻、刘伯承、邓小平等统帅检阅部队的场景外，1940年拍摄的《平山县选举大会》（3幅），以等候抓拍、不干扰拍摄对象的做法，忠实纪录根据地征兵、民主选举过程。1944年罗光达拍摄的《战斗在渤海之滨》（共10幅），真实记录了海防战士的战斗生活，背景辽阔，场面壮

---

[1] 中国摄影家协会：《穿越历史的回声》，中国摄影出版社2014年版，第315页。
[2] 罗光达：《白求恩抢救伤员》，参见蒋济生主编《历史的瞬间与瞬间的历史》，长城出版社1992年版，第33页。

图 61　太行山上（罗光达摄）

图片来源：顾棣编著《中国红色摄影史录》，山西人民出版社 2009 年版。

图 62　白求恩抢救伤员（罗光达摄）

图片来源：蒋济生编《罗光达摄影作品·文论选集》，辽宁美术出版社 1995 年版。

观。《渤海渔民生活》（共6幅），既记录了渔民海涛浪涌中谋生的艰辛，也有渔罢归来的幽静甜谧，皆为罗光达纪实摄影优秀之作。其他如1939年的《搜索日军司令部》《凯旋归来》等既抓住了新闻现场气氛，又在构图、光线使用上把这种氛围烘托出来；尤其是《搜索日军司令部》（图63），更被认为是"八路军敌后抗战时最早的一张现场新闻照片"①。上述无论是人物，还是纪实，在罗光达新闻摄影中都占有重要分量，也是他新闻理论的实践来源。

图63 搜索日军司令部（罗光达摄）

图片来源：顾棣编著《中国红色摄影史录》，山西人民出版社2009年版。

2. 影展、画报与训练班

除了新闻摄影创作取得成绩外，罗光达对中国战地摄影的贡献还体现在举办摄影展览、创办画报和举办摄影训练班等。

罗光达到晋察冀军区时，沙飞已作专职摄影记者一年多，后来那些成为他经典作品的如《沙园铁骑》《长驱出击》《战斗在古长城》等已经拍摄完成。罗光达到来后，他们共同整理出沙飞一年来拍摄的

---

① 蒋济生：《摄影史记——摄影术与摄影文化150年》，新华出版社1990年版，第105页。

照片，洗印若干册并编写说明文字，送到延安党中央、八路军总部、毛泽东、朱德等领导人，得到毛泽东主席的肯定。这件事对沙飞、罗光达鼓舞很大，他们打算扩大照片宣传，就携手准备搞一个摄影展览会，这在当时是非常难办的，因为一是根据地以前从来没有搞过，二是缺少展出设备，无法放大照片。后来经过各种努力，总算弄出一些，然后选出一些主题好的照片，用白纸裱在马粪纸上，每张写好说明文字，稍加装饰，缝合在白布上，拉开是一条，合起是一摞，拉到各地展出。这次展出内容有八路军收复、攻克城镇、缴获敌军武器物资、群众参军、生产及部队生活等。影展所到之处，老乡们踊跃观看，沙飞他们又请来识字的战士给群众讲解，大娘大妈细数照片上的战利品，山沟里的人很多还是第一次看到照片。聂荣臻虽然对这些照片已经熟悉，还是亲自到现场观看，罗光达回忆，"他高兴地对沙飞和我讲，你们这样做很好，不识字的人也能看懂照片。这样的宣传作用很大，如果能放大一些，那就更好了"①。

聂荣臻司令的肯定，让沙飞、罗光达更受鼓舞；而且聂荣臻把照片再"放大一些"的话，给他们带来了两个"灵感"：一是如何把照片制成铜版刊登在报纸上，二是如何获得更多的照片来源。随之，中国摄影史上的两个"事件"就发生了：《晋察冀画报》筹备，并在1942年7月1日，即中国共产党建党日，克服设备、人才等重大困难之后，创刊号出版发行。另一个"事件"是为解决摄影人才缺乏而举办的摄影训练班第一期，在1941年冬于晋察冀军区政治部所在地陈家大院正式开班，参加学员来自晋察冀四个军分区和平西军区调来的学员，共二十余人。根据地一个独特群体——摄影战士队伍，从此逐步壮大。摄影训练班作为一个组织机制，延伸至各军区罗光达以后在冀热辽军区创办《冀热辽画报》（后改名为《东北画报》），为解放战争时期东北新闻摄影事业和党的宣传工作做出重要贡献。

---

① 罗光达：《晋察冀的新闻摄影和画报出版工作》，参见《穿越历史的回声》，中国摄影出版社2014年版，第334页。

客观地讲，延安时期根据地摄影训练班和画报事业发展，罗光达皆有"开拓之功"。

3. 摄影武器论之"修正"

罗光达对中国新闻新闻摄影事业的贡献，除了拍摄了许多优秀作品，比如《群众热烈欢迎大龙华歼灭战胜利归来的八路军》（图64），参与创办《晋察冀画报》，主持创办《冀热辽画报》外，还有一个是他在举办摄影训练班基础上，对新闻摄影思考形成的理论，是中国新闻史的重要收获。正如有学者指出的那样，罗光达与同时代大多数新闻摄影记者相比，他在中国新闻摄影理论上"有无与伦比的贡献"[①]。

图64 群众热烈欢迎大龙华歼灭战胜利归来的八路军（罗光达摄）

图片来源：蒋济生编《罗光达摄影作品·文论选集》，辽宁美术出版社1995年版。

1945年1月，罗光达在冀热辽军区举办摄影训练班，训练班在盘山田家峪开班，队长张进学，罗光达为主课教员，讲授新闻摄影的重要性、新闻摄影的任务与功能、新闻摄影不同于普通照相和唯美主义

---

① 蒋济生：《罗光达摄影作品·文论选集》序，参见《罗光达摄影作品·文论选集》，辽宁美术出版社1995年版，第7页。

摄影、新闻摄影与其他文化艺术的异同、新闻摄影记者应具备的条件及关于新闻摄影的几个问题等①。罗光达在教授新闻摄影的基础上，写作了《新闻摄影常识》，1945年由冀热辽军区政治部出版；其新闻摄影思想完善、修正了"摄影武器论"，具体来说有两点：

一是新闻摄影功能。作为"摄影武器论"思想延伸，罗光达新闻摄影思想是对其战地新闻摄影实践的提炼，其摄影观或摄影理念的形成，也必然建立在摄影与战争的关系上。因此，他的新闻摄影功能说，建立在他对一个根本问题的自问自答上：为什么要提倡新闻摄影？"因为现在世界各国已经把它作为对内对外宣传战和思想战的重要武器。"②这是罗光达新闻摄影思想的起点，也是落脚点。但是与早期摄影武器论思想中沙飞提出的"宣传国难""激励斗志"相比较，罗光达对新闻摄影功能的思考并没有停留在战时对内、对外宣传武器这里，而是在这个层面上向前跨出一大步，提出新闻摄影应"反映现实、推动现实和有形保留现实"③。这个思想实际上已经上升到新闻摄影本质，突破了"现实"层面上的武器论而是把现实与未来都考虑进来，新闻摄影记录现实、推动现实，此时新闻是武器；为将来留住现实，此时新闻摄影是新闻、也有可能是艺术。因此，罗光达明确提出，"一张既反映现实斗争，而同时又成为艺术作品的照片，它必须具备三个最主要的条件：这就是作品的政治性、新闻性和艺术性。我们把政治性比作像人的生命，新闻性如人之青春，而艺术性为人之灵魂"④。

回头看沙飞为吴印咸的《摄影常识》作序时，亦曾提到新闻摄影工作的四项基本素质，政治认识、采集素材方法、艺术修养和科学知识⑤。但沙飞是把政治放在第一位的，地位有主次之分；而在罗光达

---

① 罗光达：《抗日战争时期冀热辽地区的新闻摄影和画报出版工作》，参见《穿越历史的回声》，中国摄影出版社2014年版，第348页。
② 蒋济生：《罗光达摄影作品·文论选集》，辽宁美术出版社1995年版，第127页。
③ 蒋济生：《罗光达摄影作品·文论选集》，辽宁美术出版社1995年版，第128页。
④ 蒋济生：《罗光达摄影作品·文论选集》，辽宁美术出版社1995年版，第129页。
⑤ 沙飞：《摄影常识·序二》，参见龙喜祖编著《中国近代摄影艺术美学文选》，中国民族摄影艺术出版社2015年版，第382页。

这里，政治、新闻、艺术三者是并立的，这是罗光达对"摄影武器论"局限的突破。其实在1949年，石少华出国执行摄影任务后，在《摄影网》发表文章《苏联捷克的摄影近况》，就坦诚指出我国新闻摄影存在的问题，"我们的照片在内容上（政治性）都是丰富的，但往往是艺术性差"①。20世纪50年代摄影武器论的局限已经显现出来，而罗光达1945年提出的新闻摄影"反映现实，推动现实，保留现实"已经在新闻本质上，对摄影武器论提前做了"修正"，这是他的一个重大理论贡献。

二是新闻摄影真实性。抗战时期和国内战争时代，罗光达同样坚持新闻的政治性，认为新闻摄影是为一定民族、阶级、政党服务的工具；但是，如何服务于政党，如何服务于抗战救亡，如何服务于建设新民主主义的新中国？罗光达用新闻真实性做了回答。比如，针对战时新闻摄影记者错过或者不能到战场一线而出现的摆拍，甚至伪造现场现象，罗光达在认可必要的摆拍前提下，提出选材的典型性，"要从运动中取它的典型，从一个或数个典型来指导、推动全体，通过个别典型使得外界了解和认识整个情形。在中心题材中获得生动出色的典型，来代表整个运动的基本精神和实质"②。1942年3月28日的《晋察冀日报》上，作家沙汀曾署名"金沙"发表文章，就《晋察冀画报时事画刊》新闻照片艺术性提出批评和质疑，认为"成排成排的人像，大堆大堆的人群，这类的场面须要更好的设法处理，表现集体的力量不仅求之于广大，更求之于中心，必能把握一般现象中突出者，摄取日常生活中最典型的形象"。这里，罗光达为"金沙"提出的质疑做出了回应，从本质真实高度，提出在新闻现场之外获取图像的能力，实则为新闻摄影选材的典型性界定了标准，由典型之选材中发掘新闻摄影作为武器之战斗力量，这是罗光达对摄影武器论的再完善。

---

① 石少华：《苏联捷克的摄影近况》，参见龙喜祖编著《中国近代摄影艺术美学文选》，中国民族摄影艺术出版社2015年版，第555页。
② 蒋济生、舒宗侨、顾棣编著：《中国摄影史（1937—1949）》，中国摄影出版社1998年版，第93页。

起于抗战时期的新闻摄影,其所形成的新闻摄影生产"规制",无论经验还是教训,都在 1949 年后对新中国新闻摄影生产实践产生过重要影响。作为中国共产党新闻摄影事业开拓者之一,罗光达的新闻摄影实践和理论贡献是宝贵财富。

二 高帆:怀揣相片去革命

高帆(1922—2004),浙江萧山人,原名冯声亮。根据高帆之子高腾先生介绍,高家本来家境殷实,但是他的爷爷——也就是高帆的父亲,是个瘾君子,败光了家产;冯声亮六岁时,父亲去世,但他终生没有原谅父亲,直到临终前说起自己的父亲,还愤愤地说"我的父亲是一个混蛋"[①]。可见父亲在其心理上留下的阴影之深。父亲去世后,冯声亮和母亲、姐姐三人,在外祖父家照顾下渡过难关。不过,他的母亲还是沦落到为有钱人家作针线的境地,后来病死在一个帮工人家里;因冯家无人出面处理母亲的后事,冯声亮姐弟二人最终把母亲葬在戎家坟地(高帆姐夫姓戎)。痛恨父亲败家,感念外祖父一家的照看,冯声亮随母姓更名"高帆"。成年后,高帆在浙江省立杭州蚕丝职业学校学习;1938 年偶然在《新华日报》上看到陕北公学招学生的消息,他受到激励。因此日寇打到杭州后,高帆随即与几个同学辗转金华、长沙、武汉、西安,最终到达延安,进入陕北公学学习,后转入"抗大";1938 年底赴华北抗战前线;1939 年 9 月,被分配到刘伯承、邓小平的 129 师政治部任宣传干事,从此走上革命宣传道路。

根据高帆后人讲述,高帆摄影经历是这样的:1938 年去延安途中,他在武汉八路军办事处,得到一本斯诺的《西行漫记》(又名《红星照耀中国》),通过这本书,高帆对延安、对中国共产党有了进一步认识;书中斯诺拍摄的一张照片——《毛泽东在保安》,他特别喜欢,照片中毛泽东戴八角帽的形象深深感染了他。这张照片后来在纪念中国工农红军 50 周年时,被刊登在《解放军画报》上而家喻户晓,"这张照

[①] 中国摄影家协会编:《穿越历史的回声》,中国摄影出版社 2014 年版,第 454 页。

片就是高帆从珍藏的《西行漫记》上翻拍、整修而印制的。人们说,这是他首次和摄影结缘,并从此与摄影结下不解之缘"①。当然,这是不是高帆与摄影首次结缘,可当存论,因为也有学者考证,高帆"在杭州蚕丝职业学校读书时,曾用照相机拍摄过一些蚕桑标本,懂得如何操作"②。但不可否认,《西行漫记》里的这张照片,给他以后的摄影道路产生过重要启发和感召。1939 年,高帆进入 129 师之后,部队缴获一架相机,组织上决定把它交给高帆,用来记录 129 师太行根据地军民抗日救亡活动,高帆从此拿起照相机,成为一名战地摄影记者,直至成为最杰出的"红色摄影家"之一。高帆参加革命后,主要工作是摄影、办画报,而且后者在其生命中占有重要地位。本文关注 1939—1949 年高帆的战地摄影实践,及其战地摄影与同时期其他摄影家相比所具有的个性特色。

1. 摄影观:为历史尽责

高帆在 1941 年即拍摄了《到敌人后方去的黎城县大队整装出发》《拆炮楼》《涉过河,向敌据点奔袭》等作品,鼓舞了太行军民抗战热情。以摄影为武器,是高帆和沙飞、徐肖冰等人一样的新闻摄影理念。

对此高帆有过非常清晰的表述,他曾在后来的回忆性文章《难忘的瞬间》一文中提到,到战场采访,看到战士们穿行于战壕,他们无私无畏的精神,大智大勇的气概,深感"相机在手,无异战士手中的枪;我们也同战士一样,头脑里要有情况,眼睛里要有目标,要满怀战斗热情,英勇地投入战斗。作为一个摄影工作者,还必须有清澈的对历史尽责和对战士尽心的观念,善于在火热的战斗生活中观察生活、比较选择、现场抓拍。使照片所再现的人物行动和事业都蕴含着丰富的思想,充满着真情,让照片印下历史发展的轨迹,洋溢着英雄的风采"③。这

---

① 刘铁生:《他从太行来》,参见《中国摄影家协会编,穿越历史的回声》,中国摄影出版社 2014 年版,第 486 页。
② 张昆明:《从 129 师出来的红色摄影家高帆》,《档案天地》2014 年第 1 期。
③ 高帆:《难忘的瞬间》,转引自蔡子谔、顾棣《崇高美的历史再现》,山西人民出版社 1995 年版,第 184 页。

句话，从两个方面高度概括了高帆的摄影理念：第一，作为一个战地摄影记者，首先应该是一个战士，要和前线战士一样，投入火热的战斗，这是热情。1943年1月，高帆和熊雪夫、梁坤生等人在晋冀鲁豫根据地创办的画报，也直接命名为《战场画报》，画报创刊号上，129师政委邓小平为其题词，"画报应该反映部队的生动事实，成为教育的有力武器"①。这个题词，同样表达的"武器论"思想。因此到战场去，是时代的需要，是战斗的要求，是一个合格摄影记者所具备的基本条件。高帆的这句话还有第二个理念，即在首先是战士的前提下，一个摄影记者必须要具有历史责任感和现场抓拍的能力；对历史尽责，再现战争时期的每一个典型瞬间，纪实真实的斗争场景，现场抓拍是对历史尽责所应具有的基本技能，使照片蕴含思想，印下历史痕迹，洋溢英雄风采，这是真情。

　　看一下高帆的摄影作品，着力之处几乎尽是记录战斗前线。高帆跟随部队转战四方，经历并记录了上党、安阳、临汾、定陶、邯郸、太原、平津等诸多战役，以及挺进大西南等。拍摄的作品如1945年安阳战役之《攻击北流寺》（图65），展现八路军架梯登房，围歼据点内日军的场景；1946年定陶战役之《民兵看押俘房》；1948年临汾战役之《向前！向前！向前！临汾旅奔赴前线》《临汾战役中，我军突击队冒着炮火奋勇冲锋》等纪实性作品，真实再现了战斗的激烈和战士的奋勇。

　　高帆善于抓住不同战役的战斗环境和战斗方式，比如临汾的大爆破，上党的城市攻坚。对于战争的图像呈现和历史记忆，高帆"多是正面展现战斗的过程和特点，具有昂扬的斗志和勇气，战争的残酷和伤痛不是高帆表现的重点"②。和叶曼之、雷烨等人相比，高帆的摄影中确实很少惨烈的现场，而是充溢着高昂的斗志。这一点，高帆与徐肖冰比较相似（如前所述，徐肖冰摄影作品中《不能忘记他》是一个例外）。

---

① 参见张昆明《从129师出来的红色摄影家高帆》，《档案天地》2014年第1期。
② 汤林丽：《光影当随时代——20世纪四五十年代高帆摄影艺术浅析》，《中国美术》2019年第3期。

图 65　攻击北流寺（高帆摄）

图片来源：顾棣编著《中国红色摄影史录》，山西人民出版社 2009 年版。

2. 图像观：战地英雄群像

高帆镜头下的英雄更多的是体现于一个"群体"。因此，其战地摄影的一个特征，是倾向于拍摄人物群像，只有少数单个人物出现，且这个人物也不是照片的主体，这在延安时期战地摄影记者里面是其鲜明的个性。前面提到，临汾战役特点是大爆破。高帆的临汾战役摄影有一些作品已经成为经典。比如 1948 年拍摄的《临汾战役中的突击队员战斗前留影》《临汾战役总攻开始，突击队突破爆破口》（图 66），《临汾战役中，我军爆破手执行任务》（又名《对敌大爆破》）（图 67），《我军爆破手在临汾战役中实施爆破》就是这样的作品。前两张是突击队员群像，后两张分别有一个爆破队员形象。"战斗前留影"这张照片中突击队战士表情平静，但是转过视角，衔接"突破爆破口"这一张，看到战士跨越战壕的身影，冲向生少死多的前方，再对比第一张照片，在战士的平静甚至羞涩的表情中就能感受到其视死如归的豪迈；当然当后来人以"他者"的视角再去审视这些年轻战士，也会生发出战争残酷、生死瞬间的悲凉之感。其实，高帆后来讲起这几个战士，也是一声悲叹，"'他们谁都没有回来'，就再也说不出话"[1]。这就是战争的残酷、战争的真实。高帆镜头下，常以这样的战争群像，记录历史的进程。

图 66　突击队突破爆破口（高帆摄）

图片来源：中国摄影家协会编《穿越历史的回声》，中国摄影出版社 2014 年版。

图 67　对敌大爆破（高帆摄）

图片来源：顾棣编著《中国红色摄影史录》，山西人民出版社 2009 年版。

---

[1] 中国摄影家协会编：《穿越历史的回声》，中国摄影出版社 2014 年版，第 455 页。

再来看临汾战役的两幅"爆破"照片，前者以爆破激发的硝烟弥漫整个画面，成为图像的主体，战士则在画面右下角屈身奔逃，在巨大的硝烟之下，人物渺小且渺茫，只是硝烟笼罩下的一个"人物元素"，一个战斗符号。后一张"爆破照"，战士俯卧掩体山坡，半幅画面腾起爆破烟雾。抓拍的现场，战士背影也有些模糊，因此，硝烟依然是这张照片的主体。这两张照片，尤其是前者，已经成为中国战地摄影的典范，照片中的人物作为历史参与者与创造者，作为战地群像的一员，以"无名"融化于战争的悲壮。其实在高帆的战地摄影中，即使像《刘伯承司令员、邓小平政委检阅出击陇海路部队》（1946）这样的统帅照片，也是以群体人物和画面形式拍摄的。其他如"上党自卫战的胜利"系列、"邯郸战役大捷"组照等，也都是这样的拍摄风格。这种风格与高帆的摄影理念极其吻合：他以摄影战士身份站在战士群体中，以"对历史尽责"的使命感选择拍摄视角。透过1948年的《向前！向前！向前！临汾旅奔赴前线》（又名《开赴前线》）（图68），1949年拍摄的《第二野战军进军西南，从南京下关码头分批乘船》，能够感受到一个旧王朝如滚滚长江东去不回；从1949年拍摄的《从德胜门入城的解放军部队》，以及《北平入城式，中国人民解放军东北野战军政治宣传队的军车经过西四牌楼》等作品，则能从涌动的人群拂去历史烟尘，感受一个新生政权的勃勃朝气。走出历史的硝烟，站在高帆镜头的战地群像前，审视生动的现场，感受到历史的在场。

3. 审美观：纪实的典型瞬间

在长期的战场拍摄中，高帆形成了自己的战地摄影美学思想。高帆认为，战地摄影记者当及时捕捉战斗所涌现出的动人情景，和让人难忘的瞬间，以"自己独特的语言——纪实的典型瞬间形象，给人以激励、教育和鼓舞"[①]。战争是苦难的，但抵抗外敌入侵，寻求民族复

---

① 高帆：《难忘的瞬间》，转引自蔡子谔、顾棣《崇高美的历史再现》，山西人民出版社1995年版，第185页。

图 68 开赴前线（高帆摄）

图片来源：顾棣编著《中国红色摄影史录》，山西人民出版社 2009 年版。

兴的战争是正义的。抗战时期，解放战争时期，中国共产党的战地摄影记者在记录战争的严酷时，更把反抗侵略、寻求民族复兴的战争行为正义性，及其对强化民族意识和反抗精神的崇高性，通过摄影图像呈现并传播开来。

高帆战地摄影在艺术上，通过镜头塑造的英雄雕像，形成史诗般的审美风格。就群体形象而言，高帆1942年拍摄的《太行八路军出击晋中攻打祁县》（图69），这是一幅具有"画意"的行军图，战士行进于苍山，以深色巨大的斜形高山为前景，映衬远山的疏淡，中景宽阔的大河上云雾氤氲，行军队伍与山巅一列树木相对称；光线明暗浓淡相间，俊逸而辽阔，在高帆摄影中独具特色。1945年上党战役中，晋冀鲁豫部队粉碎阎锡山对解放区的入侵，高帆拍摄了《攻占屯留城关》，以虚化的战士身影为前景，表明这是现场抓拍的瞬间，把战场的紧迫感和战争的激烈性透过画面发散开来。

1947年拍摄的《二野部队涉水向冀鲁豫平原进军》，战士踏水行军田间，水不深却"蔓延"了几乎整个画面，透过一棵水中孤树，队伍延伸至远方田野，两侧高高的庄稼相对称，构图平稳、气象疏朗。

图69　太行八路军出击晋中攻打祁县（高帆摄）

图片来源：中国摄影家协会编《穿越历史的回声》，中国摄影出版社2014年版。

摄影家以大景深、宽视角，展现临汾旅开赴前线的威武阵容和无往不胜的战斗精神。《临汾战役中，我军爆破手执行任务》（又名《对敌大爆破》），在高帆的战地摄影中，历来享誉甚高，被誉为"战斗性与艺术性高度统一"的典范[1]，具有超越时间的生命力；这张照片在美学上，以其强烈的视觉对比，给人以"颤栗"。1949年的《进军大西南》（又名《乘胜前进》），高帆以独特的视角，取道蜿蜒山岭曲折之形，捕捉大军气吞万里的浩大，画面宏阔流畅，给人愉悦的视觉体验和如虹气势的震撼。高帆1949年3月25日拍摄的"毛主席西苑阅兵"组照（图70），照片以正面、仰拍，凸显人物的崇高；以高射炮整齐队列，与人物形成稳定的三角构型，衬托领袖大气威严的风采。

高帆的摄影注重秩序感。和同时期其他战地摄影家摄影风格相比较，他追求宏大叙事、以镜头直抒胸臆的审美倾向；以纪实的典型瞬间，建构战时语境下具有浓重国族意识的英雄群像和抗抗争精神的图

---

[1] 顾棣编著：《中国红色摄影史录》，山西人民出版社2009年版，第307页。

像体系；以战地史诗般的摄影成就，成为中国共产党在革命年代自己培养的"红色摄影师"群体中，个性鲜明的"这一个"。

图70　1949年毛泽东主席西苑阅兵（高帆摄）

图片来源：中国摄影家协会编《穿越历史的回声》，中国摄影出版社2014年版。

第四节　雷烨：血洒战地的摄影家

20世纪前半叶，活跃在抗日战争、解放战争战场上的浙籍战地摄影记者除了徐肖冰（嘉兴）、罗光达（吴兴）、高帆（萧山），还有蒋先德（诸暨）、晓庄（奉化）、田经纬（嵊县）、陈菁（浦县）、雷烨（金华）、周郁文（海宁）等"红色摄影师"，以及俞创硕（平湖），他们组成了浙籍战地摄影师群。

蒋先德是一位优秀的战地摄影师，他生于1927年，其战地摄影活动从解放战争末期开始，1950年后其战地拍摄活动集中在大西南战场。晓庄1933年出生，1950年调华东军区专职从事摄影，主要摄影活动集中于1950年后的东南沿海海岛解放战争、海上剿匪，1952年转业到地方。田经纬是新四军摄影事业的主要开拓者之一，但因肺病英年早逝，留下的底片在皖南事变中全部丢失，一些照片虽然新中国成立后收入到《中国人民解放军历史资料图集》，或被军事博物馆、革命博物馆陈列，但均未署名[①]。根据顾棣先生考证，陈菁是解放区第一位女摄影记者，但她1945年后，即转到中央党校校部机关做党务工作；而且她保存的照片、底片资料在1947年一次战斗中，掉入黄河[②]。周郁文的战地摄影主要成就是百团大战采访报道，他在1946年即转调公安部门工作。

本章以"红色摄影师"为主要研究对象，本节重点介绍雷烨。雷烨（1914—1943）（图71），浙江金华人。其战地摄影活动主要集中在1938—

图71　雷烨（原名项俊文）

图片来源：《晋察冀画报》1943年第3期。

---

① 顾棣编著：《中国红色摄影史录》，山西人民出版社2009年版，第682页。
② 顾棣编著：《中国红色摄影史录》，山西人民出版社2009年版，第683页。

1942年；1938年他从延安"抗大"毕业后，由八路军总政治部派往晋察冀军区进行战地采访报道，成为晋察冀军区冀东军分区第一个摄影记者，也是冀东新闻事业开拓者，"潘家峪大惨案"的第一个报道者。

一 "不会在人世空跑一趟"

雷烨原名项俊文，1914年出生在金华孝顺镇后项村，父亲项元春没怎么读过书，但经过祖上积累，家中有四十多亩农田，三口藕塘；项元春盖起粉墙黛瓦小院落，妻子吴海妹为他生下两男三女，项俊文行大，小名金土；幼子项秀文（顺金），中间三个女儿，秀英、秀华、秀娟。项家日子本应是小康之家，但是，项元春急公好义，先后办了两件"大事"："一是改'经堂'为'环河小学'，自任董事长；二是捐出自家百年老樟，牵头造了'项氏宗祠'。小学先办在'经堂'后办在'项氏宗祠'。"[①] 两件大事忙下来，项元春一病不起，1927年病逝于金华一家教会医院，其时幼子年仅一岁，长子项俊文13岁。项家从此一落千丈，吴海妹一身担负养育五个子女的重任，夜以继日操劳，终于把长子项俊文送进杭州"浙江省立第七中学"读书；项俊文刚读到初二，吴海妹就在生活重压下积劳成疾，于1932年撇下五个子女，抱恨离世。项俊文身为长子，不得不含泪终止学业，回家谋求生路，养活弟弟妹妹（图72）；但他依然广搜博览，刻苦读书。

"九一八"事变后，国事日渐倾危，胸怀大志的项俊文准备"要出去闯一闯"[②]。1935年后，他一直在寻找机会参加抗战救国。1937年7月，全面抗战爆发，项俊文把大妹嫁到浦江完婚，促二妹与好友严金明成婚，小妹12岁年纪太小不能嫁人，就送到姑妈家当童养媳；然后

---

① 项秀文：《那他才不会于这世界上空跑一趟——雷烨生平》，参见《雷烨纪念集（1914—1943）：一位杰出战地记者的传奇一生》，浙江省新四军研究会2005年编印，浙江图书馆馆藏，第1页。

② 严金明：《怀念挚友项金土（俊文）同志》，参见《雷烨纪念集（1914—1943）：一位杰出战地记者的传奇一生》，浙江省新四军研究会2005年编印，浙江图书馆馆藏，第89页。

图 72　雷烨（后排）与弟弟妹妹

图片来源：王建设、王怡然《号角与战鼓：晋察冀战地记者》，新华出版社 2020 年版。

把 9 岁的小弟项秀文送到杭州的浙江省立贫儿院，委托在那里工作的严金明照看。安排完弟弟妹妹，项俊文开始筹谋自己未来的路。

　　1937 年 12 月 24 日，日军侵入杭州，杭州的学校、机关纷纷避迁于金华，金华一时成为东南抗战宣传中心。浙江省立贫儿院亦迁到金华，经过已经是中共地下党员的严金明介绍，项俊文参与到中共准备在金华南山地区建立抗日根据地的活动中，并在义乌结识了"左联"领导人、共产党人冯雪峰；后由"中华民族解放先锋队"东南总队长童超介绍，参加"民先"组织，1838 年春，被"民先"推荐到延安中国人民抗日军事政治大学（"抗大"）学习。已无后顾之忧的项俊文遂毁家纾难，以 100 银元卖掉祖宅，"买了一台莱卡相机，剩下的作路费"[①]。悄悄告别

[①]　王建设、王怡然：《号角与战鼓：晋察冀战地记者》，新华出版社 2020 年版，第 237 页。

弟弟妹妹，奔赴延安，投身抗日救亡洪流中。1938年，项俊文途经武汉及1939年在晋察冀发给家中亲友两信，均署名"雷雨"；之后，家人就再也没有接到过他的音讯。项俊文到延安后，为避免连累家人，更名为"雷烨"（也用"雷华"发表文章），雷烨战友无人知道他叫项俊文。

1938年，雷烨进入"抗大"第四期学习，"抗大"毕业时，武汉会战结束，国民党正面抗战渐少，敌后抗战作用上升。八路军总政治部在这样的背景下，决定成立"前线记者团"，组织21名政治和业务过硬的学员奔赴各抗日根据地采访。雷烨担任第一组——晋察冀组组长，1938年11月带领其他四名记者赶赴晋察冀，深入冀中、北岳、平西进行战地采访拍摄；并在平西采访中拜会了冀东挺进军司令萧克将军，遇到了晋察冀军区政治部摄影科科长沙飞，由此与石少华、吴印咸、罗光达、郑景康等人相识。随着日军"扫荡"和"三光"政策推进，根据地战斗异常艰苦；1939年秋，雷烨申请到战斗最残酷的冀东前线。1942年冬，因为工作成绩突出，他当选晋察冀军区参议员，赴冀西开会后。因整理摄影作品、撰写冀东抗战报告，遂留在《晋察冀画报》所在地平山曹家庄。

1943年4月19日遭遇日军奔袭，在帮村民安全转移后，雷烨和警卫员正面遇敌，腿部中弹难以脱身，断然掩护警卫员撤离后，他砸碎相机、钢笔和望远镜，饮弹自尽。一个集才华和激情于一身的优秀战地摄影家和朝气蓬勃的革命干部，壮烈牺牲在太行山上，时年29岁（图73）。"雷烨"与"项俊文"三个字联系起来，已是2001年，其时他已经牺牲近60年，项家"弟妹找哥泪花流"，也持续了近60年[①]。

二 战地纪实摄影

1943年2月，雷烨参加完晋察冀边区第一届参议会后，受沙飞之

[①] 关于雷烨身份的详细内容，可参阅高永桢《寻找战地记者雷烨六十年》，《文史精华》2003年第11期。

图 73 《晋察冀画报》第 3 期刊文悼念雷烨

图片来源：《晋察冀画报》1943 年第 3 期。

约，来到《晋察冀画报》所在地，把自己四年来在冀东拍摄的照片和底片交给报社。沙飞看后当即决定把这批反映冀东抗战的照片集中刊发，推出雷烨专辑，雷烨留在《晋察冀画报》选稿，并编写照片说明。雷烨牺牲后，从他的遗体上找到了一本血染的小册子，里面还有一些他的摄影作品。《晋察冀画报》第 3 期推出雷烨专辑，集中发表雷烨战地摄影 48 幅[①]，包括封面《滦河晓渡》；《冀东是我们的》《突破伪满洲国防线　转战古长城内外：冀东子弟兵》4 幅；《驰骋滦河　挺进热南》5 幅；《冀东平原战果之一部》8 幅；《塞外的烽烟》8 幅；《人圈》4 幅；《日寇烧杀潘家峪》6 幅；《从奴役下战斗起来的冀东人

---

① 有论著，如《中国红色摄影史录》《号角与战鼓：晋察冀战地记者》等认为，《晋察冀画报》第 3 期登载雷烨摄影作品皆为 51 幅，与本文作者查阅统计疑似有出入。

民》11 幅。整体来看，雷烨作品保存相对完整，目前所见皆宜纳入战地纪实，分为四大类：

（1）八路军冀东抗战。主要包括《突破伪满洲国防线　转战古长城内外：冀东子弟兵》组照，内含"一九四二年，端阳节战斗中，子弟兵在喜峰口附近向敌人阵地射击""冀东区政治委员李楚离同志与北平十团团长王亢同志团政委吴涛同志等会合于长城之白马关上""一九四二年，端阳节战斗中老乡们送食物到火线上慰劳子弟兵""参加一九三八年冀东抗日武装大起义的英雄们"，以及《冀东子弟兵大练兵》等（图74）。《驰骋滦河　挺进热南》组照包括"进行在祖国的边城""渡滦河""滦河岸上，子弟兵野外学习""挺进东北""乔装到关东去"等。《冀东平原战果之一部》组照，包括"一九四二年七月二十五日到二十七日，三日内，我子弟兵接连攻下了卢龙县敌人的几个据点，士气蓬勃，人民鼓舞""攻克樊各庄大镇，英勇的子弟兵与民兵集合于城下，人民纷纷前往慰劳""一九四二年春，我冀东子弟兵攻克迁安县属伪治安军独立二十团之据点。激战十七时，将杨店子、蓟官营、王庄子三镇同时克复""一九四一年，'五一'血战中收获的重机枪""从敌人手中夺获的新捷克式步枪""一九四一年八月

图74　冀东子弟兵大练兵（雷烨摄）

图片来源：《晋察冀画报》1943 年第 3 期。

七日,庞店子战斗胜利品之一部""一九四二年七月十九日,我冀东区子弟兵,于迁安县甘草河战斗中歼灭敌之绿川中治大佐以下官兵九十余名 重创伪治安军五集团司令刘逆化南"等。

(2)"潘家峪惨案"。即《日寇烧杀潘家峪》组照,内容包括"尸体与瓦砾""老人的惨尸""那一具是自己的亲人?""母性的骷髅""惨死在日寇刀与火之下的中国儿童""十三军分区政治部与丰滦迁政府发动潘家峪附近农民,为死难者收尸公葬"等。除了触目惊心的残杀现场照片,雷烨还留下了潘家峪惨案的文字记录,"一九四一年一月二十五日丰滦迁潘家峪大惨案,是日本法西斯强盗对冀东人民进行的有计划的烧杀。在野蛮凶残的刀与火之下,总计惨死者一千〇三十三名,负伤者八十六名"①。雷烨还写下了《冀东潘家峪大惨案》《惨案现场视察记》两篇文字,记述惨剧人寰的屠杀现场及日寇灭绝人性的暴行。两篇文章与《日寇烧杀潘家峪》组照一起,成为记录这段"痛史"的珍贵文献。

(3)敌占区日寇的"非人"统治。《人圈》(图75)组照为代表,"粉碎敌伪并村集家政策,摧毁人圈解救东北同胞"组照。什么是"人圈"?雷烨在照片前向中国同胞、向全世界揭露了日本侵略者的野蛮与残忍,"伪满的敌人强迫人民拆毁自己的住屋,再到据点附近去修盖房子,搬到那里去住,老百姓把这种监牢一般的房子叫作'人圈'"②。《人圈》组照内容包括"子弟兵打进伪满,彻底破坏了'人圈',把过着牛马生活的同胞救出来,并替他们修补了住房""老乡们感激而快慰的搬回自己的住家"等。

(4)八路军战地生活和民众支援。这类作品是发表于《晋察冀画报》第3期的《塞外的烽烟》组照,内容包括"在古老的烽火台下""塞外的宿营地""熊熊的篝火""回旋于热河的万山丛中""塞外山

---

① 雷烨:《惨绝人寰:日寇烧杀潘家峪》,《晋察冀画报》1943年第3期,参见石志民主编《晋察冀画报文献全集·卷一》,《晋察冀画报》(第1—13期),中国摄影出版社2015年版,第179页。
② 雷烨:《人圈》,《晋察冀画报》1943年第3期,参见石志民主编《晋察冀画报文献全集·卷一》,《晋察冀画报》(第1—13期),中国摄影出版社2015年版,第176页。

图 75　人圈（雷烨摄）

图片来源：《晋察冀画报》1943 年第 3 期。

岗之上晚炊""在平北'无人区'活动，子弟兵自己盖了小茅屋宿营""塞外的杀声""在承德尖宝山下"等。《从奴役下战斗起来的冀东人民》组照包括"'九一八'纪念大会""成千上万的冀东妇女举起了抗日的旗帜""与敌伪作生死搏斗，冀东人民破坏封锁沟""平原上的老乡，秋收时，割下高粱穗，作为子弟兵战斗的'黄纱幔'""一九四二年，子弟兵攻克承德县境内距锦热铁路四十余里的敌据点榆树沟门之后，老乡们在街头围读朱总司令勉东北同胞书""孩子们快乐的唱着庆祝子弟兵胜利的歌子，准备去参加庆祝大会""冬天的黄昏，队伍要出发了，老乡们非常留恋的欢送子弟兵""老乡们把自己家藏着的枪支送给子弟兵打鬼子""为子弟兵送寒衣""热河老乡是这样爱护伤员""热河老乡为子弟兵送军粮"等。

以上为雷烨在《晋察冀画报》第 3 期上发表的所有作品。

三　摄影中的崇高与优美

雷烨牺牲时只有 29 岁。他自 1941 年成为冀东军分区宣传科长、组织科长，不再是一个专职摄影记者，因此，实际专职从事战地摄影工作时间非常短暂；但是短暂的战地摄影时间，却让他在摄影上形成了自己的风格，取得非凡的成就。具体来说，雷烨战地摄影在拍摄题材（内容）、图像制作及艺术上都有鲜明特征：

（1）直面惨烈现场，记录重大历史事件，揭露日寇暴行。雷烨摄影作品以纪实为主。作为一个革命战士，他的摄影具有明确的政治宣喻性，这是不言而喻的；但是作为一个战地摄影记者，雷烨的新闻敏感性和历史责任感亦非常强。1941中国传统农历年就要到来，1月25日（农历除夕前夜），日军纠集丰润、滦县、唐山等据点4000多人，血洗潘家峪，丧心病狂残杀村民1298人，其中大多为妇女儿童。雷烨在丰润县郭庄子村得到消息时，已经是次日深夜，悲痛之余，他首先想到大屠杀发生不久，现场仍在，应及时拍下惨案现场，将日军暴行公之于众。于是他连夜出发，奔向潘家峪，成为记录潘家峪惨案的第一个摄影记者。与其他战地摄影记者相比，雷烨一个显著特征是能够直面残酷现场，记录血腥场面。潘家峪大屠杀现场之惨烈超出常人想象，烧焦的人体，身首异处的妇孺，成堆的尸身，在雷烨的镜头下被完整记录下来，拍摄了《日寇烧杀潘家峪》一组照片（图76）。其中"尸体与瓦砾""惨死在日寇刀与火之下的中国儿童"两幅后来被联合国救济总署发行至全世界。这些照片记录了侵略者反人类的滔天罪行，

图76 日寇烧杀潘家峪（潘家峪惨案）（雷烨摄）

图片来源：《晋察冀画报》1943年第3期。

也警策后人不忘国耻、振兴图强。延安时期根据地战地摄影师中，因为摄影理念或环境原因，能够直面拍摄残酷、血腥现场的摄影记者其实并不是很多，和雷烨一样直面并拍摄酷烈现场的还有一个叶曼之：叶曼之冒着生命危险记录了1943年鬼子"大扫荡"时残忍碎尸妇救会主任刘耀梅的惨烈现场，以及日寇屠杀我千余同胞的冀西"平阳大惨案"，向全世界控诉侵略者的罪恶与兽行。

（2）意境苍凉、雄浑，崇高感强。所谓崇高感，康德曾把它分为两种，一种是数量的崇高，另一种是力量的崇高。力的崇高好像"高耸而下垂威胁着人的断岩，天边层层堆叠的乌云里面挟着闪电与雷鸣，火山在狂暴肆虐之中，飓风带着它摧毁了的荒墟，无边无界的海洋，怒涛狂啸着，一个洪流的高瀑……我们称呼这些对象为崇高，因为他们提高了我们的精神力量超过平常的尺度，而让我们在内心里发现另一类的对抗的能力"①。已经被认为是雷烨摄影经典的作品，如《战斗在喜峰口之一》（图77）（即前文的"一九二四年，端阳节战斗中，子弟兵在喜峰口附近向敌人阵地射击"照片），战斗打响之前，雷烨抓拍到三个战士静待敌人进入伏击圈的画面：起伏群山中，战士居高临下，手扣扳机，随时准备射击敌人；远处山峦之间，长城雄壮逶迤。在抗击日寇侵略的大时代中，长城作为中华民族的精神表征进入战斗画面，就不仅仅是自然环境中的背景，而是一个保家卫国意象。黢黑的山原、壮阔的群山，潜伏的战士在长城映衬下，构成阔大、悲壮的意境；无论在现场的拍摄者，还是后来的观看者，都会陡然生发激越、苍凉的崇高感。再看同一组摄影中的"冀东区政治委员李楚离同志与北平十团团长王亢同志团政委吴涛同志等会合于长城之白马关上"这一张照片（图78），屹立于长城的四位"中国壮士"，与身后古老的长城碉楼，照片"画风"平稳，战士与长城互为意象，大有"令众山皆响"的气势；这就是康德所说的"乌云里面挟着闪电与雷鸣，火山在狂暴肆虐之中"的崇高感所激发的"抵抗力"——抵抗侵略、力挽狂

---

① ［德］康德：《判断力批判（上卷）》，宗白华译，商务印书馆2000年版，第101页。

澜的民族伟力。雷烨曾在《晋察冀画报》第3期发表《冀东是我们的》图文报道，图中雄浑长城巍然屹立，如巨石壁立画面正中，令观者壮志满怀；在文中，雷烨发出呼告，"冀东是谁的？不是日寇的；是我们的！我中华民族这一柄复仇复土之剑，必将愈磨愈利，直指黑水白山，直指日寇心脏！"[①] 黄钟大吕，何其壮哉！此之谓崇高。

图77　战斗在喜峰口之一（雷烨摄）

图片来源：《晋察冀画报》1943年第3期。

图78　"长城之白马关上"（雷烨摄）

图片来源：顾棣编著《中国红色摄影史录》，山西人民出版社2009年版。

[①] 雷烨：《冀东是我们的》，《晋察冀画报》1943年第3期，参见石志民主编《晋察冀画报文献全集·卷一》，《晋察冀画报》（第1—13期），中国摄影出版社2015年版，第167页。

（3）雷烨作品的诗性美。延安时期的战地摄影，从审美解读上讲，很多作品都称得上壮美，具有"沙场秋点兵"的气势，或者"大漠沙如雪"的壮观。战地摄影也很难用优美来述之；而且即便从"战争伦理"角度说，战争的残酷也无法使它和优美关联。

但是在雷烨的战地摄影里，确实有一些作品"渗透"着无法遮蔽的诗性光辉。这幅《熊熊的篝火》（图79）也被认为是雷烨的代表作，中国战地摄影的经典。作品记录转战塞北的战士为躲避敌人袭击，被迫夜宿山林的场景。"火烤胸前暖，风吹背后寒"，这张照片"实录"了战地生活的艰难，但是升腾的篝火和烟雾、月光映透的身影和林树，却营造出光影的纵深和画面的动感，以及虚实相生的气韵，照片"画风"流畅、含蕴悠长，构图之精致，境界之深邃，无法"阻断"的优美浑然天成。罗光达亦对这张照片不吝溢美之词，认为它"光影效果

图 79　熊熊的篝火（雷烨摄）

图片来源：《晋察冀画报》1943 年第 3 期。

堪称绝妙，它展示了雷烨的才华"①。《熊熊的篝火》是《晋察冀画报》第3期的封底。这幅作品集革命气质和浪漫主义情怀于一体；在谨慎使用"战争美学"的前提下，这幅作品的美学价值是极高的。

雷烨的另一张摄影作品《滦河晓渡》（图80），也是其代表作，是延安时期的战地摄影经典。照片"画意"浓厚：高耸的桅杆、舒缓的水面，起伏的山脉、摇动的桨橹，"画面"俊秀、层次分明，于战地摄影中，展现难得的烟波之气。雷烨是集才华和激情于一身的革命诗人，摄影中有时自然会把"诗性"带入，这在同时期摄影家中，又是他摄影的一个特性，正如1943年5月《晋察冀画报》第3期"雷烨专辑"中，有一首雷烨的诗《滦河区》，诗中他这样吟诵，"滦河的水唱着歌/歌声浮着子弟兵/子弟兵的青春/好像河边的青松林……"②

图80　滦河晓渡（雷烨摄）

图片来源：《晋察冀画报》1943年第3期。

---

① 罗光达：《塞外篝火》，参见蒋济生主编《历史的瞬间与瞬间的历史》，长城出版社1992年版，第40页。
② 雷烨：《滦河曲》，《晋察冀画报》1943年第3期，参见石志民主编《晋察冀画报文献全集·卷一》，《晋察冀画报》（第1—13期），中国摄影出版社2015年版，第192页。

雷烨，一位充满传奇色彩的浙籍战地摄影家，在他牺牲的地方，当年战友栽下的"雷烨树"如今枝繁叶茂；在杭州武林广场上，家乡人为他竖起高大的雕像，纪念这位杰出的诗性摄影家和年轻革命者。

在浙籍战地摄影家中，还有一位来自平湖的俞创硕（1911—1991）。不过，与前述几位摄影家不同的是，俞创硕并非"红色摄影师"，而是以《良友》战地摄影记者，"中央社"摄影记者身份在抗战前线进行摄影报道。抗战胜利后，俞创硕任《申报》摄影记者；新中国成立后，任《解放日报》摄影记者。作为战地摄影记者的俞创硕，抗战时期其摄影题材主要有两类，一是战地，二是"边地"；其边地摄影亦围绕抗战展开。

俞创硕抗战摄影中，产生很大影响的有国共高级将领照。比如《朱德将军》（《良友》1938年第134期）、《李宗仁将军》（《良友》1938年第135期），两者皆为《良友封面》；"忠勇卫国之廿九军"系列《军长宋哲元》《卅八师师长张自忠》《卅七师师长冯治安》（《良友》1937年第2期）等。作为战地摄影记者，俞创硕创作了一批战地纪实摄影，最具代表性的应该就是《忠勇卫国之廿九军》；这组作品包括《日军畏之如虎之大刀队》《与卢沟桥共存亡》《养精蓄锐》《宁为玉碎毋为瓦全》《精锐部队》《锻炼体格准备杀敌》等12幅作品，兵临城下、将至壕边，一派沙场秋点兵之冲天豪气，在抗战时期战地摄影中，无论选题立意还是摄影技法，都堪称杰作。

抗战背景下，俞创硕的《长城古迹》（《新闻报元旦图画特刊》1937年1月第4版），《西安风物志》（《新生画报》1937年第2期），《良友读者旅行列车：内蒙风光》（《良友》1936年第113期）等，属于"边地"摄影。这从他的另一组（图文）摄影报道《强邻窥伺下之内蒙》（《时事月报》1936年第2期）之命名，即可看出其"边地摄影"用意所在。1932年，《良友》画报组织了全国摄影旅行团，"旅行线路分黄河流域、长江流域和西南诸省三大区，计划将全国各地的风情面貌、风俗习惯等拍下发表或者展览，扩大读者的视野，提升读者的国民意识"[①]。实地调查各地的政治、经济、教育、文化、风俗等,以调查国家的"家底",为抗战作动员。蔡元培当时即撰文指出,摄影旅行队遍游全国,"采取壮丽的山川,醇美的风俗,宣示世界,以为文字宣传的佐证,其目的远大,实堪称赞"[②]。1934年《良友》"开通""读者旅行列车",延续了"摄影旅行团"的立意,以来自各地(尤其是"边地")的图文报道,激发国民民族救亡自信心,俞创硕的《内蒙风光》系列作品即是其中一个专题。

此外,直面抗战的摄影报道中,如《伺机歼敌》(《良友》1937年第131期)、《黄河天堑与血肉长城》(《战事画报》1938年第6期)、《华北前线我军炮车活动情形》(《胜利画报》1937年第2期)、《平汉前线我军杀敌》系列(《抗战画报》1937年第5期),以及"台儿庄战役""湘北大捷"等,都是俞创硕战地摄影报道的重要作品。在抗战摄影报道中,俞创硕作品风格豪迈、场景宏大,有鲜明的个性特征,是抗战时期中国战地摄影报道重要组成部分。

[①] 陈申、徐希景:《中国摄影艺术史》,生活·读书·新知三联书店2011年版,第305页。
[②] 参见马国亮《良友忆旧:一个画报与一个时代》,生活·读书·新知三联书店2002年版,第76页。

第三章　陈嘉震:摄影大王的"海上繁华"

陈嘉震是中国摄影史上的一个"鬼才",也是摄影史上的"失踪者"。20世纪30年代的上海,陈嘉震以拍摄明星照片著称,上海电影明星几乎无一不是他的拍摄对象,上海各种画报杂志也几乎都刊载过他拍摄的明星照片。陈嘉震盛名之下,被电影艺人誉为"摄影大王"[①]。名震上海滩的"沪上八大电影女明星"由陈嘉震一手打造,他开拓了中国摄影史上人像摄影新境界。而陈嘉震凄惨寂寥的早逝,又与电影女明星"剪不断、理还乱"。

第一节　生平与影事

陈嘉震(1912—1936)(图81),浙江绍兴人。关于陈嘉震的生平,实际上非常简单,目前陈嘉震早期生平史料也很有限。根据1936年陈嘉震生前主编的《艺声》杂志介绍,陈嘉震虽然父亲曾做过县令,但因为母亲早逝,他与继母和父亲的关系并不好,而且也不愿意从事父亲为他安排的商业道路,父子感情破裂,15岁时,陈嘉震即离开家乡,到济南齐鲁大学学习,读书所需费用等"均系自给"[②]。当时老舍先生在齐鲁大学任教,受其影响,陈嘉震曾有志于文学创作。不

[①] 《影星梅琳为陈嘉震题词》,《艺声》1935年第2期。
[②] 《陈嘉震小传》,《艺声》1936年第2卷第4期。

过，对摄影的兴趣终究超过了文学写作，最终他还是走上了以摄影谋生的道路，成为一名专职摄影家。陈嘉震短暂的一生，可以从几个方面（或阶段）来梳理。

图81　陈嘉震遗影

图片来源：《良友》1936年第119期。

一　结缘《良友》

在齐鲁大学求学期间，陈嘉震就开始摄影创作，并尝试把作品投寄到一些报纸杂志。根据目前发掘到史料看，陈嘉震摄影作品最早出现在期刊杂志上的时间，应该是在1930年。他的风景摄影《济南东门彭楼前》，发表于1930年《民众生活》第11期；纪实摄影《新年》《她们骑了骡子上城去》，分别发表于1930年《民众生活》第23期、1930年《东方画报》第1期；新闻摄影作品《蒋主席赴辛庄阅兵》，发表于1930年《新闻报图画附刊》第5期。1931年，陈嘉震的作品《瑞雪初晴之黄河铁桥》发表于当时著名的综合商业画报《良友》第55期，从此陈嘉震与《良友》结缘；仅1931年度，他的《山东女子师范学校之雅乐队》发表于《良友》第57期；其他大量体育新闻摄影作品，如"在济南举行之华北运动会"系列，则发表于1931年《良友》第60

期。此外在 1931 年，陈嘉震还在《中国摄影学会画报》第 276 期发表风光摄影《雪后之大明湖》，在《民众生活》发表《济南龙洞风景》，在《上海生活图画附刊》发表新闻摄影《发掘五卅烈士遗骸》等。可以说 1931 年是陈嘉震从事摄影创作的关键一年，而且从此时的摄影作品看，他的摄影创作题材涵盖了新闻、纪实和艺术等多个领域。

　　1932 年"一二·八事变"后，陈嘉震肄业于齐鲁大学，来到上海。先后在"天一""明星"两家公司从事摄影工作，作品散见于各报章杂志，并出任一些图画杂志编辑、摄影记者。1933 年底，早年相识的《良友》编辑张沅恒[①]，把他引介给时任《良友》主编马国亮。因为记起陈嘉震在《良友》上常发作品，马国亮对这个初到上海的朴实青年很有好感，《良友》也正需要改进摄影图片，于是马国亮与《良友》老板伍联德商量后，聘陈嘉震为《良友》摄影记者，专职拍摄新闻摄影。然而，有心栽花花不开、无心插柳柳成荫，陈嘉震深入上海街头巷尾、码头车站拍摄新闻纪实作品，并没有引起太大的社会关注，倒是他采访期间拍摄的电影明星照片为他的职业和人生打开了新天地。

二　打造"八大女明星"

　　陈嘉震脱离"天一""明星"电影公司后，在《电影画报》《青青电影》及《良友》《电声》《大众画报》《玲珑》等刊物发表作品或任摄影记者，拍摄明星照片，在电影圈建立了比较广的人脉。加之他拍摄的明星照片已经广受好评，也深受《良友》主编马国亮的赞赏和信任；因此，当 1934 年良友图书公司策划出版电影女明星照相集时，刚到《良友》半年的陈嘉震就受命担此重任，全权负责策划拍摄。陈嘉震不负众望，在当年秋天即拍摄完成八册《中国电影女明星照相集》。入选的电影女明星分别是胡蝶、阮玲玉、徐来、王人美、陈燕燕、叶秋心、黎明晖、袁美云八人。其中胡蝶、阮玲玉、王人美等已经"当红"沪上，而袁美云则刚刚出道，虽然发展势头良好，其时却

[①] 张沅恒后来曾出任《良友》第五任主编。

并无多大名头。袁美云与陈嘉震在"天一"公司时相识，故而时人有陈嘉震喜其天真，故竭力提携之说，"良友出版八大明星集摄影编辑均由陈嘉震一手独揽，袁美云之得以列名其间，完全是他的力量，袁美云的成名即由于斯"①。八位女星，陈嘉震为每人拍摄一册，"每人挑选最精粹之各种生活照片二十二幅"，"用最上等铜版纸精印，书高十二吋，阔九吋，共二十大页，每页另加玻璃纸，封面彩色精印"②。而且陈嘉震特意为八位女星照了合影，印放于每册卷首，并附上本集女星简介，卷尾则附印该明星主演影片剧照。无论拍摄还是印刷，都可谓极尽用心。

而且，《良友》不仅在自己的杂志上为女星照相集进行宣介，还专门在1934年9月12日，由良友公司老板伍联德携手摄影师陈嘉震，在上海极司非尔路秋浦宴请八位女星③；八女星合照亦经《申报》《电影画报》等杂志迅疾刊出，旋即风靡海内。沪上"八大电影女明星"之说（图82），亦由陈嘉震拍摄之《中国电影女明星照相集》的刊行而广为人知；陈嘉震遂名声大振，跻身摄影名家之列，时年仅22岁。

图82 沪上"八大电影女明星"（陈嘉震摄）

图片来源：上海良友图画印刷有限公司出品
《中国电影女明星照相集》1934年第1卷第1期。

---

① 《陈嘉震小传》，《艺声》1936年第2卷第4期。
② 《中国电影女明星照相集》，《良友》1934年第99期。
③ 《欢宴八大女明星》，《民报》1934年9月13日。

三 《艺声》当家人

陈嘉震因《中国电影女明星照相集》一举成名，可以说是年少成名的摄影家；同时，他也为《电声》《良友》《青青画报》等刊物拍摄作品，撰写文章，还是一位文学写作者。根据陈嘉震自述，他在上海的职业身份有"新闻通讯社图画公司的摄影记者，画报编辑，保险公司的职员"[1]。1935年6月，《艺声》月刊在上海创办（图83），盛名之下的陈嘉震被聘为主编，"这是抗战以前唯一一份将电影与音乐结

图83 陈嘉震主持编辑的《艺声》

图片来源：《艺声》1935年第2期。

---

[1] 陈嘉震：《再给貂斑华女士一封公开信——论〈扫除〉（下）》，《社会日报》1935年9月16日第2版。

合出版的期刊,它的出版与有声电影在中国的上映有着密切的关联"①。作为主编,陈嘉震提出,要办一个摆脱了"极端的""低级的"和"宣传的"态度的刊物,办成"真爱好电影艺术的好伴侣"的"中间刊物"②。《艺声》是一份彩色期刊,与同时期其他电影期刊一样,以当红电影明星作为封底、封面。《艺声》把当红女星前卫的生活照、泳装照整版或组合刊发,并配以胡蝶、王人美等人的香烟、化妆品广告照,使杂志具有浓郁的商业、时尚气息。

作为一份商业性影音期刊,陈嘉震主持的《艺声》就电影方面而言,有非常明晰的编辑思路。具体来说:一是利用其明星摄影师身份和人脉,大量刊发明星照片。比如,陈嘉震拍摄的"八大女明星",以及貂斑华、周璇、梅琳、黎莉莉、黎灼灼、顾兰君等影星,几乎都是《艺声》封面或封底女郎。《艺声》"电影版"作为文字与图像(摄影、漫画)兼备的刊物,以陈嘉震、黄绍芬、张建文等人的明星摄影照片,叶浅予、丁悚等人的电影漫画为主,炫目精美的图像形式极大满足了读者的视觉消费需求。

二是向电影明星、电影导演等征集文稿。《艺声》共出版 2 卷 10 期,发表有胡蝶的《海外三封书》(1935 年第 1 期)、《欧游印象记》(1935 年第 3 期)、《回国散记》(1935 年第 3 期);叶秋心的《我自演戏以来》(1935 年创刊号);陈燕燕《水银灯下》(1935 年创刊号);袁美云《反光板前的三周年》(1935 年第 1 期);高倩蘋《圈内生活之简写》(1935 年第 1 期);高占非《个人漫笔》(1935 年第 1 期)、《我与一九三六年》(1936 年第 2 期);沈西苓《关于乡愁》(1935 年第 1 期)等。而且陈嘉震还广邀社会名流为《艺声》题字,比如老舍题"摄取万象",梅琳题"摄影大王",施蛰存题"明察秋毫",柯灵题"社会的透视"等③。影星、导演写的文章,社会贤达名流的题字,

---

① 祁斌斌:《1937 年以前中国音乐期刊文论研究》,博士学位论文,中央音乐学院,2010 年,第 42 页。
② 陈嘉震:《破题儿头一遭》,《艺声》1935 年第 1 期。
③ 《名人题词》,《艺声》1935 年第 2 期。

为《艺声》带来了良好声誉。

三是每期推出明星专题栏目"艺人素描"。比如胡蝶（1935年第4期）；袁美云（1935年创刊号）；高占非、高倩蘋（1935年第3期）；陈燕燕（1935年第2期）等。"艺人素描"每期展示一个或两个明星影像，并配上简洁的文字介绍，从而满足读者欲识见明星日常生活的观看欲望。

陈嘉震优秀的编辑能力、高妙的摄影技术及突出的策划水平，让《艺声》一经问世即在"销量方面意外的打了一次胜仗"，陈嘉震"每一天能够收着十多封读者对我们指教和称赞编的不算糟的信"①。《艺声》很快在电影期刊市场站稳脚跟。作为一个文学写作者，陈嘉震本人也在《艺声》发表了短篇小说《一九三五年之奇梦猫国的锋火：猫国的烽火》（1935年第6期），《失乐园》（1936年第2期），长篇小说《圈》（1935年第4—6期）等文学作品。陈嘉震的文学作品，文笔细腻，情感真挚，尤其是《失乐园》和《圈》，颇有些"自叙传"文学写作的色彩②，展现了他的文学才华，也丰富了《艺声》的内容，保障了它的品味和格调。

四 沪上"孽缘"

陈嘉震在事业上快速达到巅峰，但是他在此时也陷入情感旋涡，最终被淹没。陈嘉震的情感遭遇缘起于两个电影明星：袁美云和貂斑华。

袁美云（1918—1999）（图84），原名侯桂凤；幼年时被典给一个叫袁树德的人学唱戏，改名袁美云。学成后在上海演出，被邵某看中，即签约"天一"电影公司，进入电影圈。陈嘉震与袁美云即在"天一"公司相识，彼时袁美云参演过《小女伶》《生机》等寥寥几部片子，与胡蝶、王人美、阮玲玉等人尚不在一个层级上。陈嘉震不仅经常将袁美云的照片刊发在他的刊物上，还竭力把袁纳入"中国电影女明星照相集"人选之列；并在他主持的《艺声》杂志创刊号"艺人素

---

① 陈嘉震：《给读者》，《艺声》1935年第2期。
② 自叙传文学创作以20世纪20年代郁达夫、郭沫若、成仿吾的"创造社"为主，代表作品有郁达夫的《沉沦》《迷羊》，郭沫若的《残春》《漂流三部曲》等。

描"栏目一次刊发袁美云 14 张照片，极力推介①。

图 84　袁美云（陈嘉震摄）

图片来源：上海良友图画印刷有限公司出品
《中国电影女明星照相集》1934 年第 1 卷第 5 期。

  而且根据 1936 年《娱乐》杂志上《陈嘉震的生前与死后》一文所载，袁美云在"天一"公司时，"她每月的收入，都全数交给了假父袁树德。袁美云自己常常手里没有一个钱。陈嘉震因为是她的朋友，所以常常请她看戏吃东西，甚至袁美云做新衣服，新大衣，都由陈付账。因此前前后后用在她身上的钱颇不少"②。而且"袁母侯王氏的津贴差不多均有陈嘉震一人供给"，以致对袁美云约束颇严的假父袁树德都对陈嘉震也"生出一种感激"③，同意二人的交往。但是，1935 年

---

① 《艺人素描·袁美云》，《艺声》1935 年创刊号。
② 《一位青年摄影家的夭折：陈嘉震的生前与死后》，《娱乐（上海）》1936 年第 2 卷第 31 期。
③ 《陈嘉震生前与袁美云貂斑华的一段孽缘》，《电声》1936 年第 5 卷第 34 期。

6月13日,《时报》上刊发署名袁美云的文章《情歌非寄意》,文中写到,她一天闲极无聊,就抄《明月之歌》歌词,正抄到"我爱,你愿意允许我吗,时时享受你的爱惜?"时,被小姐妹叫去看戏,结果回来要接着抄时,发现被陈嘉震"续"上了"我爱你信任我吧!我是永远爱惜你的"表白,文中她(袁美云)说,"我那(哪)里是在写情书,他竟误会了。哎!小小的误会,也许会酿成大错,葬送了他宝贵的青春啊!夜,梦多,请珍惜您的前程吧!何必徘徊于歧途上呢?"① 虽然后来证实此文是袁美云的另一恋人找人捉刀,但终究是袁美云寄到报馆去的。这种以媒体公开"披露"陈嘉震表露爱意的私情,以绝其痴望的做法,对陈嘉震造成极大的精神创伤。

  陈嘉震遭遇的第二段情感纠葛对象是影星貂斑华。貂斑华(1917—1941)(图85),原名吴明香。进入电影圈后,因出演《新女性》,"貌似胡蝶"而受到关注,实则她演技一般,热衷交际,其照片经常见诸报章杂志,故混得"照片明星"之名②。陈嘉震亦为貂斑华拍过照片③,因而相识,并与其发生"订婚闹剧"。关于两人的相识与交往,《电声》杂志刊文说,陈与貂从交往到交恶前后不过两月。貂斑华仰慕陈的摄影技术,家中挂着陈拍摄的照片,邀请陈至家中参观,两人相谈投机,时有过从,"某日午夜一时,陈嘉震从自己寓所送貂回去,貂便对陈说,外面的无聊应酬很讨厌,她很想和一个忠厚青年结婚,以免麻烦,陈说也好,而貂忽然向陈申述她理想的对象就是他。"④ 而陈也正因与袁美云决裂,想借此向袁示威,故答应下来。貂拟定了婚约广告,双方约定次日刊登于《申报》。不料,次日貂斑华以未获父允而反悔;且先后在《申报》《世界晨报》等媒体刊发启示,否认与陈嘉震订婚。更有甚者,貂斑华还在《时代日报》发表《我的同居与订婚》一文,言其因拒绝别人邀请跳舞,遂被造谣与人同居;在同居

---

[1] 袁美云:《情歌非寄意》,《时代》1935年6月13日第10版。
[2] 《照片明星貂斑华》,《社会日报》1935年8月10日第1版。
[3] 陈嘉震:《今年拍照挺多而成绩毫无的貂斑华》,《艺声》1935年第6期。
[4] 《陈嘉震生前与袁美云貂斑华的一段孽缘》,《电声》1936年第5卷第34期。

的谣言刚息之后,"多情好意"的陈嘉震对她说,"'这许多人扰乱你真不是事情,我倒可以帮助你',天哪,这在我,无疑是水灾中的灾民得拯救,怎有不感谢的呢?但办法是什么呢?'我俩伪言订了婚,这样就没有人来麻烦你了。'这不是做戏吗?但那位好意多情的导演又兼男主角的先生,不待他的女主角考虑,把这剧情早已宣扬开去了"①。陈嘉震因此成了趁人之危的"伪君子"。

图 85　貂斑华（陈嘉震摄）

图片来源:《艺声》1935 年第 3 期。

不仅如此,貂斑华还在《社会日报》发表《扫除》一文,称陈嘉震是吸附于电影界及电影艺人身上的寄生虫,公然声称"譬如那位'多情好意'的陈先生吧,他替我拍照,原不过是为了自己的'稿

---

① 貂斑华:《我的同居与订婚》,《时代日报》1935 年 8 月 23 日第 3 版。

费'，正如'寄生细菌'一有根据地，即将繁殖起来一样，稍加以颜色，即误认为我是'感德以身相许'。后见狡计不售，即四出流言，说什么'物证人证'，又有什么'尚望朽木可雕'，既有'人证物证'，何不挺身而出，而反如乌龟样的缩进了头，不知道自己为人'奴蓄'……"①陈嘉震随即不堪其辱，被彻底激怒，在《影舞新闻》《社会日报》上连续发表《给貂斑华的公开信》《再给貂斑华的一封公开信》，细述事发当晚貂斑华书写订婚草案，并交给"明香"金质印、"貂斑华"木刻印的事实②；而且陈嘉震最终公开了两人的"订婚启事"原稿，启事中确有写"我俩由友谊而相爱并得家长同意于今日（九日）实行订婚，恐外界不明特奉此闻"③。之后陈嘉震不堪忍受侮辱，一纸诉状把貂斑华告上法庭，两人对簿公堂，法庭审理后认定，"原告方面提出'公然侮辱'的证据甚多，并谓订婚之事实非玩笑，且系被告主动，有其亲事签字及图章为凭。"并当庭判决"吴明香辱人，处罚金五十元，缓刑二年"④。至此，陈、貂情事纷争落下帷幕（图86）。

但是，陈嘉震因与袁、貂的两段孽缘而身心俱伤，疾病加剧，导致身体每况愈下。

五 黯然离世

陈嘉震"万花丛中过"，自是一时之名人；而袁美云、貂斑华则是当红女影星。而且袁、貂二人在报章媒体上攻击陈的文章，也都被证实是有人捉刀：袁美云一方系其"自由恋爱"之对象王引找人代笔⑤，貂斑华文章则系出自其情人姜克尼之手⑥。但因陈、袁、貂三人的特殊身份，其纠葛被媒体推波助澜，随即成为人人瞩目、茶余饭后被津津乐道的"桃色段子"。虽然不乏有同情陈嘉震的，比如《电声》

---

① 貂斑华：《扫除》，《社会日报》1935年9月11日第2版。
② 陈嘉震：《陈嘉震给貂斑华的公开信》，《影舞新闻》1935年第1卷第11期。
③ 《貂斑华订婚真相》，《电声》1935年第4卷第34期。
④ 《从订婚到打官司：陈貂案件判决》，《影坛》1935年第6期。
⑤ 《情歌非寄意之捉刀人：原来是小胖子顾文宗》，《电影新闻》1935年第1卷第6期。
⑥ 《貂斑华居然女作家》，《电声》1935年第4卷第38期。

图 86　陈、貂诉讼案，判处貂斑华罚金五十元

图片来源：《青青电影》1935 年第 9 期。

即有刊文（图 87），称"陈嘉震，老成忠厚人也，所缺少者，上海人所谓'不大会拔苗头'，故往往会出兵不利，被女人'捏牢子做'，有全套来，'一五一十钻过去也'"①。有论者直言，"嘉震是个诚实的孩子……他对美云，可说是极至性的愚忠"②。《社会日报》亦刊文持公允之调，认为如果貂、陈确有订婚拟议，后来另有变化而污陈为"寄生虫"，使陈的名誉破产，那么"她的居心，未免太恶毒，她的人格，未免太卑鄙。"因此"被扫除的却是嚷着'扫除'的人"③。

而关于陈嘉震与袁美云的纠葛，亦有媒体发文声讨袁美云，认为

---

① 《貂斑华不愧为刁小姐》，《电声》1935 年第 4 卷第 26 期。
② 亚化：《陈嘉震一页伤心史》，《艺声》1936 年第 2 卷第 4 期。
③ 灵犀：《关于貂斑华　陈嘉震的事件》，《社会日报》1935 年 9 月 16 日第 2 版。

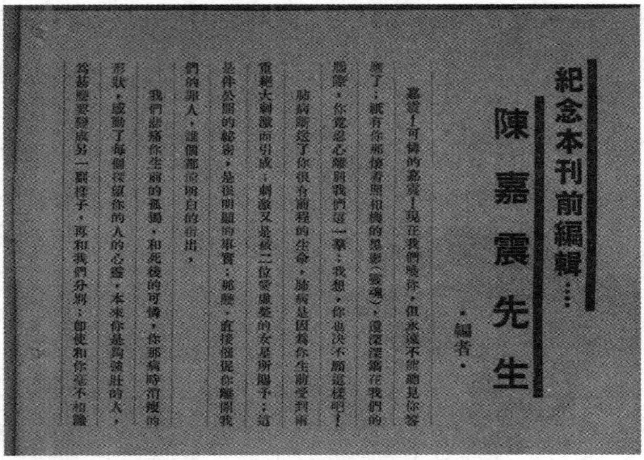
紀念本刊前編輯……

陳嘉震先生

·編者·

嘉震！可憐的嘉震！現在我們喚你，但永遠不能聽見你答應了；祇有你那攜着照相機的黑影（靈魂），還深深籠在我們的腦際，你竟忍心離別我們這一羣；我想，你也決不願這樣吧！

肺病斷送了你很有前程的生命，肺病是因爲你生前受到兩重絕大刺激而引成；刺激又是被二位愛虛榮的女星所賜予；這是件公開的秘密，是很明顯的事實；那麽，直接催促你離開我們的罪人，誰個都會明白的指出，

我們悲痛你生前的孤獨，和死後的可憐，你那病時消瘦的形狀，感動了每個探望你的人的心靈，本來你是夠強壯的人，爲甚麽要變成另一副樣子，再和我們分別；即使和你毫不相識

图 87 《艺声》致悼念嘉震

图片来源：《艺声》1936 年第 4 期。

陈嘉震单恋袁美云，袁美云拒绝陈嘉震都没有错，但是“袁美云用公开的方式去把陈嘉震向她流露出来的爱意在时报揭露出来，这无论在道德上讲，情理上讲，袁美云是太辣手了一点”①。但是，关于陈与袁、貂的“情事”之争，陈嘉震更的多是受到舆论嘲讽、挖苦。因为陈嘉震籍贯是浙江绍兴，就有人干脆称其为“哼个老倌（官）”来恶意戏弄，调笑“爱神从来没有爱过陈嘉震”后，还不忘补上一刀，说陈“东不成，西不就，哼个老官春梦一场空，和我从没有追逐过女人的一样！”② 更有甚者，有好事者写打油诗四首讽刺陈嘉震，其中第四首这样写，“哼个老官事事休，美云无望仰长秋。儿家自是风流种，那怕乌龟不缩头”。后文特别加注，“陈嘉震为绍兴人”③。舆论冲击和情感击打，让陈嘉震身心都遭受重创，身体状况遂江河日下，据传他曾两度自杀而未成④。

但不幸的事情还是发生了。1935 年秋，陈嘉震颈生一核，被诊为

---

① 《情歌非寄意之捉刀人：原来是小胖子顾文宗》，《电影新闻》1935 年第 1 卷第 6 期。

② 百生：《闲话袁美云 · 貂斑华 · 陈嘉震》，《青青电影》1935 年第 2 卷第 6 期。

③ 《咏貂斑华》，《电声》1935 年第 4 卷第 38 期。

④ 申一：《陈嘉震之死》，《锡报》1936 年 9 月 3 日第 4 版。

肺病；1936年春病势加重，但为生计所迫，他依然扶病为良友公司编辑电影画报；7月入院已双肺腐烂；1936年8月，陈嘉震病逝于上海虹桥疗养院，时年24岁。因早与家中无来往，陈嘉震的丧事由同事办理，往吊者仅袁树德（袁美云假父）、潘有声（胡蝶丈夫）、马国亮（《良友》主编）等寥寥十数人；袁美云送来葬仪十元，貂斑华则杳无音讯[①]。见证且参与"制造"沪上"繁华"的陈嘉震，身后事极为萧条。

作为陈嘉震的"带头大哥"，《良友》主编马国亮在1936年《良友》第119期上发表长文《纪念一个青年——悼陈嘉震》；在文末，马国亮写下这样一段耐人寻味的话，"一个有志的青年固应具有刻苦奋斗的精神。但人生的路途原不是直线的。为完成最后的目标，为不辜负以往的努力，一个有志的青年不妨老实，也必须老实，但也必得培养一个旷达的胸襟，坚忍的魄力，与高远的怀念——当事情不如意时。嘉震辜负了一生的奋斗，就是缺乏这点。今以此语悼嘉震"[②]。惋惜之情溢于字里行间，可惜者对于热情冲动、忠厚单纯，为情所伤、所累，并在身心两疲下早早殒命的陈嘉震来说，一切都毫无意义了；但对于那些到大城市谋生，追逐人生抱负者，马国亮的话可谓金玉良言。其实陈嘉震临终之时，"有人问他想不想一见袁美云，他摇着头说：'过去都是我自己不好。'"[③] 可见，陈嘉震对于过往种种，离世前亦有所觉、所悟，可惜为时过晚；亦可惜天妒英才，再没有给他"重头来过"的机会，摄影天才陈嘉震如彗星划过上海滩的夜空，一闪即逝。

第二节　摄影多面手

根据目前发掘到的史料，基本可以判断，陈嘉震应该是在1930年开始，其摄影作品频见于天津、北京等地报章杂志。1934年因拍摄《中国电影女明星照相集》，陈嘉震名动四方；因此，明星摄影家是他

---

① 《陈嘉震盖棺一撇》，《电声》1936年第5卷第34期。
② 马国亮：《纪念一个青年——悼陈嘉震》，《良友》1936年第119期。
③ 泪史：《从阮玲玉说到陈嘉震》，《铁报》1936年8月18日第1版。

最广为人知的"头衔",也是最为耀眼的光环。但是,除了明星照片,陈嘉震还拍摄有新闻纪实摄影和风光摄影、美术摄影等,是一个摄影多面手,若不是1936年事业刚刚起步时,即在锦绣年华黯然离世,他的摄影艺术一定会有更为广远的发展空间。

一　女明星的照相

陈嘉震拍摄的"八大女明星"照相集,本质上属于人像美术摄影。关于《中国电影女明星照相集》的刊布发行,《良友》的推广广告曾这样表述,"近数年来,国产影片,风起云涌,映演纪录,有突破西洋名片十数倍者,社会人士,对于国片之信仰,既与日俱增,各片主演者所受观众拥戴之热烈,即以本公司所出各种明星卡片纸畅销各地,已足证明。本公司有鉴于此,特约中国今日影坛上著名女明星八人,由本公司摄影师陈嘉震君特别录制各种各人美术相片"[①]。这段话至少有三层意思,一是国片已经受到市场认可,明星照片需求大;二是良友公司已有发行明星照片惯例且销售极佳;三陈嘉震所拍摄八位女星照片被定位在美术摄影,而非新闻摄影。

除了这套"照相集",陈嘉震还编了三集《影星照相集》,1935年4月由上海影星照片社出版,收录了胡蝶、徐来、陈燕燕、袁美云、黎莉莉、陈玉梅、叶秋心、黎灼灼、黎明晖、王人美十大女明星的特写及其私生活照片,"另附阮玲玉女士生前之生活死后之荣哀,全部照片均出名家之手摄,为其他刊物所未见者"[②]。其时为女明星拍照者,除了陈嘉震,还有卢施福、严次平等,但其影响均不及陈嘉震。下面主要以"八大女明星"照相集为对象,阐述陈嘉震明星摄影的特色与成就。在每个明星的照相集里,陈嘉震都有书写一篇文字稿,介绍其经历,其中也有陈嘉震对该明星的评价,故而也反映了陈嘉震的一些摄影构想。

---

① 《中国电影女明星照相集》,《良友》1935年第99期。
② 《"影星"照相集出版》,《申报》1935年4月20日。

陈嘉震拍明星，最显著的特征是他善于根据被拍摄对象不同的身材和气质，抓住其不同的个性特征。比如胡蝶的气质属于雍容华贵型，陈嘉震据此为其设置拍摄风格，生动传神地表达出她与众不同的气质和丰姿。对于胡蝶（图88），陈嘉震评价她紧跟时代。早期的中国电影演员，那怕是曾经享有盛名者，也已经逐渐被时代所淘汰，被观众所遗忘；但是从1923年登上银坛的胡蝶，却例外地跟时间展开自己的灿烂前程，从出演《秋扇怨》立基，到《火烧红莲寺》《白蛇传》《新茶花》，直至《姊妹花》，一路攀登，坐上"影后"宝座。因此，陈嘉震认为"要谈中国电影的历史，胡蝶女士是从头至尾占着领袖的地位的"[①]。这个评价不可谓不高。关于胡蝶的照相，陈嘉震曾提到过胡蝶

图88 胡蝶女士（陈嘉震摄）

图片来源：上海良友图画印刷有限公司出品
《中国电影女明星照相集》1934年第1卷第3期。

---

① 陈嘉震：《胡蝶女士》，《中国电影女明星照相集》1934年第1卷第3期。

喜欢研究"上镜头的技巧"①；这不仅是因为胡蝶长相漂亮，是公众人物，对自己的形象特别看重，更为重要的是因为胡蝶喜自己懂照相，故而对于照相，她是蛮"挑剔"的。

胡蝶之美究竟如何，一篇署名"紫微"的文本——《参观明星摄影记》里，记述了作者目睹胡蝶出席舞会的"惊艳"，"胡蝶我在银幕上见过她好几面，是未曾寓目过，今朝正巧，被我看见了。今天她穿了一身簇新而美丽的舞衣，头上的头发高撑着蝶钗，蜷得蓬蓬的，像天上乌云一样，益觉好看，粉面上远山般的眉，秋水般的眼，不肥不瘦的脸，两颊红红地，真美丽"②。胡蝶精于照相又如何？有一篇专门记述胡蝶与摄影的短文，曾这样记载，"以前摄影记者某，与胡蝶摄影，胡蝶尝指示曰，'你的镜箱提得太低了，拍出来是罗宋镜头，这样的画面对于我们的女明星面上拍起来是不大好看的'。倘若在对着太阳光拍照，她又指示你了曰，'这样拍起来面孔是黑的，难看东西格！'即使在摄影场里，摄影师倘若'马虎一点'的话，她一样要指示你的"③。陈嘉震为胡蝶拍照片始于1934年，这个文本在1939年，据此可以推断，陈嘉震的拍摄和女明星照相集的推出，对胡蝶研究上镜头技巧是有推动作用的，因为胡蝶是在认可了陈嘉震拍摄的其他女明星照片后，才接受陈嘉震拍摄自己的；所以，"八大女明星"照相集，胡蝶是最后一个拍摄的。摄影史学者赵俊毅曾提到过一个细节，当陈嘉震"拿着七位明星的相册再次叩开胡蝶的宅门时，胡蝶一边翻看着相册，一边在想，眼前这位怯生生的摄影小生，竟然有如此高超的拍摄技艺，如果我再不配合拍摄，将来的照相集一出版，自己的电影皇后的地位也会被撼动"④。"八大女明星"照相集至胡蝶这里才最终杀青。

和胡蝶的雍容华贵相比，阮玲玉（图89）气质温婉恬静。关于阮

---

① 陈嘉震：《记胡蝶》，《电影画报》1934年第14期。
② 紫微：《参观明星摄影记》，《电影月报》1928年第7期。
③ 《女明星对摄影有研究者　前有胡蝶　后有路明》，《青青电影》1939年第4卷第2期。
④ 赵俊毅：《"摄影大王"陈嘉震》，[2018-01-20]，https://www.sohu.com/a/217817864_784145。

玲玉，陈嘉震认为，在联华电影公司揭起复兴中国电影的旗帜下，阮玲玉主演的"故都春梦"是"复兴国片的第一声"①。这个表述不仅是在记述史实，也是对阮玲玉从影生涯的价值评判，点出比之阮的《挂名夫妻》《野草闲花》《白云塔》《都市之夜》《情欲宝鉴》等，《故都春梦》具有独特价值。其实在陈嘉震的另一篇文章中，他对阮玲玉也有过极高的评价；陈嘉震认为，对于一个普通演员而言，最大厄运是青春的消逝，但阮玲玉却与以色相号召观众者截然不同，她"以技巧使得观众满意，以表情来使人们同情，青春的消逝和不消逝对她没有多大的关系的"。因此，阮玲玉是以艺术抓住观众的心灵，陈嘉震甚至对阮玲玉不吝溢美之词，称其在《恋爱与义务》中的表演，"影艺已超过了中国任何的女演员"②。

图89　阮玲玉女士（陈嘉震摄）

图片来源：上海良友图画印刷有限公司出品《中国电影女明星照相集》1934年第1卷第2期。

---

① 陈嘉震：《阮玲玉女士》，《中国电影女明星照相集》1934年第1卷第2期。
② 陈嘉震：《记阮玲玉》，《电影画报》1934年第16期。

王人美的银幕开篇作是《野玫瑰》。陈嘉震评价她,"以活泼的表情和成熟的演技震动了中国的影坛"①。这样的评价对于初登银幕的王人美来说,自然是"惊人"的;而对于王人美主演的《渔光曲》,陈嘉震则直接称其"在世界影坛上也得着一席的地位"。王人美"那顽皮那活泼那天真",被陈嘉震鲜活地归纳为一个"野"字②。"天真活泼的顽皮气"遂成为陈嘉震为王人美拍摄时刻意捕捉和呈现的一面。而且王人美个性气质的"野"也得到媒体与影坛认可,1937年《青青电影》发表的"电影演员印象记",作者直言"几乎是不能磨灭的,王人美在我的印象中,永远是停留在十五六岁年令(龄)中的孩子"③。充溢着野性泼辣是王人美在"八大女明星"中独异的个性,也是陈嘉震在拍摄王人美时所着力捕捉的。

而陈燕燕则和王人美的个性截然相反,陈嘉震把她的气质界定为"娇"——"是可爱的乳燕,是美丽的小鸟",有一种年轻人"所特殊爱悦的神情"④。虽然从《南国之春》到《大路》,陈燕燕拍摄十多部卖座的影片,成了当红影星,但她爱骑马、爱画画、爱文学,就是不爱交际,是电影圈里难得的自爱之人。在电影圈打拼多年,陈燕燕"始终以没落的封建家庭中之小姐型取悦于观众"⑤。所以,陈燕燕"娇"的个性无时无刻不洋溢在戏里戏外,及陈嘉震的镜头里。

徐来(图90)喜交际、擅歌舞,被《北洋画报》称为"东方标准美人"⑥,她在"一二·八"事变后走上银幕,从《残春》一路演到《华山艳史》《泰山鸿毛》《到西北去》《女儿经》等,被推许为"最有希望的新艺人"⑦。徐来之所以迅疾获得认可,陈嘉震

---

① 陈嘉震:《王人美女士》,《中国电影女明星照相集》第1卷第1期。
② 陈嘉震:《联华四乔》,《艺声》1935年第2期。
③ 《记王人美》,《青青电影》1937年第3卷第3期。
④ 陈嘉震:《陈燕燕女士》,《中国电影女明星照相集》第1卷第6期。
⑤ 陈嘉震:《联华四乔》,《艺声》1935年第2期。
⑥ 《"标准美人"徐来女士最近影》,《北洋画报》1933年第19卷第927期。
⑦ 陈嘉震:《徐来女士》,《中国电影女明星照相集》第1卷第4期。

有一个说法,"美丽,是给她抬头的极好机会,是处处给她占足了便宜"①。

图 90　徐来女士（陈嘉震摄）

图片来源:上海良友图画印刷有限公司出品《中国电影女明星照相集》1934 年第 1 卷第 4 期。

袁美云在所谓"八大女明星"中,是陈嘉震的第一个拍摄对象;也可以这么说,正是从袁美云这里,陈嘉震真正开始走出他"明星摄影家"的关键一步。袁美云也依凭陈嘉震之力,跻身"八大女明星"之列。后来袁美云与陈嘉震产生情感纠葛,对陈造成"致命"打击,此为后话。不过,如果说王人美是只可爱的"野猫"②,那么袁美云在陈嘉震笔下和镜头中则是一朵美丽无瑕的"流云"。对于袁美云,陈嘉震极尽赞誉之词,甚至说出这样的话,"被誉为人间天堂的杭州,

---

① 陈嘉震:《记徐来》,《电影画报》1935 年第 17 期。
② 鹦哥:《你知道不:王人美绰号野猫》,《汉口舆论汇刊》1935 年第 17 期。

对中国银坛的唯一贡献，就是这位现身银幕即充主角的袁美云小姐。她有处女的天真和超人的艺术，优越的天才和娴静的个性"①。袁美云的电影演艺事业从《小女伶》《中国海的怒潮》，一路走到《琴心波光》，确实广收美誉，陈嘉震在折服于她的天真灵秀之个性时，还由衷地考赞她"好学不倦，对人诚实，没有一些儿摩登姑娘的恶习"②。陈嘉震的单纯忠厚，也由此可见一斑。

关于黎明晖的摄影，何佐名、严次平有一篇文章曾经提到，"小妹妹"黎明晖非常喜欢拍照，记者去拍照，她很高兴，而且"拍了她几张后，她常常会请你拍几张她女儿的照片的，或是母女俩合影"③。也正如陈嘉震记载，黎明晖从小被当成男孩子养，长大后在家里还被叫作少爷，甚至在小学里，简直没有人知道她是一个女孩子，出演《小厂主》之后，才获得"小妹妹"称号。黎明晖出演的《女人》这部片子，被陈嘉震称为"一部新写实的成功杰作"④。陈嘉震拍摄的黎明晖人像摄影也多健朗、洒脱，动感十足，与其他女星照相比较，黎明晖个性鲜明，有些镜头确实颇有些男孩子气息。

叶秋心（图91）《青春之火》公演后，陈嘉震评价她是美化的商标——"长长的个子，圣玛利亚般的脸儿，更使人作幻想的对象"的样子了⑤。叶秋心无疑也是一个"凝脂水滑"的东方"模范美人"，这是陈嘉震对她的概括。

除此"八大女明星"外，陈嘉震的女明星摄影也都一以贯之其善于捕捉人物个性的高超技能和艺术感悟力。比如黎灼灼的"热"、黎莉莉的"甜"⑥，都是他对拍摄对象气质个性的独到认知与摄影呈现所在。陈嘉震认为，"拍一个人的照片最低的限度要认清楚一个人的个

---

① 陈嘉震：《袁美云女士》，《中国电影女明星照相集》第1卷第5期。
② 陈嘉震：《袁美云女士》，《中国电影女明星照相集》第1卷第5期。
③ 何佐名、严次平：《关于女明星们的摄影》，《万影》1936年第5期。
④ 陈嘉震：《黎明晖女士》，《中国电影女明星照相集》第1卷第8期。
⑤ 陈嘉震：《记叶秋心》，《电影画报》1934年第8期。
⑥ 陈嘉震：《联华四乔》，《艺声》1935年第2期。

性与特点"①。这可以被看做是他拍摄女明星的美学思想。在这个意义上说,陈嘉震的人像摄影是"意在画先"的。

图91　叶秋心女士（陈嘉震摄）

图片来源：上海良友图画印刷有限公司出品《中国电影女明星照相集》1934年第1卷第7期。

二　新闻纪实摄影

陈嘉震在成为"知名明星摄影师"之前,已经拍摄过很多新闻摄影照片。当他经张沅恒介绍进入《良友》,而且因为扬名于电影圈,明星——尤其是女明星摄影掩盖了他摄影记者身份,更让人忘记他起初是拍摄新闻或纪实摄影的。因此,关于陈嘉震的摄影,还有一个很重要的方面,就是新闻纪实摄影。尤其值得关注的是,陈嘉震是中国体育新闻摄影报道的前行者之一。

1931年5月,第15届华北运动会在济南山东省体育场召开,陈嘉震对这场运动会进行了拍摄,并把一些作品寄给《良友》画报,在

---

① 陈嘉震:《我对女明星底拍照谈》,《摄影画报》1936年第12卷第11期。

1931年《良友》第59期发表"华北运动会"系列摄影报道，如《百米二百米第一刘长春》《国术比赛摔跤冠军宝善林》《于秀兰百米终点》《女子垒球决赛》《朱天真跳高姿势》等；在第60期发表"在济南举行之华北运动会"系列摄影报道，如《短跑名手刘长春》《开幕礼各选手绕场巡行》《女子排球冠军北平队》《女子低栏竞技之写真》《网球女将梁佩瑜女士击球姿势》《华北运动会职员合影》《满载而归：辽宁选手凯旋留影》等作品。在陈嘉震的体育新闻报道中，有一个人物特别有历史意义，就是中国第一个参加奥运会的选手刘长春。1933年10月，第五届全国运动大会在南京召开，陈嘉震又特意从济南赶往南京拍摄，并在此遇到《良友》画报在南京采访这场运动会的摄影记者张沅恒，两人因摄影而订交，陈嘉震这才结缘于《良友》，并在1934年成名于《良友》主编马国亮的赏识与栽培。张沅恒后来也成为《良友》主编，这是后话。

同时期，从事体育新闻摄影报道的还有中国第一个摄影团体——北京光社的第一位女会员金耐先，以及魏守忠、陈昺德等摄影家。金耐先拍摄并报道过1930年在杭州举办的第四届全国运动会，作品发表于《图画时报》；魏守忠、陈昺德的体育摄影报道则见诸《良友》1931年第55期、第60期。

根据1927年上海知名摄影玩家林泽苍考证，"'摄影记者'之名称，创自中国摄影学会"[1]。据此可以判断，"摄影记者"名称在中国的出现应该是1925年前后。在此之前，从《点石斋画报》到20世纪20年代，"照相馆为新闻照片最大之出产处"[2]，比如"华商照相馆之兆芳汇芳及亚张，所摄之新闻照片多供外国报张之用，中华、心心、宝记及汇山照相馆所摄新闻照片，则多为时报馆专摄"[3]。也是在此时期，一些商业媒体开始着意培养自己的专职摄影记者。因此，从这个意义上说，陈嘉震不仅可以说是早期中国新闻摄影记者，而且是最早

---

[1] 林泽苍：《新闻摄影之商榷（一）》，《良友》1927年第18期。
[2] 林泽苍：《摄影记者指南（五）》，《中国摄影学会画报》1927年第88期。
[3] 高维祥、林泽苍：《秀珍摄影良友》，中国摄影学会1926年版，第167页。

一批从事体育摄影报道的新闻记者。

不仅进行体育新闻摄影报道，陈嘉震也进行体育新闻文字报道。比如1933年9月23日、26日、29日，10月1日、5日，陈嘉震连续在天津《大公报》发表《山东运动员访问记》系列采访报道；其他如1933年8月28日《大公报》发表的《中华全国体育协进会召集全国代表大会》，8月21日《第十八届华北足篮球赛明年一月在济举行》等，则属于消息、简讯类报道。

除了体育报道，陈嘉震的新闻摄影报道还涉及灾情报道。比如1933年《良友》第81期，连续刊发其"黄河水灾"摄影报道《大溜激流时状况》《以石料及麻袋建筑之大堤》等；在《新中华》1933年第19期发表"黄河水灾"摄影及文字报道《河务局抢险情形》《用麻袋柳梢抢成之险工在黄河桥附近》。其他一些属于动态消息类摄影报道，如《蒋主席赴辛庄阅兵》（《新闻报图画附刊》1930年第5期），《在济南车站鹄候冯玉祥南来之韩复榘》（《时代》1933年第11期），《上海市长吴铁成在市府大门前植树情形》（《摄影画报》1934年第7期）等颇有代表性。

另外，陈嘉震拍摄的两大专题报道很也很值得关注。一是《上海街头文化》（《良友》1934年第103期），这个专题把上海街头市井百态、人事物象尽情展现，具有社会纪实色彩。二是《如此上海》（《良友》1934年第89期）。如果说《上海街头文化》呈现的是本土化上海街头，那么《如此上海》则是另一个视角、另一番景观——租界内的国际形象：荷兰菜馆坠着霓虹灯的风磨；德国饭店游荡着日耳曼的气息；美国电影充斥着西洋的光影与放荡；土耳其浴室、法兰西水兵，以及走在吴淞路上，恍如走进东洋日本的迷茫……陈嘉震的这两个纪实摄影系列，真实地记录了文化、政治、军事激荡时代，大上海异化的场景。

三　风光摄影

中国早期的风光摄影，属于美术摄影的一部分；当然，人像摄影也可以纳入美术摄影。比如，郎静山的画意摄影即以不同风光摄影照片进行创意"拼贴"而成。陈嘉震的风光摄影在其短暂的创作生涯中,也是颇值得关注的。根据目前已经发现的史料看,1931年到1935年,陈嘉震的风光摄影可以分为泰山、黄山及其他摄影。

泰山摄影方面,以1931年陈嘉震发表在天津《大公报》上的《游岱记感》为代表,文中配"南天门""一天门""云步桥""水帘洞""回马岭""云海""斗母宫"等多幅风景照片;1933年发表于《时代》的《泰山观日记》亦属此类,内中配发"岱庙唐槐""岱庙汉碑""泰山旭日""泰山之松"等多幅照片。这些作品气象恢宏、苍劲,光线层次分明,颇有文人山水画格调。风光摄影,尤其是人文地理摄影,一向也被看成是"文人画式的摄影"[1],体现文人志趣和物我神游的意境。陈嘉震的泰山摄影,尤其是"泰山之松"和"泰山旭日"两幅,已经把这种意境透过镜头呈递出来。

陈嘉震的黄山摄影,以1934年发表于《良友》第90期的《黄山云海奇观》系列为代表(图92)。登临黄山之巅,观诸壑波涛汹涌,如铺满浓絮,雾来顷刻、弥漫无际,壮观令人振奋;峰巅数松环绕,人坐松下,对望奇峰云山,浮云之志顿生。陈嘉震所拍摄的黄山图像,放在早期中国美术摄影行列,也称得上典范。1934年,《良友》主编马国亮在《旅行杂志》上发表《黄山纪游》文章,文中提到他此次黄山之行是应东南五省交通展览会浙省建厅之邀,"同行者有郎静山,陈万里,叶浅予,钟山隐,罗谷荪,徐天章,陈嘉震等"[2]。钟山隐在其《黄山揽胜归》一文中,亦证实此行确系此八人同行[3]。同行八人中,至少马国亮、郎静山、陈嘉震各自拍摄了一定数量的黄山风景照。尤其是郎静山,之后还把不同场合下拍的两幅黄山照片合成了他著名的《春树奇峰》集锦照相[4],传达了中国传统画论之"气韵"观与郎静山摄影美术观的相通。同样,黄山山崖之峻拔,峰峦之奇幻,云海

---

[1] 李树峰:《摄影艺术概论》,文化艺术出版社2018年版,第216页。
[2] 马国亮:《黄山纪游》,《旅行杂志》1934年第8卷第11期。
[3] 钟山隐:《黄山揽胜归》,《美术生活》1934年第5期。
[4] [美]巫鸿:《聚焦:摄影在中国》,中国民族摄影艺术出版社2018年版,第232页。

山峰之孤耸,以及松石之嶙峋,也强烈地震撼了陈嘉震,他的黄山摄影系列充满氤氲之气,呈递出一个青年摄影家对山川风物动态而幻化的图像审美追求。

图 92　黄山云海奇观(陈嘉震图文)

图片来源:《良友》1934 年第 90 期。

陈嘉震的其他风光摄影,如 1934 年发表于《时代》的《崂山》,1934 年发表于《良友》的《烟雨中的西湖》,1935 年发表于《摄影画报》的《天目奇松》,1935 年发表于《摄影画报》的《排山倒海》等,都具有鲜明的艺术特色。比如《排山倒海》两峰对峙,视角独特,透过山峰形成的倒立三角构图,云雾涌贯而入,填满了画面,形成黑山、白雾的视觉效果;引领观者从山谷穿行至云雾之巅;看的过程,精神或人格也随着视线提升,从而走向山川、雾岚与人的融合,映现出青年摄影家陈嘉震不同凡俗的艺术感悟力。而且很值得玩味的是,陈嘉震的《崂山》与郎静山的《庐山》发表在同一期同一页《时代》杂志上,这也从一个侧面说明二者在摄影风格和图像美学上的相似与相恰。

　　陈嘉震的摄影《烟雨中的西湖》，远景为淡淡起伏的山脉，中景为湖中贯穿的堤岸，提上绿荫笼罩，与远山云雾渐远渐依；前景湖岸飘扬的垂柳，柳荫下几叶轻舟划过，画面恬静柔和；构图铺展巧借传统山水画"平远"透视法，"自近山而望远山"，以视觉效果的"有明有晦"[①]，突破了摄影空间的层次结构；而且此幅照片的前景，实际上起到一个前衬作用，借以衬托远山的苍茫与湖上烟岚。陈嘉震曾明确提出，"摄风景，最好有着前衬"[②]，这个提法可以看做他拍摄风光照片的一个美学理念。

　　陈嘉震的风光摄影，从图像审美视角看，与同时期的众多美术摄影家相比，并不逊色，只是明星摄影家的光环遮蔽了他在风光摄影上的成就。尽管陈嘉震的很多明星摄影与他的风光摄影一样，可以纳入到美术摄影中，但是风光摄影中所呈递的审美志趣与明星摄影毕竟相去甚远。如果说陈嘉震的风光摄影体现了个人的精神畅达；那么，他的明星摄影则映照了一个时代视觉消费的欲望凝视。陈嘉震在明星摄影方面也有自己"秘诀"与认知。

第三节　陈氏明星拍照法

　　20世纪30年代的上海，是中国电影成长发展重要时期，国片在这一时期快速发展；影星，尤其是女电影明星在大众文化市场是一道崭新的风景。这个时期，活跃在电影圈内外，为电影明星拍照的，除了沪江照相馆这样的专职商业照相机构，还有很多热衷于电影明星摄影的个人。比如《万象》摄影记者何佐明，就曾为袁美云、陈燕燕、黎莉莉、黎灼灼、徐来、顾兰君、顾梅君、袁绍梅、英茵、谈瑛、周璇、童月娟、胡蓉蓉、龚秋霞、白露、胡萍、刘莉影、叶秋心、卢翠

[①] 郭熙：《林泉高致》，参见倪志云《中国画论名篇通释》，上海人民美术出版社2015年版，第247页。

[②] 陈嘉震：《我的摄影经过》，《文华》1931年第26期。

兰、梁赛珍、梁赛珠等一众电影女明星拍摄过各类照片①。根据 1939 年《青青电影》杂志刊发的一篇文章介绍，20 世纪 30 年代为明星拍摄的就有宗维赓、陈嘉震、何佐明、杜鳌、穆一龙、秦泰来等摄影人，其他如卢施福、蒋炳南、吴印咸、徐肖冰等后来成为摄影大家的人，也涉足过电影明星摄影。

《青青电影》杂志刊发的这个文本，基本厘清了早期中国电影明星照片拍摄者的身份来源，并分其为五种：第一种人是专门的电影明星拍摄人，比如宗维赓。宗早年专门拍摄电影明星，而且介入很深，"以前追求过王人美和黎莉莉"②。第二种人是小开，基本指老上海话里的"富二代"，这些人拍摄明星照片主要是玩。第三种人是专业摄影记者，最具代表性的当属陈嘉震，他以《良友》《图画时报》《时代》等期刊摄影记者身份，拍摄大量明星照片，尤其是女明星照片；陈耀庭，明星公司摄影记者；杜鳌，一个喜欢玩的摄影记者；以及吕智元、张文杰等。第四种人是摄影家或艺术家，比如穆一龙，画家，闲暇时，摄明星照片玩玩；汪石羊，香港摄影名家，也拍摄电影明星照；吴印咸也应该算一位，徐肖冰刚出道，此时算不上摄影艺术家。第五种人出身于照相馆，最具代表性的是何佐明，他谙习暗房工作技术，转型非常成功。

何佐明拍摄明星经验丰富老道，他还与严次平合作发表过《关于女明星们的摄影》一文，梳理明星照相心态，分其为本真型、挑剔型、主动型、被动型等。

本真型如袁绍梅、黄耐霜、貂斑华等。比如貂斑华，素有"照片明星"雅号，"她在拍照前不大化妆，而她很会选择拍照的地点和背景，拍照时她喜欢把头一低，嘴一努，右边的脸上做出一个酒窝儿来"③。貂斑华"头一低、嘴一努"曾被时论讥为模仿胡蝶，但她不事化妆，素颜出镜，确当得起"本真"二字。黄耐霜的本真更有意思，她"本来面目是黄黄色彩的脸儿，平时一些也不化妆，穿着青布的旗

---

① 《介绍本刊特约摄影记者何佐明君》，《万象》1936 年第 4 期。
② 编者随笔：《闲谈明星照片摄影人，为专刊而写》，《青青电影》1939 年第 4 卷第 17 期。
③ 何佐明、严次平：《关于女明星们的摄影》，《万影》1936 年第 5 期。

袍，并不漂亮，她已是少妇的风韵了，一种自然的美态，很惹人疼爱"①。黄耐霜的"本真"是自然美态之流露。挑剔型以胡蝶、陈燕燕、范雪朋等为代表，她们爱惜自己的美颜、高度重视化妆。陈燕燕照相第一须经先生黄绍芬或妈妈同意；外出拍照，黄绍芬必定随侍在侧，而且"拍她倩影时候，你的镜头位置得放高些，她喜欢拍特写镜头，不太喜欢拍全身的"②。主动型者如高倩苹、顾梅君、顾兰君、黎明晖等热情欢迎摄影记者：高倩苹是明星圈里著名的"喜鹊儿"，记者到访必亲自相迎，青布旗袍，不加修饰，拖着拖鞋，随性聊天；顾梅君、顾兰君姐妹对记者"有求必应"，家里养很多鸽子，她俩就像快乐的鸽子；童月娟是摄影发烧友，常玩弄"来卡"相机；黎莉莉则掌握拍摄主动权，拍摄时从心所欲。王人美（图93），或许是受丈夫金焰影响，不太喜欢照相，属于被动型。

图93　王人美女士（陈嘉震摄）
图片来源：上海良友图画印刷有限公司出品
《中国电影女明星照相集》1934年第1卷第1期。

---

① 何佐明、严次平：《关于女明星们的摄影》，《万影》1936年第5期。
② 何佐明、严次平：《关于女明星们的摄影》，《万影》1936年第5期。

不过，在当时所有拍摄女明星的摄影家中，陈嘉震无论在拍摄数量，还是艺术水平上，都是最突出的，他创作的《中国电影女明星照相集》，是同时代其他明星摄影师无法超越的，也是中国摄影史、电影史上的重要收获。陈嘉震虽然英年早逝，却积累了丰富的拍摄经验和与电影女明星打交道的技巧；这些经验和技巧被他行之于文字、刊布于报章杂志，对于研究美术人像摄影和电影女明星发展史，都有重要的文献价值和史料意义。归纳起来，陈嘉震的电影女明星拍照法则有几个方面。

一 理念：爱摄影能抓个性

这里其实是两个方面的含义。第一点，即对摄影的热爱。陈嘉震在《我的影星照片拍法》一文中，开笔即直言自己对摄影术的痴狂，"有时候很愿意去牺牲一切的，放弃自己的职务，都去给人家摄影，在学校里的时候，常常会看开麦拉而受到旷课的处分"[1]。热爱、甚至爱到痴与狂，是做成一件事、成就一件事功的前提，是一个人功业成就的铁律。陈嘉震因为与父亲和继母不睦，15岁即离家到济南半工半读、求学谋生，一切费用全靠自己去挣，经济拮据和生存艰难可想而知。尽管如此，他省吃节用，自己购买了一架Kodak照相机，可见热爱之深。那个时代玩摄影的人非富即贵，或出身于仕宦门第，或来自商贾之家，或为大学教授。虽然其父做过县令，但是陈嘉震玩摄影时，却是一个穷苦潦倒、奔命于江湖的少年。也是从那个时候起，陈嘉震的摄影观逐步形成，"当我认识了摄影机而未能得到的时候，每当游玩名山大川或在晓日夕阳之中，没有一次不想这些景物，永远地现在我的目前，除了图画和摄影之外没有办法，这两种艺术比较起来，不用说是摄影逼真而便利。我把摄影的艺术认为记录的最好工具了"[2]。苦难使人早慧，少年陈嘉震对于摄影已经有了比较

---

[1] 陈嘉震：《我的影星照片拍法》，《摄影画报》1936年第9期。
[2] 陈嘉震：《我的摄影经过》，《文华》1931年第26期。

深入的认知。

关于第二点,是对于拍摄对象的认知,陈嘉震在大量拍摄实践中形成了自己独特的看法。他在一篇自己颇为得意的文章《给女星拍照的秘诀》中,几乎是从理论高度,把生理上同为女人的女明星与"女人"做了区别,提出两者的三个不同:第一,女明星周围有的是替她捧场的,既有公司宣传员为她鼓吹,照相馆里又有她的 Post Card(明信片);第二,女明星在社会上有特殊地位,有地位的人难免有架子,所以不能减低身价随便给人拍照;第三,女明星交际多,时间宝贵,也没有闲工夫给人拍照。这其实是在理论层面,阐述了陈嘉震关于女明星拍照的基本理念,即"女人不容易对付,女明星更不容易对付,拍女人照片难,拍女明星照片更难"[①]。也正是在这样的理念之下,陈嘉震的女明星拍照可以说是兢兢业业又战战兢兢。所以,给女明星照相,首先要了解女人,更要了解作为明星的"女人",抓住其不同个性,是给女明星拍照要修的第一门功课。关于这一点,前文中已有过阐述,此处不再重复。

二 性格上:有韧性且爱交际

作为一个摄影记者,尤其是一个为明星拍照的记者,陈嘉震认为记者本人的个性应该是有韧性且爱"交际"的。先有情感上对摄影的热爱和对女明星群体的理性认知,必然会有行动上的执着。陈嘉震拍照女明星的一个"秘诀",就是学会老着脸皮毛遂自荐,寻找机会为明星拍照。比如,当陈嘉震初到上海,有一次到联华公司去"玩",巧遇陈燕燕在拍戏,于是他一不经朋友介绍,二不告知当事人,抓起相机就拍,直惹得一旁的黄绍芬(陈燕燕丈夫)板起脸呵斥"你拍的够了吗?"[②] 窘是窘了些,但只要能拍到,陈嘉震不在乎。以后陈嘉震与陈燕燕夫妇非常熟悉,知道了陈燕燕有一副好脾性,但也知道她确

[①] 陈嘉震:《给女星拍照的秘诀》,《良友》1934 年第 95 期。
[②] 陈嘉震:《我的影星照片拍法》,《摄影画报》1936 年第 9 期。

实不爱交际，不十分相熟的人要拍她的照片非常麻烦。可想陈嘉震在联华初拍陈燕燕是多么冒失，但陈嘉震拍摄女明星的韧性也通过此事可见一斑。

1934年拍摄《中国电影女明星照相集》，更显示了陈嘉震身上的那股坚韧。陈嘉震不仅年少，而且当时初入上海，没有什么名气，像胡蝶、阮玲玉这样的大牌明星根本不把他放在眼里，甚至陈嘉震与胡蝶在一家电影公司做同事时，胡蝶也懒得和他打招呼①。胡蝶本来不大高兴拍照，且因与沪江照相馆有代言之约，除了沪江，更不愿让他人拍照。但陈嘉震并没有知难而退，而是采取"外围破防"策略，先从名气小的袁美云入手，最后把拍摄好的照片呈给胡蝶看，才得到认可，得以完成"八大女明星"拍摄，成就自己的"摄影江湖"地位，赢得"摄影大王"的名号。

谈到女星们的拍摄，陈嘉震的系列文章《随星日记》里，透露了另一个重要秘诀，那就是"爱交际"。其实陈嘉震为人忠厚，就其性格而言，很难与"交际"、与电影圈勾连在一起；他初到上海时，就有朋友直言相告，"上海的地方是不容易带（待）的，因为你太老实，不够顽皮"②。就连谈恋爱，陈嘉震也"太老实"，最后才酿成与袁美云、貂斑华交往中的被动、屈辱，甚至落到了"萃精青年""待死疗养院"③ 的悲惨结局。但是情感路上屡遭重创的陈嘉震，在摄影路之路上却一点也"不老实"，他与影星的交往，显示出极强的交际欲望和交际能力。他和黄绍芬、陈燕燕夫妇经常驱车奔行于霞飞路④；在胡蝶、潘有声家品尝广东小菜；在梅琳家点评家厨做的新汤；在黎明晖家交流牛肉的上海烧法⑤。玩弄胡蝶可爱的狮子狗；逗惹金焰、王人美夫妇又高又大外表可怕、内心温柔的猎犬⑥。他尤其喜欢

---

① 陈嘉震：《我的影星照片拍法》，《摄影画报》1936年第9期。
② 陈嘉震：《给女星拍照的秘诀》，《良友》1934年第95期。
③ 《陈嘉震待死疗养院》，《世界晨报》1936年8月9日。
④ 陈嘉震：《随星日记（一）》，《电声》1935年第4卷第23期。
⑤ 陈嘉震：《随星日记（二）》，《电声》1935年第4卷第24期。
⑥ 陈嘉震：《随星日记（五）》，《电声》1935年第4卷第27期。

约上三五明星到江湾、到唐池游泳，然而狂歌而归①。如此等等，充分展现了陈嘉震作为摄影记者的交际能力，这也是陈嘉震赢得女明星好感，获得拍摄机会的"秘诀"所在，比如他拍摄的众多女星泳装照、生活照都是在"朋友聚会"中完成的。

三 技法上：不妨古怪精灵些

陈嘉震在摄影技法上一贯"不老实"，很有些古怪精灵的想法和手段。尤其善于在拍摄角度、构图设计、光线使用和景别处理上进行创新，形成一套女明星拍摄技巧，把女明星拍得更好看。根据陈嘉震自述，他从小就有一个毛病，就是事情总要做的古怪一些。比如他在齐鲁大学读书时，跟老舍先生学做小说，就很喜欢用"特别的句子"，被老舍先生幽默地劝诫，"假使你已是成名的作家，那倒是成了一种作用。可是你现在还得学别人的时候，别人不用的句子你还是少用"②。但是陈嘉震"好古怪"的"毛病"并没有改，拍照片也不拘常规，喜欢把镜头摆的古里古怪。而且这种"古里古怪"的镜头，也确实能够拍出来很美的画面；比如一向不怎么喜欢拍照的陈燕燕就很喜欢，称赞陈嘉震"不好看的人一上你的镜头都变了美人"③。而且陈嘉震自认为，他的"古里古怪"不规则构图，能够把胡蝶照片拍得比她本人更好看些。

前文分析陈嘉震的拍摄题材时，概括过他的最大特点是善于捕捉拍摄对象的个性特征。这个思想在实际拍摄中，就成为一个摄影"实践秘诀"。比如，在陈嘉震看来，胡蝶的面部构形有两个比较明显的缺陷，一是脸部比较宽，二是嘴唇比较厚。虽然陈嘉震自信用自己"古里古怪"的构图能把胡蝶女士拍得比本人更好看些，无奈胡蝶并不喜欢陈嘉震那些不规则构图；于是，在拍摄上头脑灵光的陈嘉震又摸索出了一套好方法，"胡小姐的脸部最好把镜头放得低一点，平面

---

① 陈嘉震：《随星日记（四）》，《电声》1935 年第 4 卷第 26 期。
② 陈嘉震：《我的影星照片拍法》，《摄影画报》1936 年第 9 期。
③ 陈嘉震：《我对女明星底拍照谈》，《摄影画报》1936 年第 12 卷第 11 期。

的拍也不坏，侧面和低镜头的拍摄，就会显得太胖"①。而且，陈嘉震把"对付"胡蝶的这个技法用在黎莉莉身上，同样取得很好的效果。黎莉莉的面孔是"甜"，然而拍在照片上，她的面部表情并不完美；于是，陈嘉震继续摸索，最终找到了如何照出黎莉莉"甜"的手法，"最好的方法是把镜头对准她的半侧面，要她笑，因为她的笑最美。"②陈嘉震准确抓住每个影星的个性气质，展现其生活的不同侧面，施以巧妙视角，布局合适光线；而且他还特别善于选择使用前衬景物，把风光摄影技巧引入到人像摄影中来，比如他为袁美云、陈燕燕拍摄的《春郊试马》（图94），柳枝为前景（作为前衬视角和物象），映衬自然春意中青年女子的烂漫，把风光摄影中的前衬与人像摄影巧妙融合，获得新异的审美效果。陈嘉震"精灵古怪"的拍摄手法和思维背后，实际上还是源自他对摄影、对职业的爱重。

图94　陈燕燕（左）袁美云（右）春郊试马（陈嘉震摄）

图片来源：《中华（上海）》1935年第33期。

四　审美上：照出来东方气质

对于拍摄女明星，陈嘉震喜欢说一句话，就是"对付女明星老实

---

① 陈嘉震：《我对女明星底拍照谈》，《摄影画报》1936年第12卷第11期。
② 陈嘉震：《我对女明星底拍照谈》，《摄影画报》1936年第12卷第11期。

一点"①。此话从字面意思看，似乎意为不可太顽皮，更不能揩女明星的油。但实则此话大有深意。陈嘉震虽然在他主持的杂志上多次介绍西方女明星及其照片，但在自己的拍摄中，他却非常"规矩"，从来没有胡乱照搬、移植西方女明星摄影的做派。

陈嘉震拍摄的《中国电影女明星照相集》共分八册，每册一星，内中照片王人美24张、阮玲玉21张、叶秋心19张，其他胡蝶、黎明晖、徐来、袁美云、陈燕燕都是22张。半身照和全身照所占比例差距不大；多为摆拍，少量抓拍的生活照；人物衣着多为旗袍或休闲装，旗袍居多，偶有运动衣装。这些女明星人像摄影，无疑当属人像美术摄影，也基本围绕着唯美与时尚大主题风格来拍摄。

所谓唯美，主要表现在两个方面，一个是气质上具有典型的东方女性情调，人物呈现基本为淑女型；鲜有当时其他摄影或电影杂志中，好莱坞女星奔放暴露之态。另一个是服饰上以当时女星比较常穿的旗袍为主要着装，映衬女明星的东方气质，具有浓郁民族色彩。

时尚的一面，在摄影中出现的主要元素如汽车、球拍、泳装、时装等。这些都是当时最具代表性的时尚标识，是都市生活的"表征性"物象。但是，那些比较有意味的画面，如身着传统旗袍的袁美云俯身在车头灯上；一身旗袍的阮玲玉怀抱网球拍等，却显示出传统东方元素与现代性场景在上海"洋场"的奇妙融合。王人美的时装与钢琴，胡蝶的运动装与骏马，倒是更显时尚的纯粹，但此类作品在陈嘉震的明星摄影中算不上"主流"。陈嘉震的女明星人像摄影或唯美、或时尚，但拍摄对象给观者的视觉印象是，虽风姿绰约但端庄淑良或烂漫率真。

李欧梵曾以《玲珑》杂志照片为例，阐述中西女明星照相背后的美学差异，"从《玲珑》杂志的范例看来，那些亮丽的好莱坞明星照无一例外地展现着对身体的狂热崇拜——浓妆艳抹的脸庞，半遮半掩的身体以及最经常裸露着的双腿。相比之下，中国著名影星像胡蝶、

---

① 陈嘉震：《给女星拍照的秘诀》，《良友》1934年第95期。

阮玲玉等的照片除了露着双臂之外,身体都藏在长长的旗袍里。这种根本性的区别表达了一种不同的女性美学"①。20世纪30年代,电影女明星登上月份牌或电影杂志,引领了新的都市文化,也表征了女性媒介形象再建构的新行为美学。

最后一点需要提及的是,陈嘉震女明星摄影"秘诀"相关文献还有一个重要的学术价值,比如《随星日记》系列中,陈嘉震以"田野"调查的方法,实录了女明星的日常行为、性格、交游、婚恋,与观众的互动、参与社会活动,甚至购物消费等经验材料,这对中国电影女明星个案研究,电影发展史研究都具有史料贡献,值得做内容分析。

第四节　欲望化观看

中国早期人像摄影,尤其是明星照片,在其发展中经历了多种功能的转换。陈嘉震拍摄的电影明星照片,尤其是女明星照片,在20世纪前半叶中国人像摄影发展中地位独特。这不仅是因为它们有独特的审美价值,更值得关注的是,它们呈现了20世纪30年代上海都市文化和商业文明的繁荣,以及视觉现代性下图像观看中的欲望化凝视,和审美消费的景观化表达。

一　明星照消费溯源

1912年,年方十八岁的梅兰芳(字畹华)名扬梨园,成为当红明星,之前他本有一头乌黑垂膝长发,眉目娇俏;这一年6月15日,梅兰芳断发,并自题小像,"梅畹华剪发初影,民国元年六月十五号"。这幅照片的文字是对联式的,上联"民国元年",下联"六月十五号",横批"梅畹华剪发初影"。艺术史学者巫鸿先生认为,"照片的这种题词格局和像主的半身形式都反映了图像的公众性,因此北京和

---

① 李欧梵:《上海摩登:一种新都市文化在中国(1930—1945)》,毛尖译,北京大学出版社2001年版,第110页。

上海的许多照相馆将其在橱窗中公开展示便不足为奇了。梅兰芳对于民国政策的公开支持得到进步媒体的赞赏，而他的无辫发式也影响了当时的风尚"①。如果说梅兰芳的断发照是一种言志，其消费色彩尚比较隐晦；那么，到20世纪20年代末和30年代，包括梅兰芳在的明星照片则已经成为显在的视觉消费对象（图95）。梅兰芳及当时其他电影明星的肖像摄影广告引领了消费潮流。中国明星照片消费的兴起具有"内在谱系"的相似性，这种相似性可以追溯至晚清上海市民社会的畸形繁荣与近代大型商业媒介的勃兴。

图95　梅兰芳《良友》代言广告

图片来源：《良友》1928年第33期。

---

① ［美］巫鸿：《聚焦：摄影在中国》，中国民族摄影艺术出版社2018年版，第158页。

首先，明星摄影消费的兴起与中国市民社会繁荣密不可分，市民社会发展推动了图像消费。就江南而言，19世纪60年代，由于太平天国在南京定都，在与清军反复交战中，江南各地受战乱影响，社会结构出现巨大变动。1864年3月12日《伦敦新闻画报》一篇图像新闻里，报道了曾经繁华的昆山，战乱后已成一片废墟，"没有人愿意出钱去修缮它们。在那些变得荒芜的开阔平原上人就更少了，昆山周边的一些田地又重新长出了植物，那些以前有人勤劳耕种并收获粮食的田地，现在完全被野草和灌木丛所覆盖，成了野鸡和其他动物的掩蔽所"①。如此背景下，从江南大户到普通百姓，纷纷避难四方，其中相当多的人拥进上海。于是剧烈动荡中，上海吸纳了巨量新财富和新人口。

这些涌入上海的人口，富贵者经历战乱，更加急于乐享人生；贫困者在新环境中急于得到谋生出路。新的财富和人口，必然催生新的生产与消费活动；近代市民文化在上海萌生并很快蓬勃发展起来，茶楼、酒肆、妓院、剧院等大量增加，上海由此成长为当时中国最繁华的娱乐场，冒险家乐园。逐渐走向消费化的上海，妓女是其中一个重要群体。1872年，上海县令陈其元想移风易俗，就发起调查，欲掌握上海"风俗业"的情况；经过调查发现，上海租界竟然有妓院一千多家登记在册。陈其元在《庸闲斋笔记》中，对此曾有记述，兹照录如下，"租界为英、法、美三国分踞，一切公事，归华洋同知暨三国事会同办理，除命、盗案外，地方官不复与闻焉。夷夏揉杂，人众猥多。富商大贾及五方游手之人，群聚卅处。娼寮妓馆，趋风骈集，列屋而居，倚洋人为护符，吏不敢呵，官不得诘，日盛一日，几于花天酒地矣。余摄县事时，欲稍稍裁抑之，而势有不能。常饬洋租地保密稽之，盖有名数者，计千五百余家，而花烟馆及卤水妹、淡水妹等，尚不与焉。女闾之盛，已甲于天下。乃自同治纪元后，外国妓女亦泛海而来，

---

① 沈弘编译：《遗失在西方的中国史——〈伦敦新闻画报〉记录的晚清》，北京时代华文书局2014年版，第501页。

搔首弄姿,目挑心招,以分华娼头缠之利。于是中外一家,远近群屦冶游之士,均以夷场为选胜之地,彼洋人渔中国财者,亦可谓无所不至焉耳"[1]。众多妓女中,一些思路活络者,率先成为照相馆顾客,照相馆也很愿意把妓女们的照片悬挂起来,以招徕客户。

因此,人像摄影以上海为新市场,从起初的普通人像照,转到重点服务于社会名流、妓女等新消费群体。而且,悬挂妓女照片也成为照相馆的新时尚或者招牌,众多寻芳猎艳客到上海来,通过照相馆内悬挂或出售的妓女芳照,即能物色到心仪者。李默庵《申江杂咏》里就写一首这样的竹枝词,其词曰:"显微摄影唤真真,较胜丹青妙如神。客为探春争购取,要凭图画访佳人"[2]。这首竹枝词很能反映上海十里洋场当年以照片为媒介,持玉照寻访"佳人"的新视觉消费景观。

其次,是近代大众传媒,加速了明星照片消费勃发。"大众传媒是一种权力资源,是可以有力影响、操纵并变革社会的手段和工具。"[3] 不过,其时的人像摄影到妓女照,并没有特别露骨的"色情"呈现,因为前去照相的妓女,要"借债添衣饰钿环",其服饰装扮还是很正统的,她们往往以上层仕女面目示人,"借债添衣饰钿环"也无非是掩饰自己低下的身份和职业。所以这个时期的人像摄影,就妓女这一块而言,她们无关"风俗",只谈消费,她们是时尚界消费代言人。随着妓女不断应顾客需要,出入社交场合,私家园子,比如上海张园,妓女们用自己的物质消费,及身体被消费,参与了中国早期公共空间建构。

到了20世纪30年代,在大众媒介推动下,如陈嘉震先后在《良友》《青青电影》《时代》《艺声》《电声》《电影画报》《摄影画报》等媒体上通过明星剧照,日常生活照,尤其是女明星的照片,把电影

---

[1] (清)陈其元:《陈其元·游泰西花园记,庸闲斋笔记》,中华书局1989年版,第248—249页。

[2] (清)李默庵:《申江杂咏·照相楼》,参见顾炳权编著《上海洋场竹枝词》,上海书店出版社2018年版,第88页。

[3] Denis Mcquail,*Mass Communication Theory*,Sage Publications,1994,p.1.

明星，尤其是如胡蝶（图96）、阮玲玉、袁美云等女明星，打造、包装成大众文化消费符号和审美图式。2012年，一位90岁的老人还能回忆童年时老家江苏南通一个小县城里，胡蝶剧照铺天盖地的情形，为"还原现场"，照录此文如下：

图96　胡蝶代言"力士香皂"广告

图片来源：王天平等编著《民国上海摄影：海派摄影文化前世之研究》，上海世纪出版集团2016年版。

当年在南通、如皋一带，民间还流传着"胡蝶美，蝴蝶怪，飞来飞去，没有哪个不喜爱"的童谣。我小时候家宅租住在偏僻的邢家巷，居然街头巷尾都竖着胡蝶的大广告牌。广雅楼朝南正面有张胡蝶硕大的"玉照"，她一双眼睛妩媚动情，炽热飞扬，"广告语"无声胜有声，亲昵得如同春风般撩拨人心："请相信我这个胡蝶小妹妹介绍的商品吧，我决不会玩骗术，损坏自己的舞台形象！"我小学毕业那年，因为过于痴迷胡蝶，还跟随父亲专门去了一趟上海。面见胡蝶当然不可能，只有在旅馆里写封信，挂号寄给她。想不到后来竟然收到了胡蝶的回复，尽管寥寥几个字，夹赠的那张"玉照"却使我欣慰了几十年，我也由此一直关注了她几十年。①

这篇回忆里，老人多次提到胡蝶的"玉照"。其实20世纪30年代中国电影业走向成熟，大批明星，如胡蝶、阮玲玉、徐来、陈燕燕等广受追捧，电影明星也成为视觉消费符号和市民文化繁荣表征。

二 "消费"女明星

通过上面简单梳理，对上海20世纪30年代女明星的欲望化消费轨迹，就会看到一个比较清晰的路径。也正是在这个进路下，有学者认为，明星摄影是晚清妓女摄影的延续②。明星摄影，尤其是女明星摄影，与妓女摄影有着千丝万缕的联系，这个说法能够成立，因为首先明星和妓女的人像摄影，都是为了让人观看的。其次，明星和妓女摄影，都是商业摄影重要组成部分，照相馆在20世纪早期，已经分别使用妓女和明星照片作为招牌。但是，从更深层面去解读，如前文所述，中国20世纪30年代的明星照片，及早期妓女人像摄影都是以时尚面目示人，它们更多地代表着近现代都市视觉消费的现代性转向。

大众社会明星照片消费，首先体现在影迷索求明星照的强烈。《青青电影》曾推出"中国明星照片展览会专刊"；伍联德在《明星照片展览会前言》里，有一段回忆很有说服力，"记得好久之前吧，胡蝶曾这么对我说过，'我收到的影迷信，不下十几万封，有羡慕的，有热情的，有尊敬的，有诙谐的，有无聊的……待我宝藏起来，有机

---

① 东美口述，徐珂整理：《影星胡蝶的奇闻趣事》，《钟山风雨》2012年第2期。
② 曾佩琳：《完美图像——晚清小说中的摄影、欲望和都市现代性》，见李孝悌编《中国城市生活》，新星出版社2006年版，第403页。

会时,整理一下,开个展览会,一定洋洋大观,轰动一时的"①。陈嘉震也在其《随星日记》(三)里,用大段篇幅叙述、记录"女明星送照片种种",比如陈燕燕的影迷来信,由其夫黄绍芬打理,来信所为只有两事,一为求陈燕燕签名照片,二为求会面;胡蝶则专为代签照片雇了一名书记;梁赛珍三姐妹的代签代送照片由其父亲代理,而且只给女影迷照片,男影迷一概不送;袁美云更有意思,来信附上邮票的回复快,不附邮票就看心情了,多半是要遗忘的②。凡此种种,足见女明星们应付影迷求取照片的繁忙和无奈。因为要应付影迷,影星们难免也会向摄影师索要照片。比如,与陈嘉震有过情感纠葛的袁美云、貂斑华对摄影师索要照片的态度就很不相同:袁美云啰里啰唆,拍起照来拖泥带水,要起照片来搅七捻三搅不清楚;貂斑华则决不敲摄影师的竹杠,不要一张照片,只要求照片在杂志上发表出来,然后自己出钱买杂志送人③。那么,影迷出于什么样的心理对于索取明星照片,尤其是签名照片如此热衷呢?

第一是明星照片被需求的"社会文化心理"。在男子中心社会里,女子得不到尊敬和重视,却能被追求。这种被追求是爱慕也好,玩弄也好,女子终究是被人关注的。然而,在路上、在集市上,终究是满目男子,女子比较难寻,即便有女子看到,有教养的人,也不至于死命盯着女人的脸去看,男人们在路上看女人,终究是"走马观花"。因此,"欲求看的真切,於是女人的像片,便成了男人'验明正身'的对象"④。这是对明星照片需求的"文化"与社会原因。

第二是明星照片的欲望化凝视。一篇署名"礼实"的文章《明星照片的利用》,道出了这个"秘密"。照相馆老板作为商人,出于商业敏感,对男人的"弱点"把握准确,"把一些漂亮女性的照片,摆在

---

① 伍联德:《明星照片展览会前言》,《青青电影》1939 年第 4 卷第 17 期。
② 陈嘉震:《随星日记(三)》,《电声》1935 年第 4 卷第 25 期。
③ 陈嘉震:《我对女明星底拍ã谈》,《摄影画报》1936 年第 12 卷第 11 期。
④ 礼实:《明星照片的利用》,《一四七画报》1947 年第 11 卷第 8 期。

窗橱中做广告。所以社会上有一句谚语:'倒霉上卦摊,xx 看像片'。"① 这个"xx"就颇耐人寻味了,这个"xx",无疑是指代男人对于女性照片的情色想象。最能让男人在与照片的朝夕晤对中满足其情色想象的,莫过于女明星照片;因为和普通女子相比,女明星是大众情人,有被任何人欣赏把玩的义务。男人们把女明星像片买到手里,拿回家中,跟黄脸婆一对比,黄脸婆本来脸黄,一比更黄;日夕间看看女明星照片,男人的情色想象就被满足了。男人们把电影女明星当老婆,只可惜明星太少,爱女明星者太多,即使实行配给制度,也分配不过来的,只能通过购买、索取女明星照片来满足男人这种对于"情色"的想象性需求。

据此在回过头来思考,就不难发现,明星照片(尤其是女明星)的市场滥觞,确实有着浓厚的情色欲望在背后推动,这也旁证了前文提到的"(女)明星照片是晚清妓女照片延续"之说。

三 作为媒介的明星照

分析陈嘉震在女明星摄影上获得巨大声誉的根源,需要从媒介学角度进行考量。首先,摄影、电影、画报三大媒介的出现,是陈嘉震女明星摄影成功的技术背景和所存身的媒介生态。这三个媒介的出现及其大众化传播,把人们的视觉消费带入影像观看时代,影像直观逼真的视觉呈现,震撼了人们的视觉体验。尤其是摄影照片,能够把转瞬即逝的画面定格为固定不移、可以反复观看、凝望的对象。这种巨大的魅力是《点石斋画报》以来,图像景观的重要转场。而女明星作为这种新影像景观的凝视核心,契合了市民社会大众视觉消费的欲望化投射。如陈嘉震为其"女明星照相集"写的口号一样,大众就是一群"被星迷"的人(图97)。因此,在20世纪30年代前后,《良友》的封面女郎、《玲珑》《青青电影》《电影画报》《电声》《艺声》,甚至《紫罗兰》《礼拜六》《上海画报》等媒体或以新女性、女明星为封

---

① 礼实:《明星照片的利用》,《一四七画报》1947 年第 11 卷第 8 期。

面、封底，或以其生活、演出为主打书写内容，遂成为最时尚的消费景观。

图97 献给被星迷的人——陈嘉震

图片来源：《影星照相集》，影星照片社出版1935年第3期。

同时，女明星照片也在经历媒介化转变过程。在这个过程中，作为媒介的女明星照片可以为画报、杂志等印刷媒体带来巨大的商业利益。因为作为公众人物和时尚引领者，明星的一举一动都会引起人们的关注，把明星照片结集出版或作专题刊出，必能刺激报刊销售，满足影迷消费需求；也正是在这样的商业驱动下，陈嘉震的《中国电影女明星照相集》才得以问世。而作为进入公共空间被传播与消费的视觉对象，女明星也以其"玉照"实现对自我形象的推介与建构，满足其成名想象。最有说服力的证据，如陈嘉震拍摄"八大女明星照相集"时,袁美云还是个小角色,借助这套"照相集"她才得以与胡蝶、阮玲玉等更大的明星"同框";陈嘉震去世后,舆论对袁美云谴责的强烈,原因也正在于此。至于貂斑华则甘愿做一个"照片明星",就连陈嘉震本人亦直言,"她拍起照来到很有点表情美,可是拍起戏来简直笨的要命,她喜欢拍照片还在拍影片之上"①。故此,女明星愿意借助大众传媒推广自己的照片,另外即便苦于应付,还是会把签名照片送给影迷。也正是在这个意义上,陈嘉震才提出明星和记者都是有社会地位的,彼此相互利用而已,对明星要保持一颗平常心,不可有"野心"②。

从媒介学视角来分析陈嘉震这里提到的"野心",也可以从两个角度去解读:首先是不要对女明星拍照寄予太高的奢望,随缘而拍,不可因为拍摄丢了自己的身份;其次是不可对女明星的身体过于"贪婪",不能为达到强烈的市场传播效果,而走向情色歧途。所以,尽管女明星凹凸有致的身材、漂亮的脸蛋往往会成为男性影迷满足欲望投射的需要,索取女明星照片成为不断反复投射欲望想象的重要路径,但是陈嘉震女明星照片中,很难找到有关"色情",甚至性感的直接呈现。他在消费市场的欲望化需求和传统公众道德之间进行了巧妙平衡,即便如胡蝶等人的泳装照,也没有过分的身体暴露:只此时尚、无关情色。当时中国大众传媒对女明星照片谨慎的态度,之所以与西方同时期好莱坞女明星媒介形象的"性感""肉感"呈现不同,与媒体所处的文化环境密切相关,这用福柯的话语理论来解释,会更容易说的清楚。

福柯提出过"知识型"概念,用以指称文化演进中那些不同知识或学科领域共有的、规定人们建构知识的思维及实践方式,它以文化基本代码形式(如语言、知觉框架、交流、技艺、价值、实践层级等)作为知识构型,"为每个人设定了种种经验秩序"。这种秩序作为

---

① 陈嘉震:《我对女明星底拍照谈》,《摄影画报》1936 年第 12 卷第 11 期。
② 陈嘉震:《给女星拍照的秘诀》,《良友》1934 年第 95 期。

物的内在规律和据以存在的依据,"默默等待着自己被陈述的那一刻"①。文化基本代码在福柯话语理论中,就是"先在秩序",等待着被陈述;或者说,当一个事物或事件作为对象进入一个特定历史空间时,这种作为话语的"先在秩序"就以文化基本代码的方式自动打开,对进入的对象进行界定。陈嘉震的电影女明星摄影,或者说女明星照片,出现在中国文化语境内,尽管是在商业化、市民化发达的上海,依然受到传统的"先在"经验秩序制约和规训。因此,不可能平移好莱坞式的女明星照片"制式",而且即便有,也会受中国传统文化"先在秩序"的抵制。发生在1925—1926年的上海美专"裸模"事件,距离陈嘉震及他的女明星拍照并不遥远,就是一个典型案例。

据刘海粟年谱记载,1925年9月26日,上海闸北市议会议员姜怀素在《新闻报》和《申报》发表呈北洋政府段执政、章教长、郑省长请禁裸体画文,矛头直指刘海粟的上海美专,"近年来裸体之画,沿街兜售,或系摄影,或系摹绘,要皆神思其真,青年血气未定之男女,为此种诱惑堕落者,不知凡几。在提倡之者方美其名为模特曲线美,如上海美术专门学校竟列为专科,利诱少女以人体为诸生范本……造恶无量"。因此,"今为正本清源计,欲维沪埠风化,必先禁止裸体淫画;欲禁淫画,必先查禁堂皇于众之上海美专学校模特儿一科;欲查禁模特儿,则尤须严惩作俑祸首之上海美专校长刘海粟"②。此事虽然经过孙传芳调停,姜怀素还是以《刘海粟为模特儿事致孙陈函》中使用"招摇""狼狈""不学无术"等词句,侮辱其个人名誉,起诉刘海粟,刘海粟被法庭判罚50元(图98)。而且经过法租界及同道中人说和,刘海粟被迫自1926年6月30日起,暂时不使用裸体模特③。回到人体摄影,在同一时期,摄影家郎静山等人尝试拍摄人体,也都是偷偷摸摸,搞得紧张莫名。

---

① [法]米歇尔·福柯:《词与物——人文科学的考古学》,莫伟民译,上海三联书店2016年版,第6页。
② 袁志煌、陈祖恩编著:《刘海粟年谱》,上海人民出版社1992年版,第72页。
③ 袁志煌、陈祖恩编著:《刘海粟年谱》,上海人民出版社1992年版,第80页。

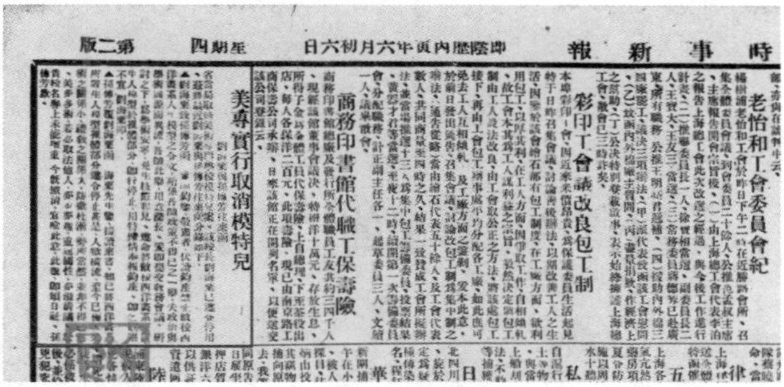
時事新報　即陰曆丙寅年六月初六日　星期四　第二版

老怡和工會委員會紀

彩印工會議改良包工制

商務印書館代職工保壽險

美專實行取消模特兒

图 98　上海时事新报报道美专“裸模”事件

图片来源:《时事新报(上海)》1926 年 7 月 15 日第 10 版。

这就是陈嘉震和他的女明星们所在媒介空间的“先在秩序”。当陈嘉震的女明星摄影进入这个空间中时，“先在秩序”必然会自动打开，对他和他的女明星照片生产尺度进行界定。应该说，陈嘉震的女明星摄影也很好地遵循并把控了这个尺度，从而获得市场和“先在秩序”的双重认可。

陈嘉震女明星摄影的成功，也诠释了摄影术、照相机作为现代性媒介与视觉生产技术，城市画报作为当时的城市新媒体，两者互为载体，对早期中国电影造星的巨大驱动。在这个意义上说，作为在 20 世纪前半叶在人像摄影、新闻摄影和风景摄影等方面都做出积极尝试，且取得不凡成绩的陈嘉震，不论在中国摄影史，还是在中国电影史上，都应该给予客观公正，理性科学的评价，得到其应有的历史地位。

浙籍摄影家中，还有一位海宁的朱天民(1917—2010)，也以擅人像摄影著称；而且朱天民亦曾为众多电影女明星，如周璇、白杨、黄宗英、王丹凤、秦怡以及袁雪芬、王文娟等戏剧演员拍照；且和陈嘉震一样，朱天民的人像摄影善于捕捉人物性格。不过，朱天民所拍摄的明星人像，多在 1949 年后；限于课题研究时限设置，关于朱天民的人像摄影，本章存而不论，只个案研究生活及其摄影活动发生在 20 世纪前半叶的“摄影大王”陈嘉震。

第四章　摄影里的"江南地方"
——黄笃初个案

在马运增等人编著的《中国摄影史（1840—1937）》中，把浙江吴兴县（今浙江湖州）黄笃初发起创办的"黄鹄摄影研究社"列入中国早期"有较大影响"的摄影团体①。

黄笃初（1909—1990），湖州南浔双林镇人。南浔作为一个韵味深长的江南古镇，也是商业繁盛、人文荟萃之地，早在明代，大名鼎鼎的富商沈万三即出自南浔。至今市井依然有所谓南浔"四象""八牛""七十二狗"之说，即以家族财产多寡论，百万财产以上者为"象"；如前面提到过的"南浔四象"之刘、张、顾、庞，其中刘家的银子据民间传闻高达两千万之巨。五十万至百万为"牛"；二十万至五十万为"狗"。如此可见南浔人之善商、富庶。近代以来，南浔更是人才辈出，除了前面提到的出生于南浔丝商巨贾之家的政治人物张静江，文学之士如著名诗人、散文家、翻译家徐迟，还有前述之摄影大家刘旭沧、罗光达。在南浔双林镇，除了有本章要关注的"地方"摄影家黄笃初，该镇还出了一个与黄笃初是舅甥关系的左手书法大家费新我。

在中国早期摄影创作者中，黄笃初是个"小人物"，即便在浙籍摄影家中，其"名头"既不如徐肖冰、罗光达，更比不上郎静山。这首先是因为黄笃初的摄影价值尚没有得到充分开掘，而且受制于摄影

---

① 马运增、陈申等：《中国摄影史（1840—1937）》，中国摄影出版社1987年版，第173页。

史书写范式，他也没有引起研究者太多关注。但是，黄笃初的"江南摄影"却在浙籍摄影家中非常独特，在地方遗产保护与开发中，具有极其重要的文献价值；而且黄笃初本人在摄影艺术上也多有探索，其作品的艺术审美很有个性，是早期中国摄影中"江南认同"的典范。同时，作为早期中国民间摄影团体创立者之一，黄笃初于中国摄影发生、发展有"开拓"之功，具有个案探究的学术价值。

如果从"江南"地方认同视角，来研究早期中国摄影图像的文献价值和审美实验，那么与黄笃初同一时期的舒新城，已经拍摄并出版了《西湖百景》及《美的西湖》；杭州的"二我轩""活佛"照相馆也分别推出过《西湖各景》《浙江西湖风景》等纪实类风光摄影①，对于地方复现与城市遗产保护皆有贡献。浙籍摄影家蒋炳南拍摄的《绍兴东湖》（《唯美》1935年第6期）、《苏州名园狮子林》（《东南日报画报》1935年第92期），以及刘旭沧、邵卧云等人拍摄的江南风光纪实，在艺术审美之外，也同样具有文献价值。不过，舒新城的摄影局限于西湖，且不在"浙籍摄影家"范畴，蒋炳南、刘旭沧的此类摄影属于偶尔为之，目的是为"造美"或"仿山水"。黄笃初与之不同之处在于，拍摄之初，他即有非常明确的为地方留存"记忆"之意图。据黄笃初之子黄晓帆先生记述，其父去世前曾嘱托，这些照片"将来会有用的"，要善加保存。黄晓帆整理出黄笃初留存照片559幅，题材涉及"古迹、山水、交通、都市、园林、农家、商贾、工业、灾情、民俗、服饰、体育、教育、风情等十多个方面。地域广阔，不仅限于双林、湖州的人文风貌，还记录了那个时代杭州、苏州、无锡、常熟、嘉兴、海宁、宜兴、江阴、吴江等环太湖长三角地区城市、农村的民生民情"②。黄笃初摄影中的"江南旧影"，如古迹、都市、园林、民俗、服饰、风情等，对于当下城市化进程中的遗产保护、历史街区开发，及乡村复兴中的地方复现，及至"江南认同"等，无疑是极其珍

---

① 马运增、陈申等：《中国摄影史（1840—1937）》，中国摄影出版社1987年版，第87页。
② 黄晓帆：《尘封大半个世纪的江南旧影》，见黄笃初《江南旧影》（1927—1937），杭州出版社2009年版，第1页。

贵的"物质性"依据。

第一节 何处是江南

分析黄笃初的江南摄影,首先需要明确一个概念:江南。

一 "八府一州"

早在 1991 年,李伯重提出过江南"八府一州"说,认为"就明清时代而言,作为一个经济区域的江南地区,其合理范围应是今苏南浙北,即明清的苏、松、常、镇、宁、杭、嘉、湖八府以及由苏州府划出的仓州"①。"八府一州"同属太湖水系,系内有一河二溪三江五湖,即江南运河,东、西苕溪;"三江"说法颇多,以扬子江、吴淞江、钱塘江居要;五湖则泛指区域内太湖及周边湖泊。水不仅充盈了江南的物理空间,也是江南的眼睛,孕育了江南的民人与文化。北宋词人王观有《卜算子·送鲍浩然之浙东》一阕,其词说:"水是眼波横,山是眉峰聚。欲问行人去那边?眉眼盈盈处"。这阕卜算子,写活了江南的灵秀:江南,水样般温婉的女子。

南朝梁文人丘迟受命修书劝降陈伯之,留下一篇传世佳作《与陈伯之书》;该文最为人乐道之处,在其以江南故国风物诱发陈伯之的"共情"。其词曰,"暮春三月,江南草长,杂花生树,群莺乱飞。见故国之旗帜,感生平于畴日,抚弦登陴,岂不怆恨!所以廉公之思赵将,吴子之泣西河,人之情也,将军独无情哉?"最终"杂花生树、群莺乱飞"的美色与"高台未倾、爱妾尚在"的温馨,触动了目不识书的草莽陈伯之,他率众来归。江南美不胜收,古来赞叹之词俯拾即是,而关汉卿《南吕一枝花·杭州景》说的最干脆,"家家掩映渠流水,楼阁峥嵘出翠微。遥望西湖暮山势,看了这壁,觑了那壁,纵有丹青下不得笔"。"三吴都会,钱塘自古繁华",杭州尤其是"江南想

---

① 李伯重:《简论"江南地区"的界定》,《中国社会经济史研究》1991 年第 1 期。

象"的中心之一（图99）。

图99　杭州·西湖（董卫民摄）

江南所指涉的核心空间是具体的"八府一州"，但江南更是"由具体历史与地理的特殊性的特定人物、事件、论述、象征、记忆、想象与幻想，彼此交互作用而造成的。借用一个现成的说法，是一个想象的精神地域共同性，是一个超越经验与理性、融化概念与史识、打通大叙事与小细节的话语"[1]。因此，用福柯的话语分析理论看，江南既是一个物理空间，同时也是一种文化和记忆。具体来讲，它是一个被陈述所建构的知识"话语"。福柯用"话语"一词指称他曾经分析过的"疾病""疯癫"等"知识"或"观念"类型，把知识界定为"由某种话语实践按其规则构成的并为某门科学的建立所不可缺少的成分整体"[2]。把话语与知识的关系表述为：知识通过陈述，以一种能够展示秩序的符号进入话语，并成为话语的一部分。话语不仅建构了一个具有特定文化气质的"地方"，也形成了文化身份的认同；包含

---

[1]　胡晓明：《江南文化诗学》，上海人民出版社2018年版，第4页。
[2]　［法］米歇尔·福柯：《知识考古学》，生活·读书·新知三联书店1998年版，第236页。

着地方意识与地方情感，表征着希望、向往、回归、守望的地方情结，并作为"一个使已确立的价值观沉淀下来的中心"①，最终沉淀为以文化遗产为标识地方认同，行之于带有艺术、科学价值的历史建筑、街区等物质遗产，以及还包括沉淀于地方的生活规范、信仰方式等非物质遗产。

二 作为地方的江南

地方认同首先当识得"地方"的物质与文化，江南认同形成于魏晋南北朝时期。东汉末年，北方战乱频仍，北民大批南迁，江南封闭的大门打开，南北方文化开始交汇；晋室八王之乱，五胡乱华，永嘉晋室南渡，历史一路演进。《晋书·王导传》记载，中州士女避乱江左东者十六七②，东晋王朝也在风雨飘摇中起于建康。随着政治中心与门阀士族南迁，江南吴郡、会稽郡、吴兴郡等地人口大增；根据《晋书》与《宋书》记载对比，上述三郡人口从晋到南朝宋，人口分别从25000、30000、24000上升到50488、52228、49609③，增幅过半，为吴越文化兴发、繁荣提供了人口、人才、经济等必要资源支撑，江南文化也逐步从边缘走向中心，成为主流。随着北方衣冠风物萃聚于江南，流风所披，文化日兹。江南明净的山水和疏淡的安宁，与北地文化交融之后，魏晋名士风流于温润江南大地上催生了一个"文学的自觉"年代，也开启了江南文化的中国时代。当下学界主流观点认为，在中国政治上最混乱、人民最苦痛的年代，却进入精神自由、解放，充满智慧、热情的年代；这个时代的文化审美"表里澄澈、一片空明，建立最高的晶莹的美的意境！"④ 这个时期应该说是江南认同形成初期，也是"青春期"。

---

① [美] 段义孚：《空间与地方——经验的视角》，王志标译，中国人民大学出版社2017年版，第44页。
② 参见陈寅恪《魏晋南北朝史讲演录》，天津人民出版社2018年版，第104页。
③ 参见董楚平《吴越文化的三次发展机遇》，《浙江社会科学》2001年第5期。
④ 宗白华：《论〈世说新语〉和晋人的美》，参见《艺境》，安徽教育出版社2000年版，第73页。

史载，隋炀帝大业四年，即公元608年春正月，"诏发河北诸军百余万穿永济渠，引沁水南达于河，北通涿郡。丁男不供，始役妇人"①。大业六年，即公元610年冬十二月，"敕穿江南河，自京口至余杭，八百余里，广十余丈，使可通龙舟，并置驿宫、草顿，欲东巡会稽"②。江南运河的开凿，使京杭运河南北贯通，绵延在广阔的疆域上，不仅成为南北物资运输通道，更成为王命布达四方的传播载体。京杭大运河作为政治隐喻和皇权象征符号，在其贯通之始就被"赋权"，成为隋炀帝欲假江南运河"东巡会稽"、宣扬帝国意志的政治媒介。隋唐时期，江南文化走向成熟，但此时"金陵王气黯然收"，其文化中心已经从建康（南京）转移到了扬州，所谓"天下三分明月，二分无赖是扬州"。随着金灭北宋，江南文化核心在南宋时期转移到了临安（杭州），此时也是江南文化发展的顶峰，是江南文化认同最终形成时期。其实北宋时期柳永那首《望海潮》，已经提前为"烟柳画桥，风帘翠幕，参差十万人家"的临安作了描述，并期待"异日图将好景，归去凤池夸"。临安高度发达的城市生活和去政治化的市民消费社会兴起，在经济繁荣和政治相对稳定后，江南逐渐成为士人文化审美的精神家园，和心灵桃花源，江南文化认同亦在此进入成熟期。至明清，吴越文化本土特征得以确立，"才子佳人多于江鲫，丝绸、书画如花飞草长。柔、细、雅的文化个性，明清时期表现的淋漓尽致"③。江南作为地方的标识亦日渐"聚焦"。

比如，在京杭大运河最南端——杭州城北有一座桥，始建于明末，清雍正年间，浙江巡抚李卫命名为"拱宸桥"（图100）；并在《重建拱宸桥碑记》里说，"拱"乃拱手相迎之意，"宸"指帝王宫殿，是帝王的象征④。于是，这座高大的拱桥不再单纯作为杭州北门的地标，而是对皇权恭候和驯顺的象征符。这座桥也确实先后迎送了清康熙、乾隆二

---

① （宋）司马光：《资治通鉴》，中华书局1956年版，第5635页。
② （宋）司马光：《资治通鉴》，中华书局1956年版，第5652页。
③ 董楚平：《吴越文化的三次发展机遇》，《浙江社会科学》2001年第5期。
④ 徐吉军：《杭州运河史话》，杭州出版社2013年版，第188页。

帝前后11次之多，运河边曾经存在的"万寿无疆碑"，现今仍在的"乾隆坊""候圣驾"牌坊等，作为"可见"的场景与康、乾"南巡图"一起，把这种驯顺撒播于历史时空，成为江南记忆的一个标识物。

图100　杭州·拱宸桥（杨顺连摄）

那么，何谓"江南认同"？研究者把它界定为"由历史和文学共同催生的一种超越于政治承认主义、道德合法性以及宗教崇尚之上的文化心理，因而，'江南认同'也是一种文化诗学"①。文化被认为有三层含义，一是用来描述思想、精神与美学发展的一般过程；二是表示一种特殊的生活方式；三是描述关于知性的作品与活动，尤其是艺术方面的②。江南文化的构成除了政治文化之外，还有三个层面，即家族文化、商业文化和审美文化。本章以摄影艺术家为研究对象，政治文化不在考察范围之列，而且中国历来政治认同的重心以北方（中原、关陕）为主，无论是南京（建康），还是杭州（临安），历来被视为"偏安"的政治表征；而且本章所要阐述的摄影中江南认同，虽有关于辛亥时期的政治镜像，却非研究重心。故而，本章从三个方面对江南文化认同加以阐述：

---

① 胡晓明：《江南文化诗学》，上海人民出版社2018年版，第7页。
② ［英］雷蒙·威廉斯：《关键词——文化与社会的词汇》，刘建基译，生活·读书·新知三联书店2016年版，第152页。

审美认同。江南审美认同也从三分方面展开：一是风物。宋时，两首广为传颂的诗歌很具代表性。第一首就是林昇家喻户晓的《临安题壁》，"山外青山楼外楼、西湖歌舞几时休。暖风熏得游人醉，直把杭州作汴州"。这首诗历来被表征为"商女不知亡国恨"，实则如果把"直把杭州作汴州"的感兴，与"山外青山楼外楼"的"场景"结合起来解读，可以读到从自然风物中流淌的，是以临安（杭州）取代汴京（开封）的文化审美心理已经形成。第二首是白乐天的《望江南三首》，其中"江南好，最忆是杭州。山寺月中寻桂子，郡亭枕上看潮头，何日更重游"。充满对江南风物的依恋。白居易曾为《望江南》作注说"此曲亦名《谢秋娘》，每首五句"[1]。白居易的这首《望江南》，在江南风物的阴柔中，体现着江南文化审美女性化的精致婉约，这是江南文化审美认同的重要体现。在中国早期美术摄影兴起后，江南作为审美意象的摄影呈现，充分表达了这样阴柔精致的审美精神。山的清秀，水的灵性，作为江南山川风物的个性，遂成为重要的地方审美认同。

自由精神。江南文化认同的另一个构成是精神层面的"个性自由"。苏轼曾写有《书李世南所画秋景二首》，其中一首流传甚广，"野水参差落涨痕，疏林欹倒出霜根。扁舟一棹归何处，家在江南黄叶村"。"江南黄叶村"由此成为驾一叶扁舟归去，寻求精神自由之桃源的表征。在江南文化中，个性自由的绽放是真正的"奇葩"，也是它最为闪光，最令人向往的一面；它是江南认同的"风旗"，也可以被解读为最具风骨的江南意识。这既与其"偏安"的空间位置有关，也与"长于自治"的时间积淀相勾连，从而生发出"自治"与"自适"的精神气质，而异于北方"道德规约"下的审美气质。如梅尧臣笔下"不顾万乘主，不屈千户侯，手澄百金鱼，身披一羊裘……"啸笑江湖的严子陵；如徐文长"如嗔如笑，如水鸣峡，如种出土，如寡妇之夜哭，羁人之寒起……"的"匠心独出，有王者气"的任

---

[1] 彭东焕、王映珏：《碧鸡漫志笺注》，巴蜀书社2019年版，第215页。

情狂歌①。及至如孙绰登天台而达"浑万象以冥观,兀同体于自然"②的高邈之境。复归自然、个性超拔、卓然独立的自由精神和审美诗学,是江南文化认同的又一个标志。

家族文教。家族文教是江南文化区别于其他区域文化的重要元素。绵长的家族文教传统,构成江南人才辈出、文教不熄的文化景观,成为江南认同不容忽视的一面。魏晋之际衣冠南渡,士族门阀对文学与门风的重视,被陈寅恪认为"夫士族之特点既在其门风之优美,不同于凡庶,而优美之门风实基于学业之因袭"③。门风与学业表现为家风与家学,这两个方面构建了江南家族文教传承。士人之家重视学术、文学,文学之士,故多出自士族之家。因此,江南的家族文学家、诗人就成为一个"地方性"表现,如江南家族诗人群,钱起、钱珝;章孝标、章碣;顾况、非熊等。而且家族诗人家学渊源亦十分深厚,据景遐东考证,金华张志和兄弟,"家学渊源乃道学与文学",因此"志和兄弟的高蹈避世,潇洒江湖,是有家学背景的"④。家族文教另一个物质标志,是江南藏书家族与藏书楼。仅就浙江而言,知名的就有宁波天一阁、湖州陆氏皕宋楼、杭州丁氏嘉惠堂等。这些家族藏书楼文献丰赡,保证了家学永续的良好传统。而随着城市化兴起和商业繁荣,市民社会逐渐形成,家族文教里还有一个重要的形态也在逐步形成,那就是家族实业的兴起与传承。从崇尚人文,重视文学、教育,到推崇实业,江南家族文教一脉相传,型构起典型的地方认同标志,近代江南经济文教繁荣及以海派文化为代表的"新"江南文化崛起即与此紧密相关。

三 摄影里的江南

近代以来,江南作为现代性视觉审美题材被发现和传达,需要从

---

① 袁宏道:《徐文长传》,参见刘琦编注《袁中郎随笔》,中华工商联出版社2016年版,第280页。
② 孙绰:《游天台山赋》,参见赵达夫主编《历代赋鉴赏辞典》,上海辞书出版社2017年版,第376页。
③ 陈寅恪:《唐代政治史述论稿》,上海古籍出版社1997年版,第71页。
④ 景遐东:《江南文化与唐代文学研究》,《复旦大学》2003年第4期。

两个视角来"观看"。首先是来自"他者"的观看和视觉表达的现实主义呈现。比如 18 世纪末期至 19 世纪中期鸦片战争爆发前,作为江南重要"地方"的杭州大运河区域文化,首先开始走向世俗化、城市化,其图像因书写主体和媒介技术变迁,经历了从写实性绘画到摄影术"写真"转变。

1. 西方视角下的视觉江南

这是一幅 230 年前英国人威廉·亚历山大绘制的运河图像(图 101),西方画师对杭州大运河的世俗化写实。江南作为图像在近代的出现,西洋画师对晚清帝国的媒介化视觉表达,在鸦片战争爆发后出现一个高潮,比如英国的《伦敦新闻画报》从 1856 年开始,向中国派遣特约画家兼记者,他们根据目击到或采访到的事件,发回其国内大量图片和文字报道,其中还有中国各地风土人情、文化传统、社会状况等信息。法国的《小日报》《笑报》等,则从中法战争开始关注晚清时局,留下 100 多幅彩图。

图 101 杭州城外的运河和寺院(威廉·亚历山大绘)

图片来源:沈弘《城记·杭州:1793—1937 遗失在西方的杭州记忆》,北京时代华文书局 2019 年版。

比如杭州大运河,西洋画师关注更早。早在 1793 年 11 月,在北京被乾隆皇帝匆匆打发的英国东印度公司马戛尔尼使团来到京杭大运河南端的杭州，随团画师威廉·亚历山大绘制了杭州城外的运河，和运河边的寺庙等速写，成为"第一个为后人留下西湖（杭州）写生画的英国画家"①。同一时期，荷兰东印度公司使团美籍荷兰商人范罢览、使团翻译小德经等，也留下了杭州运河的水彩与速写图像。

1894年，美国《哈泼杂志》派遣作家、画家到江浙地区大运河沿岸体验、考察。画家韦尔登在杭嘉湖平原考察时，画下具有浓郁地方文化特色的杭州运河景观。比如韦尔登笔下杭州运河上装饰精美的客船，就为100年前大运河上的漕舫船留下真实图像。他的"运河边一个茶馆"，不仅把百年前运河边上茶馆的窗型、瓦当、幌子等细腻地描画出来，还完整呈现了运河里住家船的准确样貌。韦尔登的另一幅画"用鱼鹰捕鱼"（图102），把大运河上渔民驾小舟携鹰捕鱼的场景描绘下来，保留了运河上古朴的生活景象。其他如"运河边上的一个凉亭""杭州运河上的一座小桥"等，小桥、凉亭、青石板等，清晰展现晚清浓郁的杭州大运河景观。韦尔登与亚历山大等西方画家的杭州运河图像，不仅满足了西方读者的信息需求和"异域关怀"，也为晚清时期的杭州运河文化留下了图像史料。

近代摄影术媒介对杭州大运河城市化也进行了"写真呈现"。鸦片战争爆发后，杭州大运河地方的图像书写遭遇技术"入侵"——西方人借助1839年诞生的摄影术，再一次对其进行图像生产。运用摄影术的，首先是西方传教士和身份各异的摄影师，如外交官、商人、学者等。摄影术下杭州大运河图像书写主要有两个方面：一是异国文化景象在杭州城市记忆中的形成，比如基督教在杭州的传播与视觉影像，传教士"费佩德镜头下的杭州基督教会"，就涉及杭州最早被迫开埠地——拱墅区域的教堂建筑。二是杭州和浙江其他地方的视觉形象，被西方传教士和摄影师传布到世界各地，成为"大变局"时期杭州早期对外传播的媒介影像。其他如1917—1919年美国社会学家西德尼·

---

① 沈弘：《城记·杭州：1793—1937 遗失在西方的杭州记忆》，北京时代华文出版社2019年版，第2页。

图 102　用鱼鹰捕鱼（韦尔登绘）

图片来源：沈弘《城记·杭州：1793—1937 遗失在西方的杭州记忆》，北京时代华文书局 2019 年版。

甘博，也记录且向西方世界传递杭州大运河相关影像。

与此同时，杭州本土摄影也发展起来。根据 1942 年《申报》刊载的照相馆名录，（杭州）留春园、（杭州）二我轩赫然在列；其中留春园 1893 年 10 月开在杭州羊坝头直街柳翠津港口；二我轩"开业时间不详"，地址位于杭州湖滨路至平海路[①]。借助摄影术和新媒介载体，西方"他者"摄影师和本土照相师共同推动杭州图像书写转向，为其留下城市化"写真"。江南认同的兴发与社会动荡、人口迁移的"大变局"时期勾连在一起。相对于战火频仍的北方，"偏安"而"自由"的江南，成为寻求精神桃源的寄托之所。20 世纪前半叶，中国社

---

① 仝冰雪：《中国照相馆史》，中国摄影出版社 2016 年版，第 375—377 页。

会同样处在动荡不安、战火不断的年代，江南再一次被观察与呈现，并寄托着观看者的审美诉求和"地方"依恋；不过，这一次观看与呈现是通过摄影术，作为中国早期美术摄影出现的。

2. 早期摄影里的江南

摄影术自 1840 年前后进入中国，就引发摄影与绘画关系之争，关于摄影是否和绘画一样是艺术？摄影（照片）的写真性与艺术性争论在摄影家、美术家及学者中持续了半个世纪。比如 1924 年，顾颉刚为摄影家陈万里的《大风集》作序时，就提到陈万里的摄影思想是"从极不美的境界中照成它美"[①]。学者许士骐精于绘画，早年曾留学巴黎美术学院，深度考察过摄影与绘画的关系，他畅言摄影能够"取自然景物当其变幻之顷，具形于尺幅间，无毫末或爽"[②]。1926 年，刘半农提出摄影"消遣说""造美说"，为摄影作为艺术"正名"[③]。至此，中国美术摄影形成自己的独特话语，并作为文化基本代码而存在。这样的文化代码，既来源于早期中国美术摄影实践，也作为"先在秩序"话语推动着美术摄影创作。

除了本章将要重点分析的黄笃初和他的"江南旧影"之外，早期中国美术摄影里的江南呈现非常丰富，一是作为江南风物的山水景观。二是作为精神桃源的江南意象，三是作为地方标志的物理存留，这与"江南认同"是联结在一起的。因此，作为地方与文化的"江南"，本质上是一个话语；而被摄影所"陈述"的江南，也必然受制于江南地方的"先在秩序"。

第一类是作为江南风物的山水景观，表征的是审美诗学。如前所述，最早对江南风物进行拍摄且出售展出的，是清末民初杭州"二我轩"和"活佛"照相馆分别以照相贴册形式推出的《西湖各景》与

---

① 参见龙喜祖编著《中国近代摄影艺术美学文选》，中国民族摄影艺术出版社 2015 年版，第 131 页。
② 许士骐：《摄影与绘画》，《心声：妇女文苑》1923 年第 1 卷第 4 期。
③ 参见龙喜祖编著《中国近代摄影艺术美学文选》，中国民族摄影艺术出版社 2015 年版，第 173—196 页。

《浙江西湖风景》。第一个以西湖为题材进行专题拍摄的,当属出版家兼摄影家舒新城。1929年,杭州举办第一届西湖博览会,舒新城受中华书局委派,摄取西湖作品200余幅,最终选出100张,编《西湖百景》出版。1930年舒新城推出《美术照相习作集》,依旧选纳了部分杭州景观,被徐悲鸿誉为"皆疏忽瞬息之妙境也"[1]。而且舒新城至此还意犹未尽,在1930年冬,经徐悲鸿为其挑选出20张照片,辑录名为《美的西湖》出版,徐氏再为其做序,赞叹舒新城摄影"撷取造物"以尽"和美"的艺术性[2]。

　　第二类是作为精神桃源的江南意象,表征的是个性自由。以刘半农为例,作为"五四"新文化运动旗手,刘半农也是一位知名摄影家。在《谈影》一书中,刘半农提出了摄影的"写意",何谓"写意"?刘半农有很明晰的解说,"这并不是上海人喝了洗锅水坐马车游夜花园'写意东西'的写意,乃是要把作者的意境,借着照相表露出来。意境是人人不同的,而且是随时随地不同的,但要表露出来,必须有所寄藉。被寄藉的东西,原是死的;但到作者把意境寄藉上去之后,就变做了活的。意境是人人不同的,而且是随时随地不同的,但要表露出来,必须有所寄藉。被寄藉的东西,原是死的;但到作者把意境寄藉上去之后,就变做了活的"[3]。刘氏的"写意"摄影,本质在以附着于照片上的摄影家情感吸引他人的情感,从而引发共情、共鸣。而且他的作品题材,有意在中国传统画元素中寻找灵感,比如小桥流水、夕阳牧归等。1931年,在杭州刘半农拍摄了《西湖朝雾》,仿中国画卷轴形式,利用雾岚淡化背景,前景楼阁与湖面小舟若隐若现,而且以传统画的诗、书题笺,恍若一幅水墨画,空灵迷蒙,意境绵缈。

　　同样作为中国第一个摄影团体创始人的陈万里,在1930年拍摄了

---

[1] 徐悲鸿:《美术照相习作集》序,参见龙喜祖编著《中国近代摄影艺术美学文选》,中国民族摄影艺术出版社2015年版,第244页。
[2] 徐悲鸿:《美的西湖》序,参见龙喜祖编著《中国近代摄影艺术美学文选》,中国民族摄影艺术出版社2015年版,第245页。
[3] 刘半农:《谈影》,参见祝帅、杨简茹编著《民国摄影文论》,中国摄影出版社2014年版,第47页。

一幅《江山雪霁》图（图103），前景雪中萧疏的芦苇、远景山头微茫的雪盖，与中景湖岸汀州积雪的苍凉，构成疏朗、寂寥而高远的意境，是一幅"诗味隽永的摄影"①。20世纪前半叶，中国知名摄影家很多以江南，尤其以杭州为题材进行创作，均具有强烈的写意性，比如金石声的《古寺春回》、朱寿人的《严滩闲泊》，郎静山的《晓汲清江》《临流独坐》等画意摄影，皆满溢着浓重的江南意象。

图 103 江山雪霁（陈万里摄）

图片来源：《美术生活》1937 年第 34 期。

第三类是江南文化认同摄影，表现对作为地方标识的物理存留物

---

① 参见赵迎新《中国摄影大师》，中国摄影出版社 2017 年版，第 51 页。

之拍摄。比如1924年杭州活佛照相馆拍摄的《断桥残雪》《雷峰夕照》《龙井》等,虽然当时是以风景之名传世的,但因为这些图像是杭州作为江南"天堂"话语的重要构成部分,而具有了典型的"地方性",从而成为当今"地方复现"和城市文化遗产传承的重要依据。作为地方标识的物理存留物,此类作品中有一部分也保存了江南家族文教影像,是江南世家文脉延续和经济实学延伸的地方标识,也是江南认同的重要视觉表征。

黄笃初关于其家乡经济、文教的系列拍摄,是目前看到的最具系统性的摄影作品,这个话题在后文中详细展开。

第二节 黄笃初的"江南旧影"

黄笃初[①](图104)摄影活动范围基本上在环太湖流域,可以说是在江南核心区域内;其主要摄影活动集中在1927—1937年,是中国美术摄影发生和发展早期。黄笃初出生在一个江南丝绸商人之家,黄氏也属于双林镇上的望族。根据其子黄晓帆先生陈述,黄氏家族文教渊源颇深,其先祖黄和浦曾出任巡察御史,巡按浙江,系宋代大文人黄庭坚曾侄孙,又是大儒、理学家朱熹的外孙,黄氏家族称得上文教传家。而且传至黄笃初曾祖父黄芥孙时,黄氏家族开始转向经商。黄芥孙是文人,是有着精明商业头脑的儒商,他收购四乡蚕丝,加工成绸缎、绫绢,运销至杭州、上海、苏州、常熟等地;因家中排行老五,有闯劲,人称他"黄五独头";其双林所居之地,亦因黄、梁、吴三家聚居,而被称为"三姓里";黄氏经营的"黄顺泰"丝绸品牌也延伸至苏州、常熟以及上海等地[②],此足见黄氏家族在当时的影响力。

---

① 本章所使用的照片个别发表于民国时期《民众生活》《红玫瑰》《新嘉坡画报》《柯达杂志》等期刊,其余均来自黄笃初之子黄晓帆先生编著的《江南旧影》一书,杭州出版社2009年版,特此说明。

② 参见黄笃初摄,黄晓帆编《江南旧影——珍藏历史记忆(1927—1937)》,杭州出版社2009年版,第2页。

黄笃初早孤，17岁时就跟随两位叔叔奔走经商，做原料收购、仓储及委托加工、销售等。凭着祖上留传下来的基业和自己经商的获利，黄笃初有了从事摄影创作的经济基础。

图 104　采风中的黄笃初

图片来源：黄晓帆编著《江南旧影》，杭州出版社2009年版。

　　玩摄影是奢侈的，它需要一定的经济基础。中国摄影发生之初，基本上是照相馆专业人士搞摄影，普通人一般很少能够玩得起摄影。早期玩摄影的人大多非富即贵，基本都有比较殷实的家境，或稳定、可靠且比较丰厚的收入来源。比如欧阳慧铿，是晚清上海著名照相馆"宝记照相馆"创办人欧阳石芝之子，经济和摄影之学皆有所托；刘半农真正介入摄影活动及摄影研究时，已经是北大教授、导师；而郎静山则出生于仕宦之家，经济上没有羁绊；陈万里以北大医生身份参与中国第一个摄影团体——光社的创办；潘达微出生身于广东名门望族；胡伯翔、老焱若的父亲都是知名画家；金石声5岁时，其父在生意上获得巨大成功，玩摄影、留学德国，都不受经济制约；即便是投身革命，成为根据地第一个专业新闻摄影师的沙飞（司徒怀），也出生于商人家庭。优越的经济环境和成长空间，为他们介入摄影提供了保障；黄笃初同样有家族商业支撑，使其能够不为昂贵的设备费用劳心，可以相对自由地从事摄影活动，探索摄影艺术。黄笃初虽然集中从事摄影活动的时间不算太久，但他的摄影题材非常丰富，甚至称得上驳杂。依据其子黄晓帆先生编著的《江南旧影》一书，基本可以把黄笃初的"江南摄影"归纳为五个类型。

一　风光及静物

黄笃初的摄影以纪实为主，画面质朴，构图稳重，即便是照片的命名，也几乎都直接以所在地或拍摄物象直呼之；从发表出来的照片看，黄笃初摄影中属于美术摄影的并不是太多，大多数作品纪实性强，以呈递真实场景为主，诗意的或者刻意的诗学表达作品所占篇幅不多，而且即便是刻意纳入"美术摄影"的部分作品，他也不太使用同时期刘半农、陈万里、黄振玉等人倡导的"美术糊"。因此，同样是对江南的视觉呈现，黄笃初的作品风格显得质朴、纯粹，但这并不妨碍他在拍摄中对摄影的美学追求。

黄笃初风景摄影的审美性，体现在三个方面：一是具有早期中国美术摄影的共同特质，在摄影画面构图、光影使用上追求"画意"效果。代表性作品如《晚霞》（1929）、《风起云涌》（1936）、《平湖秋月之倒影》（1936）、《东岳庙雪景》（1937）（图105）……二是摄影气质方面，拱桥曲线、水乡溪野和舟楫远帆共同构成轻灵、清俊之格调，使黄笃初的作品和那些以"美术糊"为创作路向的美术摄影相比，成为一股画意"清流"。这样的作品如《双林虹桥港水道》（1930）、《白米塘桥》（1932）、《太湖帆舟》（1934）等。其三是构图大气、章法严谨。比如《双林东岳庙》(1932)，寺庙主体略居左，但右侧以一缓缓划过的舟楫来平衡；《双林水镜寺》(1934) 左侧庙宇及门前泊舟与右侧汀州上丛树对应，粼粼石漾作前景。两幅作品画面平稳、动静结合。其他如《双林墨朗河畔》(1930)、《双林石涤之大桥》(1931)、《无锡太湖"包孕吴越"及"横云"崖刻》(1934)、《双林八字桥庙会》(1936)、《东岳庙春雪》(1937) 等，前中后景清晰，上中下空间布局饱满，都是颇有气象的作品。此外，黄笃初的静物摄影善于捕捉细节，画面唯美，用光有层次感，观赏性很强，比如《春花》《玩狸》（图106）等。

图105 东岳庙雪景（黄笃初摄）

图片来源：黄晓帆编著《江南旧影》，杭州出版社2009年版。

二 地方景观

黄笃初的摄影中，最具地方认同意义的当属那些江南古迹，尤其是杭州、湖州等地的古迹影像，在当下"地方复现"与历史街区等文

图 106　玩狸（黄笃初摄）

图片来源：《中华（上海）》1934 年第 27 期。

化遗产保护和开发中已经发挥了作用。除了古迹影像之外，还有一些园林、农事及民俗方面的摄影作品，也极富文献价值。其中关于地方风物的，如苏、杭二城，《杭州西湖岳坟》（1929）、《鸟瞰西湖两幅》（1929）、《黄龙古洞及黄龙洞内》（1929）、《黄龙洞内之三龙》（1933）；《由苏州北寺塔顶鸟瞰苏州市内护龙街》（1934）、《由苏州北寺塔顶俯视苏州城旧貌》（1935）、《由苏州北寺塔顶俯视苏州旧城平门一带》（1935）等。关于黄笃初家乡湖州双林古镇的，如《双林大小虹桥及还金亭》（1930）、《白雀法华寺》（1933）、《双林文昌阁》（1929）、《双林东岳庙》（1932）、《双林之黄金水道》（1934）、《双林水镜寺》（1934）、《湖州孔庙及庙内之奇松》（1934）、《航船——水乡之代步工具》（1935）、《埠船》（1935）、《南浔马腰丁堡伍大夫祠》（1936）等。其他如在黄氏家族企业所在的苏南，黄笃初拍摄有《宜兴善卷洞前之善卷寺》（1934）、《宜兴之梁山伯祝英台楼》（1934）、《常熟言子墓道》（1935）、《常熟虞山南方夫子坊》（1935）等。

　　黄笃初的这些摄影作品与前面提到的江南风景摄影相比，其价值更多体现在对地方风物的保存与见证。意义在于它作为"地方"的视觉史料而具有文献价值。对苏、杭，乃至湖州双林的历史文化保护和文化产业开发及城市建设而言，它们的文献属性更为显著。比如杭州黄龙洞内目前只有"一龙"，而在黄笃初的摄影作品里，黄龙洞内竟然"三龙治水"，这对杭州城市文化遗产开发保护、地方复现而言，其文献性是不言而喻的。

　　另外，黄笃初拍摄的江南园林和地方民俗之类作品也有很多值得关注。如《湖州沈氏义庄》（1936）、《南浔小莲庄之水榭》（1937）、《杭州西湖公园》（1933）、《杭州西湖汪庄之桥》（1935）；《渔舟》（1930）、《盛产鱼虾之水乡渔村——袁介汇》（1933）、《东泊龙舟》（1934）、《双林东王会汛》（1934）、《常熟祖师山之香汛》（1936）、《双林教堂》（1935）等影像，都是再发现、复建一个"地方"文化遗存的视觉史料。

三　乡梓风貌

　　湖州据地势之利，携乡贤之遗风，具有重教化、敦后人的优越传统，又善于接纳新事物，能够开眼看世界，近代文教、实业发展都比较昌盛。在黄笃初家乡，不仅承继了耕读传统，也把重视德智体美劳的新教育理念早早引进双林古镇。在黄笃初摄影中，乡梓文教留下了宝贵的视觉影像，记录了江南文明进步的脚印和文化的融合发展痕迹。《小镇青年也爱上自行车》（1927）、《冬日的农村小学》（1936）、《双林蓉湖小学的舞蹈表演》（1933）、《双林蓉湖小学运动会》（1935）、《双林文昌阁前之裸泳者》（1935）（图107）、《双林建立第一个篮球队》（1935）、《双林商益小学之童子军活动》（1937）；《双林镇最早的电灯公司和碾米厂》（1936）、《双林民间无线电台与收音机》（1937）等，都是这方面的题材。

　　学者胡晓明认为，江南社会的历史发展进程，围绕着"城市化"

图 107 双林文昌阁前之裸泳者（黄笃初摄）

图片来源：黄晓帆编著《江南旧影》，杭州出版社2009年版。

而展开，因此，江南认同以五个城市为代表，可以分为五个时期，分别是建康（南京）时期的六朝、运河开凿后的扬州、南宋时期的临安（杭州）、明清时期的苏州、近现代时期的上海[①]。而构成江南文化认同的一个重要元素，或者说江南文化认同结构中一个重要组成部分是经济——多元化的商业模式，加上于此相伴流传不绝的文教之风，共同构成江南文化作为"地方"的重要特性，也是它区别于蜀文化、中原文化之处，尤其到了近现代时期，即胡晓明所说的"海派"兴发时期，本来作为"陶朱事业"发源地的江南，因为江南商人多贾而好儒，贾而近士风，所以乡梓文教、实业发达更加明显。黄笃初的乡梓文教、实业摄影，把家乡双林镇得风气之先、秉乡贤之遗训，重视文教、培育少年的场景记录在影，留存了江南认同近代转向与根脉赓续的图像依据。

四 都市摄影

这里把黄笃初拍摄的交通、商业、工业等照片归纳为城市影像一类，一是便于进行分析；二是这几项作品有一个共同特点，或者说它

[①] 胡晓明：《论江南认同之四要义》，《华东师范大学学报》（哲学社会科学版）2012年第5期。

们都是近代中国走向现代的表现。比较有代表性的，除了出现在双林镇的《金鼠牌香烟》（1934）等广告摄影之外，其他如《杭州早期之公共汽车》（1929）、《西湖博览会塔》（1929）、《双林丝绸进入长三角市场》（1933）、《杭州闸口六和塔下通向富阳之铁路》（1935）、《由无锡驰往湖州之锡湖轮的甲板上》（1935）（图108）、《上海四大公司》（1936）（图109）；《上海外白渡桥百老汇饭店》（1936）、《上海国际饭店》（1936）等。

图108　"甲板上"（黄笃初摄）

图片来源：黄晓帆编著《江南旧影》，杭州出版社2009年版。

　　上海外白渡桥与高大新式饭店构成了都市化视觉景观；上海国际饭店斜插入云的姿态与横跨街头的电线杆构成奇特的画面，以及透过石窗的雕栏及铁网前景观看凌空而起的地标塔，远望南京路上的先施

图 109　上海四大公司（黄笃初摄）

图片来源：黄晓帆编著《江南旧影》，杭州出版社2009 年版。

公司、新新公司和永安公司，这样的视角呈现具有浓重的现代主义意味，表征着商业都市的现代性。而"甲板上"那幅作品桅杆、船舷倾斜的视角，同样新颖而富有视觉冲击力。现代主义摄影的基本特点是拓展人类视野的新视角，其观看视角突破常规的平和中庸；因此"从外在形式看，摄影者往往热衷于以高处俯视、低处仰视或对角线方向斜角的特异视角来观察事物，给出对于世界与事物的全新感受与视觉阐释，以此改变人们对于世界的常态认识，同时也努力扩张人类视觉表现的能力"[1]。这无疑是黄笃初江南摄影中一个闪光点，使他的摄影视角从双林古镇走到现代大都市，站在了与金石声、郎静山、聂光地等人一样的视角，观看并呈现变动不居的都市现代性景观。

---

[1] 顾铮：《"亚努斯"金石声》，参见《海上摄影名家大系·金石声》，上海文化出版社2012 年版，第 24 页。

五 新闻纪实

前文提到，黄笃初的摄影具有比较浓厚的纪实色彩。而在1927—1937年在他的家乡不仅发生过水、旱、火等自然灾害；在1937年还遭遇日军入侵轰炸等灾难，黄笃初用手中的照相机记录下了那些事件给当地民众造成的伤害。1931年大雨淹没双林古镇的田园，导致桑园、稻田绝收，次年遂发生饥荒；黄笃初架起照相机，拍摄了《双林济生会门口难民凭券进食》（1932）、《灾民求食》（1932）（图110）等照片，记录下当地社会救济组织——济生会施粥救人的场面。其他如《双林小鸡桥火灾后》（1932）、《大旱》（1934）记录的是火灾和旱灾；《双林黄宅毁于战火》（1938）等则记录了家园毁于日军战火的断壁残垣。

图110　灾民求食（黄笃初摄）

图片来源：黄晓帆编著《江南旧影》，杭州出版社2009年版。

这些灾害性事件都很有新闻价值，但黄笃初仅是一个爱好摄影的商人，并非媒体记者，他的拍摄也并非为了报道。然而遇到"事件"发生，黄笃初的行为却和摄影记者一样；比如他拍摄的"灵隐寺罗汉堂"

火灾事件——《杭州灵隐寺罗汉堂火灾焚后之景象二幅》(1937)，就是他在杭州参加表妹婚礼时闻讯，以"摄影记者"般的速度赶往现场拍摄下的。对于黄笃初的这种纪实拍摄，黄晓帆认为，其父众多记录社会灾情的照片，虽然属于"非专业的灾害报道"，但"更多地出自他内心的震惊和不安，出于他对摄影艺术'记录真实的事件'和'捕捉易于逝去的历史瞬间'这些功能的理解，更多是出于他的良知和责任"①。黄晓帆这样的解读，应该说切中了这些照片的"要义"。

第三节 记录"江南边界"

遗产保护在不断加快的城市化进程中，始终是一个备受瞩目的"地方"话题；而图像作为可视化媒介，则是城市遗产重要的表象。"江南"在时间流动中形成独特的地方空间和文化个性，为区域内城市乡镇留下丰富的文化遗产，其艺术图像书写，围绕作为区域遗产核心的媒介纪念物，建构起鲜明的地方"边界"。黄笃初的"江南旧影"对这种地方边界的呈现，及至江南文化遗产传承中的"江南复现"，具有重要的应用价值。根据德布雷的媒介学理论，可以把黄笃初的"江南旧影"作为一种记录地方边界的"中介体"媒介来看待。

一 德布雷媒介观

德布雷（Régis Debray）认为，媒介的重点是"中介行为"，它"包含在一定的社会时期内所有的惰性载体和活性载体，这些载体对推动或促进象征符号的传承起着必要的作用"②。媒介被理解为联系特定场景或到达特定目的的中介过程或物质载体；该媒介思想不是简单关注信息传播，而是文化传递。本章依据黄笃初拍摄的江南实物，如

---

① 参见黄笃初摄，黄晓帆编《江南旧影——珍藏历史记忆（1927—1937）》，杭州出版社2009年版，第15页。

② ［法］雷吉斯·德布雷：《媒介学引论》，刘文玲译，陈卫星审译，中国传媒大学出版社2014年版，第130页。

黄龙洞、双林虹桥、文昌阁、水镜寺、法华寺等，结合德布雷媒介学思想相关表述，以媒介技术发展和地方文化形成的关系为逻辑，考察黄笃初江南摄影作为"中介体"媒介对江南地方文化的视觉建构和传达，及其对当下城市遗产保护和地方复现的价值。

地方作为"一个使已确立的价值观沉淀下来的中心"[①]，文化遗产是其成立的重要标识，比如黄笃初拍摄的《双林文昌阁》（图111），即被认为是当地文脉所踪。文化遗产既包括带有艺术、科学价值的历史建筑、街区等物质遗产，还包括沉淀于地方的生活规范、信仰方式等非物质遗产。在研究素材取舍和图像系统分析方法论上，本节以区域文化遗产（物质与非物质）的图像呈现为切入，通过黄笃初摄影个案，分析梳理艺术图像在具体语境中与社会行为方式和文化生活的嫁接。德布雷媒介学理论整合技术、文化与历史多重视域，明确提出媒介学中的"媒介（medio）"既不是复数意义上的媒介，也不是单数意义上的媒介，而是一种媒介化，也就是处于符号生产和事件生产之间、作为中介体的程序和实体的动感整体[②]。在德布雷看来，媒介与人类同步出现，它不仅是单向度的信息传播渠道和载体，更具有历史向度，它建构不同时代的文明形态，并使之流传久远；媒介与文明变迁共同形成人类文化生生不息的河流。

根据德布雷媒介学思想，"江南"作为物理空间和文化想象载体，与作为传输工具的载体和技术一样，具有媒介身份。而黄笃初"江南旧影"里所摄录的对象，如园林、桥梁、石漾、民俗等本身，也是地方边界确立的"中介体"媒介——在时间流逝中自身不断媒介化，成为传承地方文明、建构地方文化的"中介体"。

二 "江南"作为中介体

以德布雷的媒介观看，作为能够产生意义结构的超体量载体，道

[①] [美]段义孚：《空间与地方——经验的视角》，王志标译，中国人民大学出版社2017年版，第44页。

[②] [法]雷吉斯·德布雷：《媒介学宣言》，黄春柳译，南京大学出版社2016年版，第17页。

图 111　双林文昌阁（黄笃初摄）

图片来源：黄晓帆编著《江南旧影》，杭州出版社 2009 年版。

路、桥梁、河流等都是媒介化对象。德布雷曾经把纪念性建筑物当作分析对象，分其为"痕迹式建筑""信息式建筑""体制式建筑"，对其类型、功能、价值等作出分析，下表是分析图表片段[①]。

	痕迹式建筑	信息式建筑	体制式建筑
登记汇编	记忆（传统和遗产）	历史（神话和计划）	空间（城市化和透视法）
价值	文化的（避免无人继承的现象）	祭祀的（肯定一种神圣性）	展览的（介绍一个作品）
"记忆场所"被当作	代表身份性的地方（种族的和家族谱系的）	代表忠诚的地方（宗教的或市民的）	代表权力的地方（政治、经济或媒体）
首要功能	见证（这个曾经是）	传承（这个应该留下）	传播（同时性）
偏爱领域	领土（吉伦特派式的）（乡土记忆）	国家（雅各宾派式的或君主制的）（轴心记忆）	超国家的（世界村）（全球性记忆）

以此来做互文性验证，作为实物记忆媒介，"江南"物理空间内的建筑，如黄笃初摄影镜头下的杭州黄龙洞、双林白米塘桥等，显然其"痕迹式建筑"特色比较突出，可列入"传统和遗产"记忆行列；

---

① ［法］雷吉斯·德布雷：《媒介学引论》，刘文玲译，陈卫星审译，中国传媒大学出版社 2014 年版，第 92 页。

其价值核心在"文化";功能在"见证";偏爱则在"领土",具有浓厚的"乡土记忆"色彩和情感依附性;作为记忆场所,它的"种族的和家族谱系的"一面则演化为地方的社会行为方式和集体意识。当然,拱桥也有"信息式建筑"的"传承"功能,并且它是黄笃初的故乡"轴心记忆"之一,具有浓重的"历史"性;作为记忆场所,它表征"忠诚"和凝聚力。而关于双林文昌阁、大桥虹桥、还金亭、八字桥等物质体的历史图像书写,也和实物的桥本身一样,成为地方遗产记忆媒介,黄笃初拍摄的这幅《双林八字桥庙会》(图112),其所承载的内涵,即可作为知识体系在代际对话中不断被传承、解释。在这个角度看大小虹桥、八字桥等就是"江南""中介体"媒介标识存在。

图 112　双林八字桥庙会（黄笃初摄）

图片来源：黄晓帆编著《江南旧影》，杭州出版社 2009 年版。

"江南"既携带着特定历史空间实体丰厚的物质资源,又有以杭州黄龙洞、双林八字桥庙会等为物理标识的地方标识,以及民间节庆仪式、日常习俗、民间信仰等。它们共同组成物质与非物质文化遗产,以区域文明的存在方式在代际传播过程中进行对话、修正、延伸,最终形成独特的地方文化遗产,及鲜明的地方痕迹与"人—地"情感维系的地方文化"边界"。从这个意义上说,"江南"作为文明传承"中介体",建构并维系了一个有秩序、有意义的"文化世界"①。

与"传播"(communication)研究在同一时空中交换信息的规范意涵不同,媒介学的关键词是"传递"(transmission),其兴趣在于考察时间向度上,精神转化为物质过程中媒介的功能性作用,"一方面,将这里和那里连接起来,形成网络(也就是社会);另一方面,将以前的和现在的连接起来,形成延续性(也就是说文化的延续性)"②。因此,传递本质上是"技术与文化互动"③。在技术与文化互动中,形成认同感结构,直至"以团体或共同的身份把人们召集在一起的神圣典礼"④。地方及其"边界"由此确立。包括黄笃初摄影所关注湖州、杭州在内的"江南",其作为"中介体",有着独特的地理特征和媒介属性:

一是显著的文化属性。作为文化媒介,"江南"是"控制空间和人"的技术手段与过程⑤,是一个"传递装置",具有明确的文化宣喻性;这种宣喻性就黄笃初的"双林"区域而言,在最具地方特性的文昌阁、还金亭,及其周边碑坊物质符号中得到彰显,也使得它与杭州、苏州及扬州相比,有明显的地方特质。二是独特的地域属性。作为文明传承"中介体",黄笃初镜头下的双林,不仅具有独特的文化物质载体和近世城市化、世俗化商业遗迹,即便其精神层面上的水神信仰体系和民俗仪式,也与同属吴越文化的西湖周边、钱塘江两岸、无锡太湖等区域都有显著区别。三是技术进化带来的媒介图像化转向。这个特性近代以来更加明显,比如同属江南水文化的钱塘江多以山水画传世;西湖则集诗、书、画、摄影等"媒介丛"于一身;杭州大运河

---

① [英]迈克·克朗:《文化地理学》,杨淑华、宋慧敏译,南京大学出版社2003年版,第18页。
② [法]雷吉斯·德布雷:《媒介学引论》,刘文玲译,陈卫星审译,中国传媒大学出版社2014年版,第5页。
③ [法]雷吉斯·德布雷:《媒介学宣言》,黄春柳译,南京大学出版社2016年版,第12页。
④ [美]詹姆斯·凯瑞:《作为文化的传播——"媒介与社会"论文集》(修订版),丁未译,中国人民大学出版社2019年版,第18页。
⑤ [美]詹姆斯·凯瑞:《作为文化的传播——"媒介与社会"论文集》(修订版),丁未译,中国人民大学出版社2019年版,第17页。

的媒介承载明清前多以文字形式见诸文献，明清以降至民国则转向写实主义图绘和摄影，从光影、色彩运用，到石版印刷，再到摄影术；媒介技术进化建构了"江南"地方空间与文化延伸的图像书写轨迹；黄笃初的双林，也因其摄影镜头的介入，把当地的物质与非物质文化遗产转化为图像，使其在当下"江南"地方复现和遗产传承中，发挥媒介价值。

三　地方复现

德布雷认为，人类文明的记忆与传承作为媒介，由一系列物化组织组成，包括"符号表示的整体过程""社会交流规范""记录和存储的物理载体""同交流方式相对应的传播设备"等①。作为媒介的"江南"与石头、羊皮纸、桥梁、建筑等一样，是具有物质属性和抽象符号双重意蕴的纪念物媒介，构成文明延续的物化组织条件。同样对江南文化景观进行视觉复现的图像，更多意义上作为物质符号的抽象，并成为与之对应的传播设备或交流规范（如图像的文化解读）。作为记忆媒介的"江南"及其图像书写，不仅加强了地方的空间观念，而且图像转向背后的新媒介"将导致一种新文明的产生"②。所以，媒介不仅与时间交流，也在历史范畴中，以空间纪念物连接生生不息的时间河流，形成文化延续、文明延伸。"江南"图像书写在媒介技术进化驱动下，以新技术形态记录地方文化中"行动者身份"变迁，建构了地方独特的视觉表象结构。

1. 摄影带来地方记忆的图像化

图像作为书写媒介，依托于不断进化的技术形态。"一切媒介的进化趋势都是复制真实世界的程度越来越高。"③ 黄笃初的"江南旧

---

① ［法］雷吉斯·德布雷：《媒介学引论》，刘文玲译，陈卫星审译，中国传媒大学出版社2014年版，第37—38页。
② ［英］迈克·克朗：《文化地理学》，杨淑华、宋慧敏译，南京大学出版社2003年版，第28页。
③ ［美］保罗·莱文森：《莱文森精粹》，何道宽编译，中国人民大学出版社2007年版，第35页。

影"是在摄影新媒介技术驱动下,对"江南"书写的写实化走向,对地方再现的物质实体与文化精神留存弥足珍贵。和中国传统画对江南的写意性呈现不同,关于"江南"文化的艺术表达与传播,从前文提到的西方画师对杭州运河的速写、彩绘,及摄影术引入,其图像书写一步步走向写实。

比如光与影是西方写实主义绘画的重要元素,在《康熙南巡图》和《乾隆南巡图》问世之前,西方画师已经出现在中国宫廷:早在1582年,意大利天主教耶稣会传教士利玛窦来到中国,带来了天主教图像资料,并在中国信徒中培养画家,西洋画法传入中国。之后很负盛名的传教士画家郎世宁历康、雍、乾三朝,其宫廷画"兼具中国工笔画的精微与西洋画的光影明暗"[1]。郎世宁以光影明暗作画,"糅合中国传统画法,注意解剖、透视和立体感的表现"[2],他的"西洋透视画法"是西方写实主义在中国的尝试,对中国画家有重要影响。到西洋画师对杭州大运河做速写或彩绘时,这种写实主义风格就更加细致、直观地把运河沿岸的景观和人物收入笔端。石版印刷和摄影术通过对图像客观细节的呈现,改变了中国传统绘画表达情感的主观认同与接受心理。当图像表述的对象由山水、村树转向城市及其建筑后,传统的表意画法就让位给城市景观写实性的坚实线条和平面,对视觉细节的细密描绘,以及对透视法的强调成为凸显变革的主角。

因此,从西洋画师透视画法呈现的杭州运河人物和场景,再到摄影术对开埠之后拱宸桥区域的市井"写真",及至黄笃初对环太湖流域,尤其是对其故乡湖州双林古镇的写实主义建构出历史场景,比如大小虹桥及还金亭等(图113),完成对"江南"地方的写实性呈现,使图像这种崭新的书写媒介成为呈现地方文明的重要载体。

2. 人的觉醒与新消费空间兴起

在德布雷媒介思想里,传承是一个过程,"是一个整体性的'我

---

[1] 尹吉男:《中国美术史》,高等教育出版社2019年版,第341页。
[2] 王朝闻、邓福星:《中国美术史(10)》,北京师范大学出版社2011年版,第219页。

图 113 双林大小虹桥及还金亭（黄笃初摄）

图片来源：黄晓帆编著《江南旧影》，杭州出版社 2009 年版。

们（nous）'，而不是简单将两个或者几个'我（moi）'拉上关系就行了……需要全部成员的共同努力来保证知识、价值和技术，在没有任何遗传成因担保的情况下，通过过去与现在之间的多次循环往来，奠定一个团体的个性化特色"①。因此，地方文明的形成与传承，行动者身份是一个重要的考量元素。在 18 世纪末到 19 世纪后期西洋画师与摄影师视角下，江南文化及市井黎庶成为绘画写生、摄影拍摄的"主象"。前文提到的韦尔登画笔下女性描绘对象居多，比如杭州运河客船上安详端庄的女船客仕女般娴静，或端坐船头、或倚窗而望；其绘制的"农家闺女"，一袭抹胸、临溪浣衣，目纯容秀、健朗质朴，尽显天性自由之姿。这些"他者凝视"下建构的中国（人）形象固然隐藏着西方话语背后的文化霸权；另一方面，也在一定程度上和易卜生、卢梭、尼采等人的作品一样，为中国近代国民性审视和批判提供了外源性文化资源。比如"五四"时期，胡适呼吁"个人须要充分发达自己的天

---

① ［法］雷吉斯·德布雷：《媒介学引论》，刘文玲译，陈卫星审译，中国传媒大学出版社 2014 年版，第 13 页。

才性；须要充分发展自己的个性"①。鲁迅借笔下人物之口喊出"我是我自己的，他们谁也没有干涉我的权利！"②皆有外源性文化资源"身影"，并借此倡导重新认识"人"，呼唤人的"觉醒"。

在黄笃初关于江南的摄影图像中，"人的觉醒"也有刻意的展示和体现，比如黄笃初早在1927年拍摄的"小镇青年也爱上自行车，学车成为一种时髦"，姑娘们脱下旗袍换上短衫短裤，神采飞扬在贞节牌坊前自由骑行（图114）。黄笃初特意把拍摄地点选在故乡双林古镇表彰贞节烈女的牌坊前，让青年女性短裤短衫展示"自由"，放飞自我，其中的隐喻色彩是鲜明的。而且黄笃初在拍摄园林风光照时，并没有单纯以展示景物为目的；和其他摄影者所不同的时，黄笃初的园林风光照中总有"人"的存在，他所记录与呈现的是作为自由的人在这些景观游走的悠悠之态，如《苏州狮子林景观》（1934）、《无锡梅园》（1934）、《南浔小莲庄之水榭》（1937）等作品中，占据"C 位"

图 114　贞节牌坊前骑车的少女（黄笃初摄）

图片来源：黄晓帆编著《江南旧影》，杭州出版社 2009 年版。

---

① 胡适：《易卜生主义》，《新青年》1918 年第 4 卷第 6 号。
② 鲁迅：《鲁迅全集》第二卷，人民文学出版社 1981 年版，第 112 页。

的都是人，人成为摄影的"重心"与"主象"，是景观的消费者。因此，黄氏"江南旧影"中展示人的"解放"及世俗物象，不仅表征着艺术审美，更表征着精神自由和都市消费的兴起，行动者身份的变迁也参与了"江南"地方的建构。

3. 图像书写中的"地方边界"

这里所说的"边界"不是物理空间意义上的"领土"，而是融空间与文化为一体的"地方性"。地方是个人或族群对土地的身体经验和情感依附，代表着稳定与安全，是对变迁不居和不确定性的对抗。地方依空间而存在，地方里的时间是"停泊"的，甚至是"凝固"的。在地方，历史感就在眼前，它可能是一道城墙、一座拱桥、一条河流、一个佛塔、一条乌篷船……或是祭祀仪式、交往法则；时间停滞在地方景观和文化规范中，个人置身于时间外，地方是"具有意义的有序世界"[①]。

"江南"作为地方，不仅在物理空间上标识着它在中国东南"八府一州"的物理空间，更为显著的是，地理空间上作为媒介纪念物的住家船、岸边茶馆、戏楼、庙宇、街区，以及在这里行走的人及其家族组织、交流规范、信仰仪式，都是这个地方的认同"边界"。"边界"意味着"共同体"的存在。鲍曼认为，社群主义的共同体是"热切寻求然而难以理解和捉摸的'认同'的一个秘密姓名"[②]。其意指"共同体"的地方认同。

黄笃初摄影所关注的双林古镇、杭州西湖、黄龙洞等是集家族遗风、市井商业、江南流风，甚至皇家余韵的"地方"。而这些地方个性与"边界"的形成，既来源于作为媒介的双林虹桥、杭州黄龙洞、运河石漾等，也得益于摄影、绘画和印刷术等"媒介格式"，它们把"江南"地方建构历程"转换"为可视的图像书写：摄影中的南浔小

---

① [美] 段义孚：《空间与地方——经验的视角》，王志标译，中国人民大学出版社 2017 年版，第 149 页。

② [英] 齐格蒙特·鲍曼：《流动的现代性》，欧阳景根译，中国人民大学出版社 2018 年版，第 284 页。

莲庄、贯穿双林古镇的"黄金水道"、运河边的住家船、牌坊、庙宇、娱神仪式、繁华商埠、钱塘帆影、太湖归舟等,作为独特的视觉标识,确立了"江南"作为"有序世界"的地方边界。

第四节 媒介化与地方再现

地方再现以遗产传承为出发点和目的地。黄笃初"江南旧影"与"江南"遗产传承的勾连,来自它的媒介化。"媒介学自认为是媒介化的学问,通过这些媒介化,一个观念成为物质力量。"[1] 媒介化关注的核心是媒介"如何在通过传播建构的社会—文化现实中发挥作用"[2]。黄笃初江南摄影作为对江南环太湖流域的视觉呈现,在地方文明与区域文化形成过程中通过代际沟通,以"参与"地方再现的形式推动遗产传承,这种沟通和参与过程也是不断的"媒介化"过程。

就当下江南遗产传承中的地方再现而言,它既依托双林古镇、杭州、苏州等地集实体性和象征性于一身的物质形态与建筑质料的可见,也有从摄影术"写真"新媒介带来的"思考、经验历史的新方式"[3]。前者作为记忆媒介,以其组织联合能力,"'通过代与代之间的对话'重新编织了事物间的所属关系"[4],以产生集体意义延续的地方。后者以时间悬置保留空间样貌,赋予其"超越其物理形态的历史象征内涵"[5],在地方再现上为文化遗产传承提供历史依据、知识支撑。

---

[1] [法]雷吉斯·德布雷:《普通媒介学教程》,陈卫星、王杨译,清华大学出版社2014年版,第3页。
[2] 戴宇辰:《媒介化研究的"中间道路":物质性路径与传播型构》,《南京社会科学》2021年第7期。
[3] [德]约恩·吕森:《历史思考的新途径》,綦甲福、来炯译,上海人民出版社2005年版,第22—23页。
[4] [法]雷吉斯·德布雷:《媒介学引论》,刘文玲译,陈卫星审译,中国传媒大学出版社2014年版,第28页。
[5] [美]巫鸿:《废墟的故事:中国美术和视觉文化中的"在场"与"缺席"》,肖铁译,巫鸿校,上海人民出版社2012年版,第169页。

一 再现地方的"细节和场景"

本章提到的亚历山大、韦尔登、甘博、宴文士、费培德等人的江南（如杭州大运河）速写、摄影等，无论是写意重于写实，还是写实重于写意，都是对江南地方的艺术传达。艺术是经验的表现，作为对其所依附土地经验感知的视觉呈现，特定空间的图像不仅是记录经验的媒介，更是经验再现的依据。比如黄笃初拍摄的双林水镜寺，始建于唐贞元年间（785—804），是双林镇所建最早寺庙，宋时丛林最胜，僧徒达数百人之多，20世纪60年代坍圮。黄笃初1934年的摄影照片为它的复建提供了"写真"性文献依据。黄笃初在1934年拍摄的《湖州孔庙及庙内奇松》，则为此文化景观再现保留了"场景"。同样，如前文提到的黄笃初1933年拍摄的杭州黄龙洞内之"三龙照"（图115），而今黄龙洞只有一只龙头，黄氏照片亦为杭州历史景观开发留下了"细节"；这个细节在20世纪末的时候，也只有八九十岁的杭州老人才能记起，原来"黄龙洞内确有三个龙头，分别司风、司火、司雨。"①

城市化进程中的历史街区保护和遗产传承，因图像书写媒介化，得以再现包括地方建筑在内的文化遗产（物质与非物质）中历史主义美学的"细节和场景"。历史主义美学"建筑"在纵向的价值同一感上

图115 黄龙洞内之三龙照（黄笃初摄）

图片来源：黄晓帆编著《江南旧影》，杭州出版社2009年版。

---

① 参见黄笃初摄，黄晓帆编《江南旧影——珍藏历史记忆（1927—1937）》，杭州出版社2009年版，第13页。

顺服于历史的审美惯习，和民族审美个性、地方文化特质。如《渔村袁介汇》（图116），这样的"故乡"，就是通过黄笃初的镜头，让今天的人所看到"地方"内涵——审美理念和精神气质延伸到具体的，作为新地方主义（又称新乡村主义）实物建筑所崇尚历史主义美学；这种美学理念和建筑经验在伸向历史街区的过程中，也着意表达一种写意的情感，追求与地方精神的神似，甚至通过建筑表达地方的"宗教观念和最深刻的需要"[①]。当下城市化进程的文化遗产传承中，对历史主义美学的审慎继承是一个基本路向；媒介化的图像书写，促进了这个美学理念的实践延伸。比如黄笃初镜头下湖州、杭州、苏州市井文化、香市文化和商贸文化，均有丰富的细节呈现。当下以历史街区重建和地方文化再现为主要实践方式的遗产传承，多以图像为经验媒介，不断再现地方历史主义美学"细节和场景"。

图116　渔村袁介汇（黄笃初摄）

图片来源：黄晓帆编著《江南旧影》，杭州出版社2009年版。

---

① ［德］黑格尔：《美学（第三卷）上》，朱光潜译，商务印书馆2016年版，第34页。

二　提供地方秩序"再现"图式

作为地方风物的建筑、河流等物质性媒介，如同城市一样是意义的集合：代表着社会共同体、代表着秩序，代表着安全等多重意义。但归纳起来，作为意义媒介的建筑、纪念物或特定空间里的景观，其一般意义不会随着时间的流逝而改变，而特殊意义则在不同语境和时间范畴内难以固定[①]。比如杭州拱宸桥，它的一般意义是超越运河空间和时间的"水上通道"；它的特殊意义则是"拱手于帝宸"的驯顺，而这个特殊意义无疑存在于特殊时期的特殊使命——作为康、乾二帝进出之地。"水上通道"之意永在，"拱手帝宸"之意难存，破解这个矛盾所依托的，正是作为依附于本土经验形象的意义媒介——图像。作为地方纪念物媒介的拱宸桥也早已不是单纯的渡河之"通道"，而是一处提供关怀的场所，是储存代际地方记忆和想象的意义集合体。再比如黄笃初拍摄的双林镇还金亭，作为物质材料建筑，它可以在自然风雨与人世纷争中或被腐蚀、或被摧毁，但因图像的存在，其物理建筑可以在适宜时以同质材料不断修复，以复原外观提供"地方关怀"的场所，再现地方秩序，让后人追思这座桥所承载的地方精神和道义风骨。

学者沈弘就曾提到杭州市政府兴师动众征集大运河上客船的设计图案，结果发现，它就存留在韦尔登绘制的那张漕舫船图像里[②]，那个运河漕舫船和康、乾二帝南巡进出的拱宸桥一样，就是杭州大运河地方秩序的图式和意义表征。其他如"水上人家""水上行舟""轮船招商局金利来码头"等[③]，对晚清时期杭州大运河商贸秩序的视觉阐释，记录了不同时期物理空间的景观或场景，在呈现其一般意义时，

[①] ［美］段义孚：《空间与地方——经验的视角》，王志标译，中国人民大学出版社2017年版，第136页。

[②] 沈弘：《城记·杭州：1793—1937 遗失在西方的杭州记忆》，时代华文出版社2019年版，第51页。

[③] 蔡禹龙、汪林茂：《运河边的租界——拱宸桥》，杭州出版社2015年版，第13—14页。

也把其特殊意义传递下来,建构了地方的文明承续。黄笃初在20世纪30年代为其家乡留影的双林镇东岳庙,历经战火,多次被焚烧,20世纪90年代乡人集资再建;1933年黄笃初拍摄的双林法华寺,正山门亦被重新修建。双林商贸文化、民俗文化及至市井景观的再现,那些留存图像不仅为其提供了图式,也为地方秩序再现提供了文献。

三 作为"解放"历史的中介体

图像是以某种特殊支撑或在某个特殊地方出现的形象,它不仅是媒介,"也超越媒介,超越从一种媒介到另一种媒介的转换"①。它不仅是物质实体的,也包括精神的,即高度抽象的表达,存在于人的意识或记忆中,一旦与相应的物象遇合,便会产生与其对话的功用,而且"我们是在词语与图像再现之间的对话中创造了我们的世界。"② 图像作为媒介驻足在时间外,铺展于空间中,是凝固的历史,具有浓重的象征性。就目前江南区域正在进行的历史街区现代适应性改造和地方再现而言,其所能借助的媒介,很多是依据晚清民初摄影史料。具体到黄笃初的摄影,根据黄晓帆先生考证,"1930—1933年,黄笃初先后拍摄了含山庙塔、墨浪河畔、石淙太君堂宝藏库、晟舍利济寺大殿、盛林山及庙、双林东岳庙、湖州白雀法华古寺、湖州孔庙、双林水镜寺、双林斗姥阁等家乡的历史古迹,为许多如今已经湮没了的古建筑留下了宝贵的历史记录。"③ 黄笃初就靠着这个"超前的存史意识",拍摄了大量在今天看来具有极高历史价值的摄影作品,现在当地对这些"历史遗存"的研究、开发、重建中,黄笃初百年前的摄影作品"解放"了那些存留于时间深处的旧时遗痕。

一个街区、一座建筑,当它们从物质实体转换为精神图像存留于

---

① [美] W. J. T. 米歇尔:《图像何求?——形象的生命与爱》,陈永国、高焓译,北京大学出版社2018年版,第 xii 页。
② [美] W. J. T. 米歇尔:《图像学》,陈永国译,北京大学出版社2020年版,第51页。
③ 参见黄笃初摄,黄晓帆编《江南旧影——珍藏历史记忆(1927—1937)》,杭州出版社2009年版,第7页。

个人或家族记忆之后，就作为家园的象征和自我意识、身份意识贮藏起来，直到被重新激发——图像意味着历史的储存与解放。作为媒介的城墙、拱桥、河流等能够营造出古老和永恒；但是作为物质材料，中国的古典建筑多以木质构成，战火频仍、政治动荡时，经不住时间打磨。就黄笃初拍摄的环太湖江南区域而言，很多当年的建筑已经不复存在，黄氏留下的照片和它作为文明"中介体"一样，成为储存和释放地方记忆的重要"中介体"，成为地方及地方上的族群找回自我、重建"边界"的基本依据；而那些标示建筑物、历史事件发生场所、重要人物居所和凝聚地方精神的宗教道场等，也历来是图像储存的核心。这些建筑、道场、事件和人物共同构成地方记忆，成为本土依恋的元素，建构地方的意义集合，并外化为社会规则、行为规范。黄笃初的"江南旧影"作为象征媒介，对历史景观再现和空间重置、遗产保护、历史街区开发等，担负着"解放"历史、释放精神、透视规范等多维功用。

以经验媒介复现地方建筑的历史主义美学理念，以意义媒介"再现"地方秩序的合理性图式，以象征媒介释放被时间遮蔽的地方记忆，这是当下文化遗产（物质与非物质）传承与地方再现的主要路径；媒介技术特征与作为行动者身份的人的能动性结合，是遗产传承的社会—文化现实实现的根本。摄影图像的媒介化，为这个路向提供了渠道和载体。如黄笃初的这幅《西湖鸟瞰》（图117），就是能够从媒介学视角进行考察的案例：从这张老照片里，可以看到黄氏江南摄影中的媒介地理学特质。

在全球化、信息化加持下的网络社会，"时空压缩"带来高度不确定性，漂浮于"无根"之旅的现代人生发回归地方的深沉情感，以本土的身体经验和历史情感对抗"网络化、非历史性的流动空间"[①]。作为文明延伸的"中介体"，媒介是有"躯体"的时间，它对地方的

---

① ［美］纽曼尔·卡斯特：《网络社会的崛起》，夏铸九、王志弘等译，社会科学文献出版社2001年版，第524页。

图117 西湖鸟瞰（黄笃初摄）

图片来源：《新嘉坡画报》1931年第136期。

建构在空间上体现为本土的身体经验，在时间上体现为文明的代际相传，在组成上有文化遗产。黄笃初的江南摄影在摄影艺术上虽然也取得了可圈可点的成绩，有些作品，如《风起云涌》《晚霞》《平湖秋月之倒影》《双林墨浪河畔》《上海国际饭店》《双林文昌阁》《双林虹桥港水道》《白米塘桥》《太湖帆舟》《双林石淙之大桥》《上海四大公司》《双林八字桥庙会》等足以进入中国早期美术摄影行列。但仅此不足以代表黄笃初的摄影成就。黄笃初摄影的成就，主要在于他以纪实手法，留存了故乡双林镇，及环太湖区域内具有地方标识性的建筑、文化遗迹、地方习俗和现代化转变"痕迹"。黄笃初留下的559张"江南旧影"，题材广泛，对于研究江南"地方"文化弥足珍贵。以单人之力，如此大规模、大范围、多种类记录"江南"独特地理、文化空间影像，从目前发掘的史料看，黄笃初是非常重要的一个。

　　物质文化在时间流逝中因自然灾害、战争等因素影响，不断被蚀损、甚至消失；而非物质文化则因被地方空间中的群体或个人不断实践，得以以知识体系、工艺技能、表演形态等，通过地方语言、戏曲艺术、节庆民俗及民间礼仪、地方信仰等形式传承下来，在本土审美、信仰的历史积淀中激发地方认同感。黄笃初的"江南旧影"里，除了具有江南山川、河流等自然要素外，更有江南文化区域里人们认知、信仰体系的社会—历史经验符号，这些符号多以非物质文化遗产传承形式培育、建构地方感。这是今天解读黄笃初江南摄影应有的视角，也是黄笃初近百年前"江南旧影"的真正价值和意义所在。

第五章 "拓荒"摄影批评
——鲁迅个案

鲁迅（1881—1936）（图118），浙江绍兴人，五四新文化运动健

图118 鲁迅五十岁生辰照

图片来源：周海婴撰文，上海鲁迅文化发展中心编著《鲁迅家庭大相簿》，同心出版社2005年版。

将，20世纪伟大作家、杰出学者；1940年，在《新民主主义论》中，毛泽东称其为伟大的文学家、思想家、革命家①。

鲁迅，并不是一个摄影家；但鲁迅于摄影却有非常深刻的思考，是一个不能忽视的摄影批评家。本章从摄影批评角度，把鲁迅纳入个案研究，探讨其"国民性"思考对早期中国摄影批评建构的价值。

第一节　国民性批评寻踪

关于人性的思考和研究，尤其是关于人性之善恶，"天理、人欲"思想在中国历来被关注，理论上也多有建树者。然而国民性这个话题却是近代以来成形，因为国民性探讨，是建立在近代国族观念出现之后。

一　国民性批判的形成

中国近代国民性批判的形成，从"天下观"转变开始。

1. 他者视角下的"妖魔化"中国

冯友兰曾经提指出，"中国人历来的传统看法是，有三种生灵：华夏、夷狄、禽兽。华夏当然最开化，其次是夷，禽兽则完全未开化。"②《诗经·北山》亦曾这样吟诵："溥天之下，莫非王土；率土之滨，莫非王臣。"③所以，中国人的思维中，"自古"就有一个大天下观，缺乏民族主义，"因为他们惯于从天下即世界的范围看问题。"④因此，"天朝型天下观"是中国文化核心架构。然而，鸦片战争后，这个"天下观"轰然倒塌了、崩溃了。

从14世纪马可波罗把东方（特别是中国）神话带回欧洲后，中国一直是西方人想象中的"天堂"，是"天方夜谭"；西方世界在对东

---

① 毛泽东：《新民主主义论》，见《毛泽东选集》第二卷，人民出版社1991年版，第698页。
② 冯友兰：《中国哲学简史》，北京大学出版社2013年版，第181页。
③ 《诗经》，中华书局1981年版，第467页。
④ 冯友兰：《中国哲学简史》，北京大学出版社2013年版，第182页。

方世界瞭望中，含着期待、向往与憧憬。鸦片战争把这种想象打碎，西方从对中国的仰望、向往到俯视、鄙视。天朝型天下观被打破后，中国人从华夏文化圈出走西方，"域外"作为一个崭新而陌生、神奇的空间来到中国人面前。而在域外空间里，中国是被"妖魔化"的。

这个"域外"世界既包括欧美国家，也包括甲午战争胜出，急欲"脱亚入欧"的日本。黄俊贤在《德国印象记》里，记载一首德国儿歌这样唱，"跳—跳—跳，跳—跳—跳的支那人，他们是多么可怕呀，剖腹，斩腰，杀头，好孩子别哭啦，野蛮的支那人来了"[1]。"支那"从地理概念变成了中国的代名词。日俄战争、甲午战争"胜出"的日本，更把"妖魔化"中国发挥到极致。阿英在《晚清的中国观》一文中，曾提到自己屈辱的日本经历，"当时之日人，甚至有视中国为'猪'者。力山通公曾记其事云：信步途中，见鬻画者执图一，若鹰，若虎，若豺狼，交错的，罗列其中。其为群兽之所争食者，则一半醒半苏以待毙之大猪也。余不解其所谓，遂向彼而问之。答曰：'此君亦此猪身中之一微虫，胡宁不自知耶？'"[2] 老舍寓居英国伦敦时完成了《二马》《猫城记》等作品。作为一个身在"域外"的中国人，老舍以其敏感和细致，记述了伦敦东部"中国城"在英国人眼中的形象，"中国城要是住着二十个中国人，他们的记载上一定是五千，而且这五千黄脸鬼是个个抽大烟，私运军火，害死人把尸首往床底下藏，强奸妇女不问老少，和作一切至少该千刀万剐的事情的。作小说的，写剧的，作电影的，描写中国人全根据着这种传说和报告……于是中国人就变成世界上最阴险，最污浊，最讨厌，最卑鄙的一种两条腿的儿动物！"[3]

更为直观的，还属于新闻报刊对中国视觉形象的"妖魔化"描述。比如，英国的《伦敦新闻画报》创刊时，中英第一次鸦片战争刚

---

[1] 黄俊贤：《德国印象记》，上海民智书局1933年版，第41页。
[2] 阿英：《所谓"晚清的中国观"》，见《阿英全集》第6卷，安徽教育出版社2003年版，第18页。
[3] 老舍：《二马》，见《老舍全集》第一卷，人民文学出版社1999年版，第394—395页。

刚结束，创刊后两个月，也就是 1842 年 7 月，该画报登载了一幅"四不像"的清军炮兵插图，以耍大刀的中国兵勇和现代武器组合，讽刺中国的古旧与落后。再比如，报道中国制度落后和愚昧残暴，《伦敦新闻画报》曾刊登三幅关于大清酷刑，其中一幅是"中国罪犯的头颅被放在笼子里示众"，更恐怖的是，"'天朝'当局竟会出于'仁慈'的考虑，将犯人的孩子带来看他们已故父亲被砍下来的头颅，以让他们在伦理道德上吸取教训。"① 把孩子带到父亲被砍下的头颅前接受道德伦理教育，这样"仁慈"的做法，19 世纪后期还在清王朝大行其道，难怪被西人视为野蛮、愚昧。

2. 自我东方化：精英阶层的身份焦虑

在西方视角下被建构起来的中国形象，对寓居海外的中国人来说，必然遭受精神和肉体的屈辱。反抗者有之，孤独自卑者有之，弱国子民的哀伤者有之，认同西方镜像者有之。孤独自卑者如郁达夫，他这样写道，"支那或支那人的这一个名词，在东邻的日本民族，尤其是妙年少女的口里被说出的时候，听取者的脑里心里，会起怎么样的一被侮辱、绝望、悲愤、隐痛的混合作用，是没有到过日本的中国同胞，绝对想象不出来的"②。抗争控诉者有之，如郭沫若，他愤而质问，"我们中国究竟何负于你们，你们要这样把我们轻视？你们单在说这'支那人'三字的时便已经表现了你们极端的恶意。你们说'支'字的时候故意要把鼻头皱起来，你们说'那'字的时候要把鼻音拉作一个长顿。你们究竟意识到这'支那'二字的起源吗？在'秦'朝的时候，你们还是蛮子，你们或者还在南洋吃椰子呢！"③ 但是，还有很多精英分子认同西方镜像下的中国，比如梁启超、鲁迅、苏雪林等。离开故土促使他们远距离审视、反思观看这个古老民族自身的"鄙陋"；

---

① 沈弘编译：《遗失在西方的中国史——〈伦敦新闻画报〉记录的晚清 1842—1873（上）》，北京时代华文书局 2014 年版，第 186 页。
② 郁达夫：《雪夜·郁达夫文集》第四卷，花城出版社 1982 年版，第 94—95 页。
③ 郭沫若：《行路难》，见《郭沫若全集》（文学编·第九卷），人民文学出版社 1985 年版，第 308 页。

因此，这批人有意或无意地成了"自我东方化"的代表，掀起了对中国国民性的批判和反思。

正是不断被西方"妖魔化"，知识精英在焦虑中，被激发出强烈的羞耻感，进而对国民性进行批判和反思；有西方学者甚至认为，近代中国人的国族意识就是由这种羞耻感引发和建构的[①]。在中国不断被"妖魔化"的媒介环境下，域外归来的中国精英分子，陷入了"自我东方化"的身份焦虑，这种焦虑，开启了中国近现代国民性批判。对国民性展开批判最为深入者是鲁迅，而鲁迅批判国民性的目的在于"立人"。

二　破国民性"五丑"

1903 年，也就是到日本的第二年，在蒋百里、孙江东二人主编的《浙江潮》上，鲁迅先后发了《斯巴达之魂》和《说鈤》；1908 年，鲁迅在《河南》上先后发表《摩罗诗力说》和《文化偏至论》。如果说，前两篇是鲁迅科学救国观的体现，后两篇文章则是他从思想和精神层面上改造中国的思考，呼唤勇于抗争的维新志士，"顾既维新矣，而希望亦与偕始，吾人所待，则有介绍新文化之士人"[②]。鲁迅力倡打破中国自尊自大、抱残守缺之顽固陋习，"革前缪而图富强"。[③]"掊物质而张灵明，任个人而排众数。"[④] 他提出，国弱民困之中国，欲改造国民性，首先在"立人"，"然欧美之强，莫不以是炫天下者，则根柢在人，而此特现象之末，本原深而难见，荣华昭而易识也。是故将生存两间，角逐列国是务，其首在立人，人立而后凡事举；若其道术，乃必导个性而张精神"[⑤]。立人首要在发掘出国民性之劣根何在？关于这个问题的研究可谓汗牛充栋，归根结底，鲁迅所批之国民性不

[①] Paul A Cohen, Wang T'ao and Incipient Chinese Nationalism, Journal of Asian Studies, 1967 (4), p.59.
[②] 鲁迅：《摩罗诗力说》，见《鲁迅全集》第 1 卷，人民文学出版社 1981 年版，第 100 页。
[③] 鲁迅：《文化偏至论》，见《鲁迅全集》第 1 卷，人民文学出版社 1981 年版，第 44 页。
[④] 鲁迅：《文化偏至论》，见《鲁迅全集》第 1 卷，人民文学出版社 1981 年版，第 46 页。
[⑤] 鲁迅：《文化偏至论》，见《鲁迅全集》第 1 卷，人民文学出版社 1981 年版，第 56—57 页。

妨归纳为五个方面，曰自大、曰奴性、曰麻木、曰精神胜利、曰重男轻女等。在鲁迅的摄影批评中，包含了这几方面的内容，这里先简要阐述。

（1）盲目自大。如阿Q住在未庄的土谷祠里，没有固定职业，只给人家做短工，割麦、舂米、撑船，"未庄的人们之于阿Q，只要他帮忙，只拿他玩笑，从来没有留心他的'行状'的。而阿Q自己也不说，独有和别人口角的时候，间或瞪着眼睛道：'我们先前——比你阔的多啦！你算是什么东西！'"① 这一点，颇有些像前文提到，沉浸于强大"秦"朝，对日本不屑一顾，又受之鄙夷的青年郭沫若。

（2）奴性。鲁迅批判国民性的第二点，是对中国人身上根深蒂固之奴性的揭露，他看到，中国人向来就没有争到过人的资格，至多不过是奴隶，遍观二十四史，不管史家设置什么"汉族发祥时代""汉族发达时代""汉族中兴时代"等好题目，中国人的历史终究不过是"一想做奴隶而不得的时代；二暂时做稳了奴隶的时代。这一种循环，也就是'先儒'之所谓'一治一乱'；那些作乱人物，从后日的'臣民'看来，是给'主子'清道辟路的，所以说：'为圣天子驱除云尔。'"② 做奴隶惯了，自然也就把奴性"具身"而不觉。

（3）麻木。这是在著名的仙台"观影"事件刺激中发现的了。鲁迅在《呐喊·自序》里回忆说，"我竟在画片上忽然会见我久违的许多中国人了，一个绑在中间，许多站在左右，一样是强壮的体格，而显出麻木的神情。据解说，则绑着的是替俄国做了军事上的侦探，正要被日军砍下头颅来示众，而围着的便是来赏鉴这示众的盛举的人们"③。受此刺激，鲁迅便觉得救中国，必先改造国民性，因此他决定去学习能够且"善于改变精神"的文艺了。

（4）自欺——精神胜利。这个还是在阿Q身上体现最明显。阿Q不仅在被"闲人"打了之后心里想，"我总算被儿子打了，现在的

---

① 鲁迅：《阿Q正传》，见《鲁迅全集》第1卷，人民文学出版社1981年版，第490页。
② 鲁迅：《灯下漫笔》，见《鲁迅全集》第1卷，人民文学出版社1981年版，第213页。
③ 鲁迅：《呐喊·自序》，见《鲁迅全集》第1卷，人民文学出版社1981年版，第416页。

世界真不像样……"① 于是也心满意足得胜似的走了；而且在生命的最后时刻，他用尽心思去画那一个最终没有画圆的"圆"，"他生怕被人笑话，立志要画得圆，但这可恶的笔不但很沉重，并且不听话，刚刚一抖一抖的几乎要合缝，却又向外一耸，画成瓜子模样了"②。阿Q终于画了一个圆（图119）；并在"二十年后又是一条好汉"的自我抚慰里，给自己的人生画上了"圆"，也把精神胜利法发挥到了极致。

图119　阿Q努力画圆圈（丰子恺绘）

图片来源：《阿Q正传》，人民文学出版社2021年版。

（5）"男尊女卑"。对国民性的批判，鲁迅还有一个思想，颇值得注意，那就是反思"男尊女卑"观。然而有意思的是，即便是自觉西化，或者"自我东方化"的代表人物中，"男尊女卑"观念还是不经

---

① 鲁迅：《阿Q正传》，见《鲁迅全集》第1卷，人民文学出版社1981年版，第492页。
② 鲁迅：《阿Q正传》，见《鲁迅全集》第1卷，人民文学出版社1981年版，第524页。

意流露的,梁启超——一个开明、西化、理智、学富五车的先行者,就很有些"悖论"而不自知。比如前文曾经提到过,他在为挽救中华文化和国运之衰时,希望引进西方先进文明,期待"彼西方美人,必能为我家育宁馨儿以亢我宗也。"拥抱西方美人,求一个健壮、美好的"宁馨儿",梁启超把西方的文明与进步想象为一个"美妇",而古老中国在他心里还是一个"丈夫",哪怕这个"丈夫"已经极度衰老、不堪一击。郁达夫等文人的书写和梁启超格调有所不同,但梁启超或许没有意识到,在"男尊女卑"这观念上,他与郁达夫等人也只是一百步和五十步而已:郁达夫等人借助男—女性别之征服,隐喻其愤懑和焦虑,也是一种"精神胜利";梁启超在一方情愿中,以仰慕"西方美人"之思恋,构建重建东方大国的文化想象。

与之不同的是,鲁迅以特有的深刻与诙谐,鞭辟入里地揭露了潜藏在中国人心底"男尊女卑"之丑陋国民性,比如在《论"他妈的"》这篇杂文中这样写道,"前年,曾见一辆煤车的只轮陷入很深的辙迹里,车夫便愤然跳下,出死力打那拉车的骡子道:'你姊姊的!你姊姊的!'……这骂的翻译,在中国原极容易的,别国却似乎为难,德文译本作'我使用过你的妈',日文译本作'你的妈是我的母狗'。这实在太费解,——由我的眼光看起来"[①]。嬉笑怒骂中,鲁迅把"国骂"里连吆喝牲口都要分出个"公母"的鄙陋撕开来给人看,对"男尊女卑"之国民性的解剖可谓入骨。

第二节 鲁迅与摄影

鲁迅不是摄影家,自己也不擅摄影。因此,在与摄影的关系里,鲁迅是一个被拍摄摄者,一个被观看者。但是鲁迅一生中,摄影与他的关系又非常紧密。

[①] 鲁迅:《论"他妈的"》,见《鲁迅全集》第1卷,人民文学出版社1981年版,第231—232页。

一　重要节点与人物

鲁迅与摄影的关系，有几个重要事件需要做简单梳理。

1. 断发照及题诗

1903年元旦，清国留日学生在会馆举行新年团拜会，邹容、马君武等慷慨激昂演说，痛斥清之罪恶，呼吁恢复人权、挽救中国。鲁迅（其时还是周树人）、许寿裳等深受鼓舞，遂于月底，召集二十九名绍兴籍同乡恳谈，并发布《绍兴同乡公函》，唤同乡有志青年出国留学，"求智识于宇内，搜学问于世界"；公函痛陈"遭世多变，刿心怵目于危亡之将及，而我盘盘五岳，灏灏江河，东南带海，西北控山之大陆一片土，将沦陷于异族。即我稽山镜水金宝玉堂，亦将销沉霸气，暗郁无色，呜呼岂不痛哉！"① 在这样壮怀激烈之下，鲁迅断然剪发，并留影纪念（图120）。许寿裳1903年接到了鲁迅断发照，1936年，许寿裳还提到，周树人"赠我小像，后补以诗"②。这首诗就是大名鼎鼎的《自题小像》（图121）："灵台无计逃神矢，风雨如磐暗故园。寄意寒星荃不察，我以我血荐轩辕。"对于能否用这首诗释义鲁迅断发时的真实心态，巫鸿先生颇有异议，认为"尽管鲁迅在以后赠友人的书法中不止一次抄录过这首诗，但无可否认的是，诗中并未直接提及剪辫，而且鲁迅自己也从未把它和自己的'断发照'联系起来。就算他真在1903年赠予许寿裳的相片背后题了这首诗，也不能排除它可能是在别的时候写的"③。作为一位杰出的艺术史专家，巫鸿先生对照片的解读，更多地关照了照相本身所包含的时间、形式、图像以及目的等内在因素，但在没有史料推翻许寿裳接受过鲁迅赠送小像并题诗的前提下，即便鲁迅之后多次书写此诗以赠故交，也很难断然否认其用此诗来释义"断发照"的做法。

不过，巫鸿先生也承认，鲁迅在以后赠友人的书法中不止一次抄

---

① 参见鲁迅博物馆编著《鲁迅文献图传》，大象出版社1998年版，第31页。
② 许寿裳：《我所认识的鲁迅》，中国文史出版社2020年版，第3页。
③ ［美］巫鸿：《聚焦：摄影在中国》，中国民族摄影艺术出版社2018年版，第152页。

图120　鲁迅1903年断发照

图片来源：周海婴撰文，上海鲁迅文化发展中心编著
《鲁迅家庭大相簿》，同心出版社2005年版。

录过这首诗，可见此诗在其心中的地位，无疑这首诗表达了鲁迅东渡求学的志向。去国之后，鲁迅写下过《文化偏至论》《摩罗诗力说》等文章，其意气与此诗是相通的。鲁迅作为近代伟大的思想家、文学家，其思想高度也非常人所能及，这种高度，《自题小像》诗给予了深刻的阐释，以之释义他的断发照，非但没有抽出历史框架，相反却极其契合当时的历史框架与"三千年未有之大变局"语境。因此，对于鲁迅等同时期出现的断发照，比如梅兰芳断发照等，巫鸿亦看到了它们的历史隐喻，"在这些照片中，像主以往的自我已随发辫一并消失，图像记录的是已经转化了的、渴望拥抱未来的主体，而摄影这一

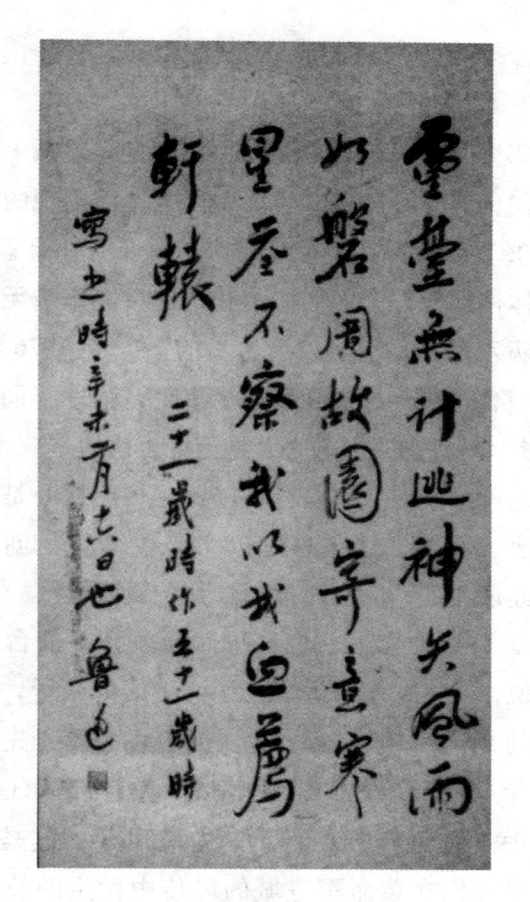

图 121　自题小像诗

图片来源：周海婴撰文，上海鲁迅文化发展中心编著《鲁迅家庭大相簿》，同心出版社 2005 年版。

媒介为见证这个转化提供了最佳的手段"[1]。鲁迅后来在《病后杂谈之余》一文中亦曾写到，"对我最初提醒了满汉的界限的不是书，是辫子"[2]。可见，对于剪辫，鲁迅自有深意，那条剪掉的辫子在日本一半送给店里的侍女作假发，一半给了理发匠。因此，断发照表征着鲁迅

---

[1] ［美］巫鸿：《聚焦：摄影在中国》，中国民族摄影艺术出版社 2018 年版，第 148 页。
[2] 鲁迅：《病后杂谈之余》，见《鲁迅全集》第 6 卷，人民文学出版社 1981 年版，第 186 页。

的新生。

    2. "观影"事件改变人生道路

    仙台"观影"事件已经众所周知，鲁迅在《呐喊·自序》中有过比较详细的交代，言其看过日人斩杀中国人，而围观的中国人却乐得"鉴赏盛举"的幻灯片后，"我便觉得医学并非一件要紧事，凡是愚弱的国民，即使体格如何健全，如何茁壮，也只能作毫无意义的示众的材料和看客，病死多少是不必以为不幸的"[1]。在 1926 年写的《藤野先生》一文中，鲁迅再一次提到了这个事件，描述了同样的场景。因此，"仙台观影"对鲁迅的影响之大是无可否认的。

    虽然对于这件事还有一些争议不断出现，但核心是围绕斩杀中国人的幻灯片是真实存在，还是鲁迅以"小说笔法"创造出来的？对此，已有学者经过考证，证实那些幻灯片的真实性[2]。受此事件刺激，1906 年春假中，鲁迅便黯然，也是决然地放弃了仙台学籍，回到东京，对许寿裳说，"我决计要学文艺了。中国的呆子，坏呆子，岂是医学所能治疗的么？"[3] 1909 年，29 岁的鲁迅回国，先后在杭州、绍兴教书，1912 年应蔡元培之约，赴南京"教育部"任职。赴任南京前，即 1911 年底，他创作了第一篇小说《怀旧》；这是一篇文言短篇小说，以富翁学究们在革命军进城的风传中发生的故事为主线，以"吾"儿时书塾读书生活为复线，写冬烘先生的迂，富家翁的愚。此文以"周逴"为笔名[4]，投寄给上海的《小说月报》后，受到编辑恽铁樵的高度赞赏，1913 年发表时，文中甚至夹杂了许多恽氏的批注[5]。《怀旧》写出之后的第 7 年，也就是 1918 年，周树人首次以"鲁迅"为名发表中国现代文学史上第一篇白话小说《狂人日记》后，之后一发而不可收，1918—1922 年，连续写出 15 篇小说；1924—1925 年，又连

---

[1] 鲁迅：《呐喊自序》，见《鲁迅全集》第 1 卷，人民文学出版社 1981 年版，第 417 页。
[2] 范源源：《鲁迅与摄影》，硕士学位论文，复旦大学，2011 年，第 21 页。
[3] 许寿裳：《怀亡友鲁迅》，参见《我所认识的鲁迅》，中国文史出版社 2020 年版，第 8 页。
[4] 鲁迅：《怀旧》，见《鲁迅全集》第 7 卷，人民文学出版社 1981 年版，第 222 页。
[5] 赵陕军：《鲁迅〈怀旧〉杂有恽铁樵批语考》，《现代中文学刊》2022 年第 2 期。

续写出11篇，且篇篇是精品，从而登顶文学巅峰，成为一代宗师。

有意思的是，为鲁迅编辑第一篇小说的恽铁樵，反其道而行之，以文学家之身，在不惑之年弃文从医，勤求古训，博采众方，终成为一代名医；且终生勤于著述，有《群经见智录》等24部医学著作传世。鲁迅与恽铁樵之交集，堪称文化史上一段佳话。

3. 鲁迅像后的三"大家"

1909年鲁迅回国后，经好友许寿裳介绍，到"浙江两级师范学堂"任教。到杭伊始，鲁迅即在杭州的"二我轩"照相馆拍摄一照。"二我"之意有两个，一是"现实中有一个我，相片中也有一个我"；二是通过一张底片两次曝光，同一张照片上呈现两个人影，这类照片当时也被命名为"不求人"。有意思的是1924年，鲁迅写《论照相之类》，其中所批判的正是照相中所谓"二我""拜己"之主奴互换。鲁迅自己虽然不玩摄影，但鲁迅先生一生留下的照片其实也不算少，据其子周海婴介绍，除了其母许广平捐赠给政府的鲁迅照片外，还有十来册家庭相册①。在鲁迅照片背后，有三位大家，为鲁迅定格了特殊的历史时刻。他们分别是毛松友、沙飞与梁得所。

毛松友（1911—2000），浙江江山人，摄影记者、新闻摄影理论家。1932年"一二·八"事变爆发，当时还在上海吴淞中国公学读书的毛松友，与同学一起冒险进入吴淞口战区，拍摄被日军轰炸后校舍的断壁残垣，并机智躲过日军盘查，保住了胶卷底片，记录了日军罪行，获得公学董事长蔡元培的高度赞誉。毛松友毕业后，就由蔡元培推荐他进入上海《晨报》，任摄影兼文字记者。1933年，萧伯纳环游世界到上海，宋庆龄设宴款待，蔡元培、鲁迅、林语堂、史沫特莱等名流出席，毛松友以《晨报》记者身份拍摄了这个重要场景（图122），这张摄影作品成为鲁迅研究的重要影像，至今仍在被广泛使用，具有重要的文献价值。

沙飞（1912—1950），延安根据地新闻摄影事业的开拓者，原名

---

① 上海鲁迅文化研究发展中心：《鲁迅家庭大像簿》，同心出版社2005年版，第119页。

图 122　1933 年鲁迅与宋庆龄、萧伯纳等人合影（毛松友摄影）

图片来源：《上海晨报》1933 年 2 月 18 日。

司徒怀，出生于广州。司徒家族与近代资产阶级革命渊源深厚，其族中前辈，著名的华侨领袖司徒美堂是孙中山是结拜兄弟，给孙中山进行革命起义筹备钱款，于孙文之革命居功至伟，"革命"的种子夜在少年沙飞心中已经埋下。沙飞在广东这个近代最早遭受列强侵略，也最早放眼看世界的地区，形成独特的精神气质，比如善于学习，热衷新事物，有开拓精神，革命意志强等。1935 年，沙飞到上海加入著名摄影团体——黑白影社，1936 年考入刘海粟的上海美术专科学校学习西画，把其所学美术知识运用于摄影与木刻。也正是在这个背景下，沙飞与晚年鲁迅发生交集，1936 年 10 月 8 日，鲁迅在上海八仙桥参观"中华全国木刻第二回流动展览会"（图 123），并与青年木刻家座谈，沙飞拍摄了鲁迅与青年木刻家座谈的场景；11 天后，即 1936 年 10 月 19 日鲁迅病逝；因此，沙飞拍摄的这张《鲁迅与青年木刻家》（图 124）就成为鲁迅生前最后一幅照片，其重要性和文献价值不言而喻。鲁迅去世当天，沙飞到四川北路鲁迅寓所，拍摄了《鲁迅先生最后的留影》，也就是鲁迅的遗容。

鲁迅思想也深刻地影响了沙飞，他在 1937 年 6 月举办的第二次个人影展上，展出有关鲁迅照片 19 幅，而且在第二次影展专刊《鲁迅先生最后的留影》照片下，写下"我们要继续鲁迅先生的对恶势力毫不

**图 123　鲁迅在全国第二回木刻流动
展览会上（沙飞摄）**

图片来源：《良友》1936 年第 121 期。

妥协的伟大精神奋斗到底。沙飞 1937 年元旦"字样①。1950 年 3 月，因精神病发作，沙飞枪杀一名为其治病的日本医生被判死刑，他被枪决时，鲁迅先生的摄影底片还带在身上。

梁得所（1905—1938），广东连县人。1927 年，22 岁的梁得所接替周瘦鹃出任《良友》画报第三任主编。梁得所早年于山东齐鲁大学习医，但念了不到一个学期即弃学而去，转奔上海《良友》，于 1926 年正式入职。《良友》老板伍联德慧眼识珠，大胆起用瘦小文弱，说话都提不起嗓子，且没有办刊经验的梁得所。梁得所懂音乐、爱美术、

---

① 参见王雁《我的父亲沙飞》，社会科学文献出版社 2005 年版，第 59 页。

图 124　鲁迅与青年木刻家（沙飞摄）

图片来源：《良友》1936 年第 121 期。

能翻译，善写随笔，目光敏锐，果然不负伍联德所托，不仅成为担任《良友》主编时间最长的主编（第 13—79 期），而且把《良友》办成了老少咸宜、雅俗共赏的沪上大刊，及至"一卷在手，学者专家不觉得浅薄，村妇妇孺不嫌其高深"①。

因仰慕鲁迅，梁得所曾两次访问鲁迅，并在 1928 年 3 月 16 日，在鲁迅的景云里寓所为他拍摄了四张照片。鲁迅日记记载是两张，"晚梁得所来摄影二并赠《良友》一本"②。不过，根据 2005 年出版的《鲁迅家庭大相簿》显示，周海婴梳理出来当日梁得所所拍确实是四张③，日记中出现的"摄影二"恐怕是拍摄当时，鲁迅只听到两次相机的"咔嗒"之声而记录的。此次拍摄照片中的一张在 1928 年《良友》第 25 期发表，同版刊载梁得所的《关于鲁迅先生》，司徒乔所作《鲁迅像画》及《鲁迅自述传略》。1933 年，梁得所离任《良友》，在《告别良友》一文中，他写到，"我爱良友正如保姆辞

---

① 马国亮：《良友忆旧：一家画报与一个时代》，生活·读书·新知三联书店 2002 年版，第 22 页。
② 鲁迅：《日记十七》，见《鲁迅全集》第 14 卷，人民文学出版社 1981 年版，第 701 页。
③ 上海鲁迅文化研究发展中心：《鲁迅家庭大像簿》，同心出版社 2005 年版，第 49 页。

职后仍然爱那少主一样"①。1938 年，33 岁的梁得所因病英年早逝，他拍摄并发表的这幅《著作时之鲁迅》（图 125），在鲁迅研究中也成为重要影像文献。

图 125　著作时之鲁迅（梁得所摄）

图片来源：《良友》1928 年第 25 期。

二　"鲁迅观看"的图式

鲁迅的摄影批评文本主要有两个文本：《论照相之类》写于 1924 年 11 月 11 日，发表于 1925 年 1 月 12 日的《雨丝》周刊第九期，收录鲁迅杂文集《坟》，1927 年 3 月由北京未名社出版。《从孩子的照相说起》写于 1934 年，收入 1935 年鲁迅编订的《且介亭杂文》。从这两个文本向前后拓展，以"鲁迅观看"视角，更能厘清其批评进路，以及内化于摄影或其他图像中的媒介要素。

"观看先于言语。"② 先观看、后辨认，再言说——"像先于词"，这符合人的生理成长规律，鲁迅的图像意识和图像接受同样在少年时期萌生。鲁迅的图像观看经验——"鲁迅观看"作为一个认知生发、思想形成的重要途径，在研究其文学书写范式和言说方式，及一以贯之的国民性批判中，是一个值得关注的视角。这里所说的"鲁迅观

---

① 梁得所：《告别良友》，《良友》1933 年第 79 期。
② 约翰·伯格：《观看之道》，戴行钺译，广西师范大学出版社 2015 年版，第 4 页。

看",是以摄影图像为核心,向前上溯至鲁迅少年时期对石印绘画的观看,向后延伸到鲁迅晚年对木刻版画提倡,形成"图绘—照相—新兴版画"的观看进路,通过建立像与词意义共生的逻辑链条,发掘鲁迅摄影批评的基本意指在专制、麻木、暴力和异族入侵等多元语境下对人的生存危机与抗争的言说隐喻。以像与词二元共生角度,再思鲁迅摄影批评中打破"主、奴循环"、放孩子"到宽阔光明的地方去"的"立人"思想。

1933年,鲁迅在《〈木刻创作法〉序》一文中提到他幼时初次看到木刻插图版画,"那时我还是一个儿童,见了这些图,便震惊于它的精工活泼,当作宝贝看"①。可见,"观看"在鲁迅幼时留下过深刻记忆,"鲁迅观看"的多元图式也对其思想发展和文学书写产生了很大影响。从少年时期接触图绘直至1936年去世,鲁迅终其一生对图像保持着"观看"热忱。除去社戏之类,这里关注"鲁迅观看"的三种图式。

1. 儿童时阅读的石印绘图版书籍

少时,鲁迅在三味书屋读书(图126)。他在一个远房叔祖周兆兰先生的书斋里看到的《秘传花镜》,保姆长妈妈送的"有画儿的'三哼经'"②,即《山海经》;石印《尔雅音图》《毛诗品物图考》《点石斋画报》《诗画舫》等③;以及读私塾之余搜求到的《文昌阁帝君阴骘文图说》《玉历钞传》,长辈赠送的《二十四孝图》等④,还有黑白无常图画(图127)。

2. 在故乡"S城"看到的摄影照相

根据《论照相之类》记述,鲁迅少年时期印象特别深刻的是挂在照相馆壁上的曾大人、李大人、左中堂、鲍军门等人的照片;族中长辈还以此教育他,"说这许多都是当今的大官,平'长毛'的功臣,

---

① 鲁迅:《木刻创作法》序,见《鲁迅全集》第4卷,人民文学出版社1981年版,第608页。
② 鲁迅:《阿长与山海经》,见《鲁迅全集》第2卷,人民文学出版社1981年版,第247页。
③ 鲁迅:《阿长与山海经》,见《鲁迅全集》第2卷,人民文学出版社1981年版,第248页。
④ 鲁迅:《二十四孝图》,见《鲁迅全集》第2卷,人民文学出版社1981年版,第252—253页。

图 126 鲁迅少年时读书的三味书屋

图片来源:《鲁迅全集》第 2 卷,人民文学出版社 1981 年版。

图 127 少年鲁迅收集之"黑白无常"

图片来源:《鲁迅全集》第 2 卷,人民文学出版社 1981 年版。

你应该学学他们"①。在这里，鲁迅思考奴性之根植，是国民劣根性之源。从北京城里到处悬挂的被人追捧的梅兰芳黛玉葬花照，则让他生发出审美精神矮化的悲叹。而在《从孩子的照相说起》中，鲁迅谈到，根据在日本照相馆里照出的照片中孩子"满脸顽皮"，与在中国照相馆里孩子"面貌很拘谨，驯良"比较，他发现一个孩子、两种"面相"。透过照相镜头，鲁迅看到柔弱、驯良之中国儿童。于是，在《狂人日记》发出"救救孩子"呼声之后19年后，鲁迅再次从培育新国民视角，思考反奴性、防奴性，当从娃娃抓起，把失落的、送给洋人的"洋气"再找回来，哪怕从仇敌那里找回来也好，因为"没有拿来的，人不能成为新人"②，从而衔接起他早年的"立人"思想。

3. 晚年倡导的新兴木刻版画

作为中国"新兴木运"发起者、奠基人，木刻版画"观看"对鲁迅晚年思想转变有重要意义，是鲁迅以木刻媒介参与到大众中去的渠道，也把鲁迅以文艺改造国民性的"立人"思想从理念转向实践。晚年鲁迅把木刻版画看作服务革命、鼓舞斗志的武器，明确提出"当革命时，版画之用最广，虽极匆忙，即刻能办"③。敏锐地看见了版画——木刻、石版、插图、装画、蚀铜版等在宣传、教化中有益于劳农大众、培育新国民的功用。

三 "像里像外"的人

在"鲁迅观看"不同图式中，"像里像外"站着不同情感旨归的"人"，围绕这个像里像外的人所产生的精神追问，构成"鲁迅观看"及其摄影批评的内核。

1. 渴慕释放天性的少年

鲁迅曾经使用一个词叫作"渴慕"④，表达他少年时对《山海经》，

---

① 鲁迅：《论照相之类》，见《鲁迅全集》第1卷，人民文学出版社1981年版，第183页。
② 鲁迅：《拿来主义》，见《鲁迅全集》第6卷，人民文学出版社1981年版，第40页。
③ 鲁迅：《新俄画选》小引，见《鲁迅全集》第7卷，人民文学出版社1981年版，第345页。
④ 鲁迅：《阿长与山海经》，见《鲁迅全集》第2卷，人民文学出版社1981年版，第246页。

即长妈妈所说的"三哼经"的喜悦。鲁迅七岁,随叔祖周玉田先生诵《鉴略》,这位叔祖给他说起里面有"画着人面的兽,九头的蛇,三脚的鸟,生着翅膀的人,没有头而以两乳做眼睛的怪物……"的《山海经》①;除了渴慕《山海经》,玉田先生还有令少年鲁迅喜爱的《毛诗草木鸟兽虫鱼疏》。这时"鲁迅观看"中有一个满怀惊喜、好奇之心的懵懂少年;收到阿长送来的"三哼经"时,他获得"似乎遇到一个霹雳,全体都震悚起来"的美好体验。虽然1934年鲁迅写的《随便翻翻》一文中提到随玉田先生读《鉴略》,"桌上除了这一本书和习字的描红格,对字(这是做诗的准备)的课本之外,不许有别的书"②。但为他开蒙的玉田先生也并不完全是一个"冬烘先生",周作人抄录过玉田先生的一首《鉴湖竹枝词》:"秀耸遥瞻梅里尖,孤峰高插势凌天,露霜展谒先贤兆,诗学开科愧未传。"③ 诗文清新峭拔,虽是追亲念远之作,并无暮气褊狭之风,这位能称孩子们为"小友"的先生,应该是颇有情趣的"寂寞者"④;少年鲁迅也终于在读《鉴略》后慢慢认字,养成翻书习惯,尤喜在旧书中"找图画看"。

周作人的记述中也提到,鲁迅少年时即喜书画,喜影写《芥子园画谱》、影描《荡寇志》绣像,还用二百文从同窗家里买来陈淏子的《花镜》⑤。孩童之时的鲁迅,即使在家藏老书《文昌阁帝君阴骘文图说》《玉历钞传》中,也能发现自己喜爱的"雷公电母站在云中,牛头马面布满地下"等有趣画面,展现了一个孩子"爱美""爱奇"的纯然天性。

2. 被"孝"的虚伪所震怖的少年

鲁迅记忆里,他早年最先收得的图画本子是《二十四孝图》,薄薄一本,"下图上说,鬼少人多"。《二十四孝图》中,最让他感到不

---

① 鲁迅:《阿长与山海经》,见《鲁迅全集》第2卷,人民文学出版社1981年版,第247页。
② 鲁迅:《随便翻翻》,见《鲁迅全集》第6卷,人民文学出版社1981年版,第136页。
③ 周作人:《旧日记抄》,参见《风雨谈》,人民文学出版社2020年版,第166页。
④ 鲁迅:《阿长与山海经》,见《鲁迅全集》第2卷,人民文学出版社1981年版,第246页。
⑤ 周作人:《关于鲁迅》,参见《瓜豆集》,人民文学出版社2020年版,第163—164页。

适的却是以孝的名义出现的"儿童"影像,特别是"老莱娱亲"和"郭巨埋儿"。老莱子行年七十言不称老,身着五彩衣扮婴儿戏于双亲身侧(图128);还取水堂上,诈跌做婴儿啼讨好父母。装样诈跌、手持"摇咕咚",善做婴儿啼的老莱子,令少年鲁迅颇觉这种以肉麻当有趣的作态"侮辱了孩子"[①]。

图128 "二十四孝"之"老莱娱亲"

图片来源:《鲁迅全集》第2卷,人民文学出版社1981年版。

而在"郭巨埋儿"图里,少年鲁迅对郭巨那个一样手持"摇咕

[①] 鲁迅:《二十四孝图》,见《鲁迅全集》第2卷,人民文学出版社1981年版,第255页。

咚"即将被埋的儿子寄予深切同情。郭巨家贫,不能供养其母,又担心三岁小儿分母之食,遂埋子以减少家用,奉养老母;但当郭巨掘坑二尺时,得黄金一釜,上书"天赐郭巨,官不得取,民不得夺"。掘土得金,孝感上天,以违背人伦的行为赢得来自上天的"善报"。看过这一孝后,少年鲁迅"从此总怕听到我的父母穷愁,怕看见我的白发的祖母,总觉得她是和我不两立,至少,也是一个和我的生命有些妨碍的人"①。观看"二十四孝图",少年鲁迅初识纲纪伦常"以不情为伦纪孝道"的狰狞;这种惊悚与狰狞是以"吃人"——吃儿童为代价的:老莱子"吃"掉儿童的灵魂,郭巨"吃"掉儿童的肉身。

3. 摄影术下生命力"萎缩"的国民

仙台观"画片"事件引发弃医从文的人生转向,可见照相(片)之于鲁迅的意义。《论照相之类》里,鲁迅对照片的"观看"有三个方面:一是S城照相馆里挂在壁上的平"长毛"之乱的"大英雄",对于这些照片,S城人看到的不是其商业性,而是教育晚辈的教材。二是当时所谓名士风流不愿做千篇一律的"呆鸟",照相时除了"赤身裸体装作晋人",更愿意做出一些有深意的"创作","较为通行的是先将自己照下两张,服饰态度各不同,然后合照为一张,两个自己即或如宾主,或如主仆,名曰'二我图'。但设若一个自己傲然地坐着,一个自己卑劣可怜地,向了坐着的那一个自己跪着的时候,名色便又两样了:'求己图'"②。三是鲁迅在北京看到照相馆里与"阔人们"缩小放大的照片一样挂起来的,令国民如痴如醉的梅兰芳"天女散花""黛玉葬花"之类的男扮女照片。

《从孩子的照相说起》又回到儿童话题,发现孩子在中、日照相馆呈现不同"面相"的根源在照相师视角,"孩子被摆在照相机的镜头之下,表情是总在变化的,时而活泼,时而顽皮,时而驯良,时而拘谨……。照住了驯良和拘谨的一刹那的,是中国孩子;照住了活泼

---

① 鲁迅:《二十四孝图》,见《鲁迅全集》第2卷,人民文学出版社1981年版,第256页。
② 鲁迅:《论照相之类》,见《鲁迅全集》第1卷,人民文学出版社1981年版,第184页。

或顽皮的一刹那的，就好像日本孩子相"①。摄影术下生命力萎缩的国民被鲁迅发现，这个发现不仅在"鲁迅观看"中视角独特，也表征着鲁迅"立人"思想的延伸，成为鲁迅摄影批评的核心指向。

4. 木刻版画中的苦难者与"怒吼"者

新兴木刻版画在鲁迅晚年观看经验中是一个闪光的存在。少年鲁迅看见木刻并震惊于它的"精工活泼"，那是刻在木头横断面上的"木口木刻"，是"复制木刻"；晚年鲁迅则倡导"创作木刻"，即不假于刻者和印者，直接以笔刀创作出来的作品，这类作品一经成为文学或科学书籍中的插图，就从"小富家儿艺术"变成"大家的东西"②。"鲁迅观看"的木刻版画集中于两个方面：一个是国外木刻版画，以在柔石协助下，鲁迅编辑策划的《艺苑朝华》为代表，如比利时麦绥莱勒木刻连环画《一个人的受难》（1933）、苏联版画《引玉集》（1934）、德国版画家珂勒惠支的《凯绥·珂勒惠支版画选》（1936）等。另一个是1834年鲁迅编辑的《木刻纪程》，收录何白涛、陈烟桥、陈铁耕、黄新波、陈普之、张望、刘岘、罗清桢等8位青年木刻家24幅作品，其中16幅为人物题材。

鲁迅对珂勒惠支版画情有独钟，因为珂勒惠支满足了鲁迅对木刻版画观看的三个题材：一是生活社会底层的苦难者；如《穷苦》《织工队》《耕夫》《面包》等，冰冷破烂家中愁苦的男女；饿着肚子走向工场的女工；被虐于贵族的农夫；为饥饿的孩子急切索食而饮泣的母亲……二是走向抗争的"叛逆者"，如《磨镰刀》《反抗》等，在憎恶和愤怒中磨快镰刀的刀锋；洋溢着复仇之姿、浑身是力的女人……三是狂欢的群氓或无谓的牺牲者，如《断头台边的舞蹈》，断头台边可怕的一群，狂暴的臂膀，照出一个阴暗，恰如净罪的火焰③；《牺牲》则是作为一个母亲的珂勒惠支对两个死在欧洲（一战）战场上的幼子悲

---

① 鲁迅：《从孩子的照相说起》，见《鲁迅全集》第6卷，人民文学出版社1981年版，第81页。
② 鲁迅：《木刻创作法》序，见《鲁迅全集》第4卷，人民文学出版社1981年版，第609页。
③ 鲁迅：《凯绥珂勒惠支版画选集》序目，见《鲁迅全集》第6卷，人民文学出版社1981年版，第475页。

叹他们"无谓的牺牲"。而在中国青年版画家作品中,"怒吼者"成为鲁迅关注的核心,如李桦《怒吼吧,中国!》,胡一川《到前线去》、黄新波《怒吼》、张致平《负伤的头》(图129)、一工的《推》等。

图 129 张致平木刻《负伤的头》

图片来源:鲁迅编辑《艺苑朝华附〈木刻纪程〉》,南开大学出版社 2016 年版。

从早期观看石印图册鬼神画像的活泼少年,到被违逆人性的虚伪的善与孝所"惊悚",终于沦为照相中拘谨、怯懦的"温良"人,即奴隶。因此,打破奴性的枷锁,还孩子健朗的天性,放他们到光明中去,遂成鲁迅晚年的"怒吼"。只有透过"鲁迅观看"的图式演进,才能理解其摄影批评的独特与深邃。

第三节 鲁迅的摄影批评

因为家道中落而受人冷眼,使鲁迅善于从人、事、物表象看到

"背面","看见世人的真面目"①。在"观看"图像背后有着"鲁迅的词意",钱理群借周作人的"气味"概念②,名之"鲁迅气味"③:借助图像观看,探寻专制、暴力和异族入侵等多重语境交织下国民及国族的生存危机、精神病态。在《论照相之类》与《从孩子的照相说起》等文本中,鲁迅以"照相"为触发点挖掘国民精神,形成鲁迅摄影批评的核心之词:一是主奴互换的循环、一是审美中的伟美缺失。

一 奴性绵延:主奴互换的循环

《论照相之类》由"材料之类""形式之类""无题之类"三部分组成。"形式之类"所述空间在"S"城,"三十年前"光顾照相馆的人不仅照全身照,还要有大茶几、帽架、茶碗、水烟袋、花盆、痰盂等物饰;不仅有物饰,"雅人"们还要弄些"艺术照",以满足想象。比如当时所谓名士风流们,不愿做千篇一律的"呆鸟",照相时除了"赤身裸体装作晋人",更愿意做出一些有"深意"的创作,如"二我""求己""这类'图'晒出之后,总须题些诗,或者词如'调寄满庭芳''摸鱼儿'之类,然后在书房里挂起"④。"二我图""求己图"都是相主们主奴心迹的表露。这些高悬的"名人"照片背后,在鲁迅看来是奴性教育的潜移默化。因为他看到"凡是人主,也容易变成奴隶,因为他一面既承认可做主人,一面就当然承认可做奴隶,所以威力一坠,就死心塌地,俯首帖耳于新主人之前了"⑤。所谓"二我"或"求己",即是"主、奴合体"二重身份的分割与再重合。临下骄者事上必谄,鲁迅曾举例说,残暴如孙皓,降晋后立马成为卑鄙无耻之奴才,所以中国人从来就没有真正站起来过,鲁迅说,"现在我们所看见的,已没有卑劣可怜地跪着的照相了,不是什么会纪念的

---

① 鲁迅:《呐喊·自序》,见《鲁迅全集》第1卷,人民文学出版社1981年版,第415页。
② 周作人:《杂拌儿之二》序,《苦雨斋跋文》,河北教育出版社2002年版,第120页。
③ 钱理群:《结束"奴隶时代":〈论照相之类〉及其他》,《鲁迅研究月刊》2004年第11期。
④ 鲁迅:《论照相之类》,见《鲁迅全集》第1卷,人民文学出版社1981年版,第184页。
⑤ 鲁迅:《论照相之类》,见《鲁迅全集》第1卷,人民文学出版社1981年版,第184页。

一群，即是什么人放大的半个，都很凛凛地。我愿意我之常常将这些当作半张'求己'图看，乃是我的杞忧"①。故而，"求己"图和"二我"图是千百年来中国人心中为主、为奴人格的分裂映像，也是奴性之源，中国人从来没有真正从奴隶位置上站起来过。

而在《从孩子照相说起》一文中，鲁迅发现照相师的视角——奴性视角，决定了孩子的成像；而照相师对自己的奴性视角并无所知，只是以惯性行为捕捉孩子的温良瞬间。这种不自知根深蒂固于国民性中，所以在鲁迅看来，S城照相馆里，挂在壁上的照片，都是曾大人、李大人、左中堂、鲍军门，也时时刻刻以"奴性视角"看且塑造着青年。

鲁迅的深刻在于，他通过"照相"发现主、奴互换的"永恒"，即"做主子时以一切别人为奴才，则有了主子，一定以奴才自命：这是天经地义，无可动摇的"②。正因其永恒和"无可动摇"，"奴才做了主人，是决不肯废去'老爷'的称呼的，他的摆架子，恐怕比他的主人还十足，还可笑"③。奴隶内化为奴性，使主、奴循环成为社会往复之循环，"一治一乱"之循环，才有了鲁迅惊骇世俗的发现：五千年中国历史无非是"想做奴隶而不得的时代"与"暂时做稳了奴隶的时代"④。刘邦和项羽看见秦始皇的阔气时，一个说"嗟乎！大丈夫当如此也！"一个说"彼可取而代也！"他们所求者不过是"兽性方面的欲望的满足——富威，子女，玉帛，——罢了"⑤。而阿Q革命的最高理想亦无非是"元宝，洋钱，洋纱衫"，秀才娘子的宁式床，邹七嫂的女儿，赵司晨的妹子和吴妈，还有就是惩罚、打杀和他一样出身的王胡、小D，以及欺压他的赵太爷⑥。如此而已，一切都是循环。从

---

① 鲁迅：《论照相之类》，见《鲁迅全集》第1卷，人民文学出版社1981年版，第185页。
② 鲁迅：《谚语》，见《鲁迅全集》第4卷，人民文学出版社1981年版，第542页。
③ 鲁迅：《上海文艺之一瞥》，见《鲁迅全集》第4卷，人民文学出版社1981年版，第302页。
④ 鲁迅：《灯下漫笔》，见《鲁迅全集》第1卷，人民文学出版社1981年版，第213页。
⑤ 鲁迅：《随感录五十九"武圣"》，见《鲁迅全集》第1卷，人民文学出版社1981年版，第354页。
⑥ 鲁迅：《阿Q正传》，见《鲁迅全集》第1卷，人民文学出版社1981年版，第515页。

1924年鲁迅"回看"故乡"三十年前"照相馆里的"二我"图"求己"图，到1934年"十年后"在中、日照相馆里"观看"照相师浑然内化的奴性视角，鲁迅对主、奴循环的"求解"充满艰辛；主、奴互换循环愈难解，人之立则愈迫切、愈悲壮。

主奴循环下，也更容易衍生出愚昧。《论照相之类》中的"材料之类"，从S诚（即绍兴）里传说"洋鬼子挖眼睛腌咸菜"说起，说到洋鬼子这么做，并不是为了吃眼睛当咸菜，其目的有二，一是用于电线，二是用于照相。至于为什么这样做，似乎说不清楚，但是关洋鬼子挖心肝的传说倒是活灵活现的，"我曾旁听过一位念佛的老太太说明理由：他们挖了去，熬成油，点了灯，向地下各处去照去。人心总是贪财的，所以照到埋着宝贝的地方，火头便弯下去了"[①]。由此来看，洋人都是很实用的，他们腌人的眼睛，用来照相是因为人眼里是可以照相的，因此所谓洋人者，总是属于禽兽的。

实际上，从前面西方镜像里被妖魔化的中国形象看，鸦片战争后，东方和西方是互以禽兽相看的。鲁迅在这里讲到照相的"材料之类"，是说洋人腌中国人的眼睛为材质进行照相，则是要点出中国人在西洋技术进入多年后，依然闭塞而不愿睁开眼睛看世界的顽固、愚昧自守，不愿与人为伍，"一如鸟兽"。说到愚昧，鲁迅回忆说，"S域人却似乎不甚爱照相，因为精神要被照去的……半身像是大抵避忌的，因为像腰斩"[②]。以照片谈中国人的奴性和迷信，实则奴性因迷信而强化、迷信因奴性而生根，奴性和迷信互生互源。

二 审美异化：伟美之雄的缺失

《论照相之类》里谈到"无题之类"，"鲁迅观看"的空间由S城转换到北京，观看视角也从S城的曾大人、雅士照等转换到"近十年来"一直悬挂于故都照相馆里梅兰芳"标志"的"黛玉葬花图"（图

[①] 鲁迅：《论照相之类》，见《鲁迅全集》第1卷，人民文学出版社1981年版，第182页。
[②] 鲁迅：《论照相之类》，见《鲁迅全集》第1卷，人民文学出版社1981年版，第183页。

130)、"天女散花图"。梅兰芳作为名艺人,其影像被照相馆用来招徕生意,固然有商业意图,而当这个"男扮女"照相成为整个国民的审美参照时,鲁迅就感到深沉的悲哀,"我们异性大抵相爱。太监只能使别人放心,决没有人爱他,因为他是无性了……男人看见'扮女人',女人看见'男人扮',所以这就永远挂在照相馆的玻璃窗里,挂在国民的心中"①。

图130 京剧《黛玉葬花》,梅兰芳饰黛玉

图片来源:李伶伶《梅兰芳全传》,中国青年出版社2009年版。

这个话题和前面提到的梁启超、郁达夫等人的文本中隐藏的"男尊女卑"观不同:鲁迅所批判的,是非男非女爱恋的审美心态,及这种心态里畸形的国民性。《摩罗诗力说》里,鲁迅也曾如此剖析民族心性,"中国之治,理想在不撄(撄:挑战、抗争之意——笔者注),

---

① 鲁迅:《论照相之类》,见《鲁迅全集》第1卷,人民文学出版社1981年版,第187页。

而意异于前说。有人撄人，或有人得撄者，为帝大禁，其意在保位，使子孙王千万世，无有底止，故性解（Genius）之出，必竭全力死之；有人撄我，或有能撄人者，为民大禁，其意在安生，宁蜷伏堕落而恶进取，故性解之出，亦必竭全力死之"①。在这个具有"撄"的伟力者被扼杀的社会和国族，"性解（Genius）之出"必将不容于世，不容于国，不容于民，因为整个民族的心性是被"阉割"过的。这也就是鲁迅为什么反感梅兰芳"男扮女装"照相盛行的原因所在。

根据《论照相之类》写作时间考量，文中提到的"近十年"，应该是1914—1924年。看了梅兰芳君的"黛玉葬花"照，鲁迅这样写道，"没有看见'黛玉葬花'的照片的时候，是万料不到黛玉的眼睛如此之凸，嘴唇如此之厚的。我以为她该是一幅瘦削的痨病脸，现在才知道她有些福相，也像一个麻姑"②。葛洪《神仙传》载，麻姑为道教神仙，"是好女子，年十八九许，于顶中作髻，余发垂至腰，其衣有文章，而非锦绮，光彩夺目，不可名状"③。另据鲁迅日记载，他也曾在1912年11月17日购买过"仇十洲麻姑"④；可见，麻姑的民间形象应当曼妙可喜。

然而，有福相的麻姑般的梅兰芳之"黛玉葬花图""天女散花图"却令鲁迅反感。1927年已经南下上海的鲁迅写《文艺与政治的歧途》时，依然表达了这种不满，"《红楼梦》里面的人物，像贾宝玉林黛玉这些人物，都使我有异样的同情；后来，考究一些当时的事实，到北京后，看看梅兰芳姜妙香扮的贾宝玉林黛玉，觉得并不怎么高明"⑤。这种不满和厌恶直到1934年8月、11月鲁迅写作《看书琐记》《略论梅兰芳及其他》时依然被提及。《看书琐记》中鲁迅认为，即使排除梅兰芳"黛玉葬花"照相的先入之见（有福相），想象出一个"剪头

---

① 鲁迅：《摩罗诗力说》，见《鲁迅全集》第1卷，人民文学出版社1981年版，第68页。
② 鲁迅：《论照相之类》，见《鲁迅全集》第1卷，人民文学出版社1981年版，第186页。
③ （晋）葛洪：《麻姑》，见《神仙传》，中华书局2017年版，第269页。
④ 鲁迅：《壬子日记》，见《鲁迅全集》第14卷，人民文学出版社1981年版，第27页。
⑤ 鲁迅：《文艺与政治的歧途：十二月二十一日在上海暨南大学讲》，见《鲁迅全集》第7卷，人民文学出版社1981年版，第113页。

发,穿印度绸衫,清瘦,寂寞的摩登女郎"般的林黛玉,北极的爱斯基摩人和非洲的黑人,也不会懂得"林黛玉型","健全而合理的好社会中人,也将不能懂得"①。在鲁迅看来,作为审美的林黛玉在健康而合理的好社会是伪美的,"看一位不死不活的天女或林妹妹,我想,大多数人是倒不如看一个漂亮活动的村女的,她和我们相近"②。对比同一年写的《从孩子照相说起》,鲁迅直击照相中孩子驯良之"不良后果"——一味向着"静"的一面发展,直至"低眉顺眼,唯唯诺诺,才算一个好孩子,名之曰'有趣'"③。实则不仅无趣,而且危险至极,和梅兰芳的"天女散花""黛玉葬花"一样,都是伪美的。

鲁迅期待"动"的、"有力"的伟美。伟美是什么样的呢?早在在写于1907年的《摩罗诗力说》中,鲁迅多次用到"伟美",兼及使用"雄美"。根据其表述,"伟美"与"雄美"意旨相似,都含"雄美伟大"④之意,"以特殊雄丽之言,自振精神而绍介其伟美于世界"。"伟美"抑或"雄美"显然与黛玉、麻姑天女之柔弱、性感、病态等属于不同审美境地。因此,梅兰芳"黛玉葬花"或"天女散花"之"标致"⑤,只是滑稽的小情调、小摆设,而在"风沙扑面,虎狼成群"的时候,时代需要的"是匕首,是投枪",是"杀出一条生存的血路的东西"⑥,即"伟美"之雄。

伟美之雄之于鲁迅的"立人"思想,有非常明确的书写意象。《摩罗诗力说》中,作为"自振精神"的"伟美"具象化,鲁迅以"撄者"(撄:挑战、抗争之意——笔者注)、"性解(Genius)"喻"精神界之战士",其审美之"伟"尽显于"刚健不挠,抱诚守真;不取

---

① 鲁迅:《看书琐记》,见《鲁迅全集》第5卷,人民文学出版社1981年版,第531页。
② 鲁迅:《略论梅兰芳及其他(上)》,见《鲁迅全集》第5卷,人民文学出版社1981年版,第580页。
③ 鲁迅:《从孩子的照相说起》,见《鲁迅全集》第6卷,人民文学出版社1981年版,第81页。
④ 鲁迅:《摩罗诗力说》,见《鲁迅全集》第1卷,人民文学出版社1981年版,第74页。
⑤ 鲁迅:《论照相之类》,见《鲁迅全集》第1卷,人民文学出版社1981年版,第185页。
⑥ 鲁迅:《小品文的危机》,见《鲁迅全集》第4卷,人民文学出版社1981年版,第576—577页。

媚于群，以随顺旧俗；发为雄声，以起其国人之新生而大其国于天下"①的风神气质。鲁迅晚年写的《半夏小集》一文，更以死后身体为喻，以"伟美"之笔写"雄美"之词，"假使我的血肉该喂动物，我情愿喂狮虎鹰隼，却一点也不给癞皮狗们吃。养肥了狮虎鹰隼，它们在天空、岩角、大漠、丛莽里是伟美的壮观，捕来放在动物园里，打死制成标本，也令人看了神旺，消去鄙吝的心。但养胖一群癞皮狗，只会乱钻、乱叫，可多么讨厌！"②长挂于"国民心中"的"黛玉葬花""天女散花"图，令鲁迅感到悲哀。透过梅兰芳"男扮女"照相被民众追逐，鲁迅看出它作为"乱世"中人"惶惑""偷生"之无奈、之麻醉、之装饰外，在审美上，是伪美病态及国民生命力之萎缩。

故而，无论S城的"曾大人""左中堂"，还是北京城的"梅兰芳"，空间在转场，时间却凝固。鲁迅借助对醒目之像的"观看"，扬"难以言说"的"透底"之词，通过像与词二元共生，以新的言说方式，表达对国民劣根性下主、奴互换循环及狭隘、病态审美观的忧思，探索以审美"立人"的路径，探寻"新国民"培育。在《呐喊·自序》里，鲁迅和金心异（即钱玄同）的对话提出了著名的"铁屋子"说：

假如一间铁屋子，是绝无窗户而万难破毁的，里面有许多熟睡的人们，不久都要闷死了，然而是从昏睡入死灭，并不感到就死的悲哀。现在你大嚷起来，惊起了较为清醒的几个人，使这不幸的少数者来受无可挽救的临终的苦楚，你倒以为对得起他们么？

然而几个人既然起来，你不能说决没有毁坏这铁屋的希望。③

希望在哪里？希望在孩子。因此鲁迅的摄影批评中，一个很重要的意涵，是透过摄影呼吁"救救孩子"。

---

① 鲁迅：《摩罗诗力说》，见《鲁迅全集》第1卷，人民文学出版社1981年版，第99页。
② 鲁迅：《半夏小集》，见《鲁迅全集》第6卷，人民文学出版社1981年版，第597页。
③ 鲁迅：《呐喊·自序》，见《鲁迅全集》第1卷，人民文学出版社1981年版，第419页。

第四节 鲁迅的批评意指

早年受梁启超"新民说"影响,鲁迅对"新民"与国民性改造的思考有两个言说方式:一是"学理"与激情相伴生的《文化偏至论》《摩罗诗力说》等;二是作为文学书写的《狂人日记》《阿Q正传》等。在前者,鲁迅生发出"誓将不复为奴"的"立人"思想,"必尊个性而张精神"①。而立人之要,在乎少年。《摩罗诗力说》结尾处,鲁迅安排俄国作家柯罗连科《末光》一书大有深意:少年处萧条中,在西伯利亚冰天雪地中读到樱花树上声音婉转的黄鸟而陷入沉思,这黄鸟一般的"先觉之声",是最有希望"破中国之萧条"之声②。所以在后者,则通过狂人设问"没有吃过人的孩子,或者还有?"③发出"救救孩子"的呼声,这也是鲁迅摄影批评的意指所在。

一 培育新国民

从"鲁迅观看"视角,梳理鲁迅摄影批评的意指,以少年之苦难为逻辑起点,亦落足于对少年之解放、新人之培育。

1. "苏醒与欢喜的光辉"之消逝

当鲁迅看到小学生在看粗拙的《儿童世界》时,虽感觉中国儿童的可怜,但想到自己少年时的"观看"就觉得他们是幸福的,因为"我的小同学因为专读'人之初性本善'读得要枯燥而死了,只好偷偷地翻开第一页,看那题着'文星高照'四个字的恶鬼一般的魁星像,来满足他幼稚的爱美的天性。昨天看这个,今天也看这个,然而他们的眼睛里还闪出苏醒和欢喜的光辉来"④。不过,这种少年天性"苏醒和欢喜的关辉"却受到传统教育观念的压制。

---

① 鲁迅:《文化偏至论》,见《鲁迅全集》第1卷,人民文学出版社1981年版,第57页。
② 鲁迅:《摩罗诗力说》,见《鲁迅全集》第1卷,人民文学出版社1981年版,第100页。
③ 鲁迅:《狂人日记》,见《鲁迅全集》第1卷,人民文学出版社1981年版,第432页。
④ 鲁迅:《二十四孝图》,见《鲁迅全集》第2卷,人民文学出版社1981年版,第252页。

鲁迅关于少年时的"五猖会"记忆，不仅可以看到一骑飞来的"塘报"，"高跷""抬阁"以及或青面、或美髯、或姣长妇人模样的水浒人物；更能看到"殊与'礼教'有妨"的梅姑庙里"室女守节，死后成神，却篡取别人丈夫"的梅姑那样的"邪神"。本来"我"跳着笑着，要和人同去，父亲却让"我"读二三十行《鉴略》，"我"如深秋的蟋蟀，瑟瑟发着抖念完"粤自盘古，生于太荒。首出御世，肇开混茫……"然后与众人登舟，却感觉"开船以后，水路中的风景，盒子里的点心，以及到了东关的五猖的热闹，对我似乎都没有什么大意思"①。父亲在"我"即将放飞欢欣时兜头浇下冷水，以枯索的《鉴略》把少年天性的喜悦扼杀。被驯化为温良、麻木，甚至虚伪的苦闷成为鲁迅难以抹去的心灵伤痕。而看《二十四孝图》"曹娥投江"时，少年的苦闷走向深刻。关于"曹娥投江"，鲁迅回忆到围绕"抱"与"背"产生的"伦理纠纷"，"死了的曹娥，和她父亲的尸体，最初是面对面抱着浮上来的。然而过往行人看见的都发笑了……"②听似荒诞不经，曹娥与父亲的尸体如何浮出水面却真成了"伦理问题"。故而，鲁迅看到《百孝图》《二百卌孝图》画师只画曹娥江干啼哭而未入水的"圆滑"之后，在吴友如画的《女二十四孝图》里看到两尸一起"背对背"浮出水面的图绘。这与"辱没了孩子"的"老莱娱亲"一样，把传统道德中虚伪与肉麻的一面浸入孩子的教育中，是鲁迅深恶痛绝的。

沿着这样路径打量，就会看到当少年鲁迅在 S 城观看高悬在照相馆里的曾大人、鲍军门等人像时，留下的记忆同样"滑稽"，前辈们如谈论曹娥的尸体和父亲尸体浮出水面时，只能是"背"，而不能是"抱"一样：一方面义正词严地教育后生学框子里平"长毛"的功臣，另一方面却不敢进照相馆照相，生怕被照去、或被洗掉了"威光"，更不敢照半身照，生怕被"腰斩"。前辈的虚伪在延续，而驯良则成

---

① 鲁迅：《五猖会》，见《鲁迅全集》第 2 卷，人民文学出版社 1981 年版，第 264 页。
② 鲁迅：《朝花夕拾·后记》，见《鲁迅全集》第 2 卷，人民文学出版社 1981 年版，第 324 页。

为一个"好孩子"的标志。《从孩子的照相说起》中,鲁迅对比"温文尔雅,不大言笑,不大动弹"中国孩子,与"健壮活泼,不怕生人,大叫大跳"的日本孩子后,直指虚伪教育观对孩子生命力的摧残,直至其"萎缩了下去"①。

对于孩子生命力"萎缩",鲁迅的批评指向"父亲"。"父亲"在鲁迅言说之词中是一个隐喻:以"背书"压制"天性",以"父权"驯育"温良",最终牺牲掉孩子"苏醒与欢喜的光辉"。

2. 放孩子"到宽阔光明的地方去"

衰朽的终将衰朽,新生的当放他们到光明中去,鲁迅"立人"思想中有希望亦有悲壮。《论照相之类》《从孩子的照相说起》两个文本书写时间相隔十年,前者以观看 S 城 "各位大人"照片的少年视点切入,后者以中、日孩子在照相中的不同"成像"为媒介。如果把视界再延伸到为"三哼经"而喜悦的少年周豫才,往后拓展到观看木刻版画,为青年版画家奔走呼告的晚年鲁迅,就能清晰地看到鲁迅摄影批评指向"新国民"培育。

鲁迅从照相师奴性视角里看到更为沉痛的奴性"痼疾":不管照相师也好,食古不化者也好,他们一见孩子活泼、健康、顽皮、挺胸仰面、动的、"洋气"的一面,就极力抵触、仇视,甚至坚持"他们活动,我偏静坐;他们讲科学,我偏扶乩;他们穿短衣,我偏着长衫;他们重卫生,我偏吃苍蝇;他们壮健,我偏生病……"② 不思变革、盲目排外,这个民族和他的孩子是没有未来的。鲁迅用中、日孩子的照相作比,呼吁释放孩子天性,培育新国民,达"立人"之旨归。

对自己父亲,鲁迅的记忆和书写不是太多,仅见于《父亲的病》《呐喊·自序》《自言自语·我的父亲》《五猖会》等寥寥篇幅;而且从这些文本,尤其是《五猖会》的叙述语调中可以看出,鲁迅和

---

① 鲁迅:《从孩子照相说起》,见《鲁迅全集》第 6 卷,人民文学出版社 1981 年版,第 82 页。
② 鲁迅:《从孩子照相说起》,见《鲁迅全集》第 6 卷,人民文学出版社 1981 年版,第 82 页。

父亲的关系是颇为隔膜的。或许正因为与自己的父亲缺乏亲近感，作为父亲的鲁迅对自己的孩子满眼爱恋，吟出过"无情未必真豪杰，怜子如何不丈夫"的温情诗句①。而写于1919年的《我们现在怎样做父亲》，则在以冷峭凌厉、孤愤苍凉著称的"鲁迅文风"中尽显其慈爱柔情的一面；这篇文章中，鲁迅表达了一个"好父亲"的"科学的人生观"，"我现在心以为然的道理，极其简单。便是依据生物界的现象，一，要保存生命；二，要延续这生命；三，要发展这生命（就是进化）。生物都这样做，父亲也就是这样做"②。受进化论思想影响，鲁迅认为"后起的生命，总比以前的更有意义，更近完全，因此也更有价值，更可宝贵；前者的生命，应该牺牲于他"③。基于进化论"幼者本位"观，鲁迅愿意以"无我的爱"牺牲于后起的新人。

在《写在〈坟〉后面》一文中鲁迅说，"在转变中，是总有多少中间物的"④。虽然作为"历史中间物"，"我未必无意之中，不吃了我妹子的几片肉"⑤。但也因为"从旧垒中来，情形看得较为分明，反戈一击，易制强敌的死命"⑥。或者拼尽全力发出最后的光，"各自解放了自己的孩子，自己背着因袭的重担，肩住了黑暗的闸门，放他们到宽阔光明的地方去；此后幸福的度日，合理的做人"⑦。鲁迅所希望看到的"新人"是"真实"的人、健康的人、失掉了奴性的人。如同他看到的名人照相一样，"尼采一脸凶相，勖本华尔一脸苦相，淮尔特

---

① 鲁迅：《答客诮》，见《鲁迅全集》第7卷，人民文学出版社1981年版，第439页。
② 鲁迅：《我们现在怎样做父亲》，见《鲁迅全集》第1卷，人民文学出版社1981年版，第130页。
③ 鲁迅：《我们现在怎样做父亲》，见《鲁迅全集》第1卷，人民文学出版社1981年版，第132页。
④ 鲁迅：《写在〈坟〉后面》，见《鲁迅全集》第1卷，人民文学出版社1981年版，第286页。
⑤ 鲁迅：《狂人日记》，见《鲁迅全集》第1卷，人民文学出版社1981年版，第432页。
⑥ 鲁迅：《写在〈坟〉后面》，见《鲁迅全集》第1卷，人民文学出版社1981年版，第286页。
⑦ 鲁迅：《我们现在怎样做父亲》，见《鲁迅全集》第1卷，人民文学出版社1981年版，第130页。

穿上他那审美的衣装的时候，已经有点呆相了，而罗曼罗兰似乎带点怪气，戈尔基又简直像一个流氓"①。这些名人像脸上悲哀与苦斗留下的痕迹，在鲁迅看来远强于梅兰芳"男扮女"的"伪美"，雅士们"二我图""求己图"的奴化。在"宽阔光明的地方"，新人应该真诚、健硕且个性张扬。

二 立心声 破恶声

如何来培育新国民，鲁迅提出立心声、破恶声。"声音"在鲁迅的书写中是重要媒介；鲁迅亦有"心声"与"恶声"之论。在《摩罗诗力说》里鲁迅曾说，"盖人文之留遗后世者，最有力莫如心声"②。何谓"心声"？《破恶声论》如是界定："心声者，离伪诈者也。"③"恶声"即污浊之声，"黯暗"者也，"若其靡然合趣，万喙同鸣，鸣又不揆诸心，仅从人而发若机栝……"④ "心声"是"个性"之声，"恶声"为盲从之声；"心声"源出个人意志与"诚"的内心感受，"恶声"则机械、从众、无"诚"。

1. 个性化声音：新与旧、破与立的对抗

以个性化声音为媒介激发新与旧、破与立的对抗，不仅是鲁迅作品的叙事策略，也建构起鲁迅言说的精神气质；而且在鲁迅的言说进路中，其"声音"具有浓厚的"二元对立"色彩。如《五猖会》中就有两个声音：一是父亲的声音"去拿你的书来"，"给我熟读。背不出，就不准去看会"。二是"我"的声音，瑟瑟背诵"粤自盘古"呵！"生于太荒"呵！《朝花夕拾·后记》里，谈及"曹娥投江"时亦有两个声音：一是过往行人看到曹娥尸与父尸面对面浮上水时说，"哈哈！这么一个年青姑娘抱着这么一个老头子！"二是"我"的"一声叹息"，"在礼仪之邦里，连一个年幼——呜呼'娥年十四'而已——的死孝女和

---

① 鲁迅：《论照相之类》，见《鲁迅全集》第1卷，人民文学出版社1981年版，第186页。
② 鲁迅：《摩罗诗力说》，见《鲁迅全集》第1卷，人民文学出版社1981年版，第63页。
③ 鲁迅：《破恶声论》，见《鲁迅全集》第8卷，人民文学出版社1981年版，第23页。
④ 鲁迅：《破恶声论》，见《鲁迅全集》第8卷，人民文学出版社1981年版，第24页。

死父亲一同浮出,也有这么艰难!"① 在"面对面"或"背对背"的物议声中,孝的"道义"伪装与人的伪善,被两个声音狠狠撕破。

在鲁迅叙事中,还有一种行文中未出现,却依然可以被"听"到、被"读"出的声音。《论照相之类》中的"二元对立"声音:一是雅人们在"二我图""求己图"边总须题些诗,或者可以吟唱的"调寄满庭芳""摸鱼儿"词牌之类,这些声音"弥漫"且高挂于雅士的书房。二是作为叙事手段被不断复述的"我们中国的最伟大最永久的艺术是男人扮女人","我们中国的最伟大最永久,而且最普遍的艺术也就是男人扮女人"②。在《从孩子的照相说起》一文中,同样有两个"声音":一是照相师的"声音","驯良、驯良、再驯良些";二是"我"的"声音","顽皮、顽皮、再顽皮些"。而且"我"又大声声明:"我相信自己的主张,绝不是'受了帝国主义者的指示',要诱中国人做奴才;而满口爱国,满身国粹,也于实际上的做奴才并无妨碍。"③ 自信、决绝、独异之个性跃然于"声音"之上。

"声音"媒介在鲁迅作品中应用,已有学者进行过研究,比如有学者发现"《狂人日记》当中真正的冲突并不发生在文言和白话之间,而发生在真诚的个体声音与虚伪矫饰的群体性语言系统之间"④。亦即"心声"与"恶声"之冲突。鲁迅摄影批评中对审美矮化与孩子"温良"的批判,其所向往与推崇的"伟美"精神亦寄托于此,即"其声澈于灵府,令有情皆举其首,如睹晓日,盖为之美伟强力高尚发扬,而污浊之平和,以之将破"⑤ 的美学追求和呼唤破除旧制度、培育新国民的强烈"心声",那是"独异"的前行者对过往及庸众弃绝之果决。"心声"与"恶声"一个属于既往、一个面向未来;对于后者,鲁迅充满温情,"人群有时,乃如雷霆发于孟春,而百卉为之萌动,

---

① 鲁迅:《朝花夕拾·后记》,见《鲁迅全集》第2卷,人民文学出版社1981年版,第324页。
② 鲁迅:《论照相之类》,见《鲁迅全集》第1卷,人民文学出版社1981年版,第187页。
③ 鲁迅:《从孩子照相说起》,见《鲁迅全集》第6卷,人民文学出版社1981年版,第82页。
④ 袁先欣:《"声"的类型学:〈狂人日记〉与鲁迅的语言观》,《中国现代文学研究丛刊》2021年第10期。
⑤ 鲁迅:《摩罗诗力说》,见《鲁迅全集》第1卷,人民文学出版社1981年版,第68页。

曙色东作，深夜逝矣"①。因此，站在未来的时间向度上看，鲁迅始终有一个"将来的好梦"，"吾未绝大冀于方来，则思聆知音之心声而相观其内曜"②。作为媒介的"声音"亦因此能够张扬鲁迅"救救孩子""放他们到宽阔光明的地方去"的批评主题。

2. "声音"转向：从企望、反叛到怒吼

《朝花夕拾》中，鲁迅关于"观看"的记忆，来自旧势力、旧习俗的声音占据主导地位：在希望与失望交织中，颤抖地背诵完"粤自盘古"的"我"终于在日上高墙后与家人去赶庙会，而"苏醒与欢喜的光辉"荡然无存；拿到"三哼经"时激动到颤抖的"我"，虽然厌烦长妈妈没完没了的说教，却依然在大年初一被她按在床头、摇着肩头，不得不说声"阿妈，恭喜……"③身死为尸的曹娥不得不再次"沉入"江底，翻过身去，才有资格背着父尸重新浮出（图131）。反抗的"声音"微茫且战栗，更多的是弱者的"企望"与"乞求"。

而在《自题小像》时期，面对自己的"断发照"，鲁迅却发出"摩罗诗人"裴伦一样"超脱古范，直抒所信"的"刚健抗拒破坏挑战之声"④，即前文所述雄桀伟美之"心声"。此时"鲁迅观看"之像中的个性化声音已经高度自主化，且具有"破恶声"的伟美气势，也有摧折"伪美"的国民审美矮化之勇力，此为反叛之"声音"。1934年写作《拿来主义》一文时，愤激于被"枪炮打破了大门之后"，无穷无尽的金银财帛古董源源不断被"送去"，连"梅兰芳"也被送去"发扬国光"，鲁迅的"呐喊"变成了"怒吼"：我们应该根据"礼尚往来"的仪节，"说道：拿来！"⑤这个"声音"在《从孩子照相说起》一文中被表述为拿回孩子也曾有过的"洋气"。如何拿？鲁迅给出的方案是："'会模仿'又加以创造。"⑥

---

① 鲁迅：《破恶声论》，见《鲁迅全集》第8卷，人民文学出版社1981年版，第23页。
② 鲁迅：《破恶声论》，见《鲁迅全集》第8卷，人民文学出版社1981年版，第23页。
③ 鲁迅：《阿长与山海经》，见《鲁迅全集》第2卷，人民文学出版社1981年版，第244页。
④ 鲁迅：《摩罗诗力说》，见《鲁迅全集》第1卷，人民文学出版社1981年版，第73页。
⑤ 鲁迅：《拿来主义》，见《鲁迅全集》第6卷，人民文学出版社1981年版，第38页。
⑥ 鲁迅：《从孩子照相说起》，见《鲁迅全集》第6卷，人民文学出版社1981年版，第82页。

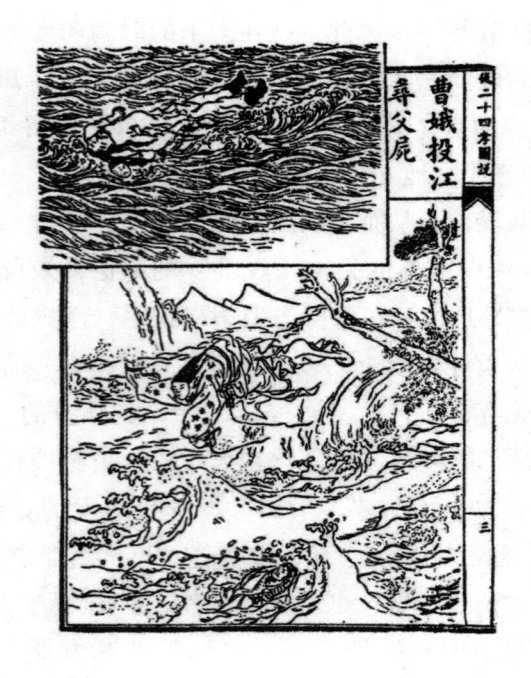

图 131　"二十四孝"之"曹娥投江"

图片来源:《鲁迅全集》第 2 卷,人民文学出版社 1981 年版。

　　从企望、反叛到怒吼,"声音"作为媒介把鲁迅摄影批评的像与词,从形而下的物纳入形而上的精神共生,促成批评意义的增殖,并以此达到启发民智、培育新国民的"立人"之境,直至现代国家的建构。

　　从"因为惊诧于青年之消沉,作《希望》"[①],到在青年诗人白莽诗歌中看到"别一世界",鲁迅所期盼的新文艺"是东方的微光,是林中的响箭,是冬末的萌芽,是进军的第一步,是对于前驱者的爱的大纛,也是对于摧残者的憎的丰碑"[②]。因此,鲁迅的摄影批评中始终

---

①　鲁迅:《野草》英文译本序,见《鲁迅全集》第 4 卷,人民文学出版社 1981 年版,第 356 页。
②　鲁迅:《白莽作〈孩儿塔〉序》,见《鲁迅全集》第 6 卷,人民文学出版社 1981 年版,第 494 页。

有两个"聚焦点":一是少年视角,二是未来取向。少年视角即青春视角,鲁迅晚年所期许的青年木刻艺术家也在此列,他们被鲁迅看作"以清醒的意识和坚强的努力,在榛莽中露出了日见生长的健壮的新芽"①。而且从书写进路看,"鲁迅观看"中的"声音",有一个"哀怨—悲愤—怒吼"的演变过程:幼年时乞望"父亲"应许,从"观看"中获得天性释放而不得的哀怨;从 S 城走向南京—日本—北京后,在对国民性深入认知时,其"观看"中发出的是批判与自噬的悲愤。《论照相之类》《从孩子的照相说起》不仅从少年视角切换到场景变迁,亦从观看中的"国民表情"切入其审美表象背后的国民性劣根,最终发展成怒吼、呐喊的抗争,其逻辑进路指向未来。

而改造国民性、培育新国民之重任被鲁迅寄托在青年文艺工作者"睁了眼看","真诚地,深入地,大胆地看取人生并且写出他的血和肉",打破"瞒和骗",成为"冲破一切传统思想和手法的闯将"②,创造出"别一世界",即个性张扬、别立新宗之"人国"③。

《论照相之类》以从 S 城到北京的照相事件和观看为核心,阐述照相中的奴性视角、图像审美中国民精神矮化与生命力萎缩,是鲁迅关于国民性批判的重要文本。以《论照相之类》为圆心,结合《从孩子的照相说起》,从"视觉"路径切入鲁迅对国民性改造和培育新国民的探索,形成一种与众不同的叙事方式,在像与词二元共生中,从哀怨到怒吼的声音转向里,再思鲁迅立人思想从观念向实践转变的坚忍,寻求破解主、奴互换循环的前路,是鲁迅两个摄影批评文本的独有价值,这两个文本也建构了鲁迅独特的摄影批评观,即"为人生"的摄影观。

---

① 鲁迅:《一八艺社习作展览会小引》,见《鲁迅全集》第 4 卷,人民文学出版社 1981 年版,第 308 页。
② 鲁迅:《论睁了眼看》,见《鲁迅全集》第 1 卷,人民文学出版社 1981 年版,第 241 页。
③ 鲁迅:《文化偏至论》,见《鲁迅全集》第 1 卷,人民文学出版社 1981 年版,第 56 页。

结束语

麦克卢汉喻媒介为"转换器"。比如"借助语词把直接的感觉经验转换成有声的语言符号，我们可以在任何时刻召唤和找回整个的世界"。因此，任何媒介把经验转化为新形式的能力，"都是积极隐喻"[①]。当摄影把生活场景和经验知识，甚至战争现场转换成图像这种"新视觉形式"时，它所隐喻的不仅是摄影的技术现代性，更是作为观看和思维新形式的视觉现代性。

就美术摄影而言，"作为转换器媒介"的摄影，通过郎静山、骆伯年、刘旭沧等人的创作，把中国文人的出世向往和艺术灵性，以中国传统文人画气韵和物质格式（如立轴、扇面、题咏、边框等）转换成富有画意的照片。就战地纪实摄影而言，徐肖冰、罗光达及高帆、雷烨等人所经历的战地场景、突发时刻和关键瞬间，以镜头转换成写真图像，并通过代际传承与解读，成为反抗侵略、救亡图存的民族精神道场而被传扬；还可以作为感知历史的证据，印证且推动"图以证史"的媒介功能。而在陈嘉震这里，电影女明星通过摄影转换为视觉图像，再经平面媒体传播（再一次转换），进入公众的消费视野；作为"转换器"的摄影，以摄影人陈嘉震的手，将看到的经验世界塑造成城市历史形象和大众欲望化凝视对象。黄笃初的"江南旧影"，则

---

① ［加拿大］马歇尔·麦克卢汉：《理解媒介——论人的延伸》，何道宽译，译林出版社2011年版，第77页。

把"地方"长久积累的文化经验和物理材质（如庙宇、石板桥、祭祀等）转换成影像，使其站立于时间的河流之外，维系稳定的地域认同，照片中的那些庙宇、拱桥、舟船，甚至废墟、溪流等，都在无声地叙述着历史的永在，确认着地方的"边界"。在鲁迅的摄影书写文本中，照片则干脆烛照出了国民性的"萎"与"猥"，转换者则是支配照相机的摄影师那充溢着奴性而不自知的眼（拍摄视角）。

  本课题所择定的摄影家个案，基本预设为四个方面：一是在摄影史上已有公论，如郎静山、刘旭沧、徐肖冰、罗光达、高帆、雷烨等；二是产生过重大影响，但受制于摄影史书写范式，其重要性没有得到充分彰显，甚至处于"消失状态"的摄影家，最典型的当属陈嘉震；三是具有显著个性特征，但在摄影领域却没有产生大的影响，而从地域视角看又颇具价值，如20世纪30年代的湖州摄影家黄笃初；还有一类也许可以称之为摄影史上的"另类"，他们游于艺、从于心，非职业、非主流，却在摄影艺术上独树一帜，如骆伯年、夏盈德等。对于第一类摄影家，属于查漏补缺，从地域视角研究其摄影的文化和艺术个性，第二类需要给予他们客观公正的评价，第三类须进行谨慎的学术阐释和理性的价值发掘，第四类摄影家，应从摄影史书写范式的突破或创新考量，为他们找到合理"定位"。因此，正如有学者早就指出的那样，摄影史研究需要扎实的史料挖掘与解读，更需要跨学科研究的视野与书写框架①。而关于鲁迅个案的选择，初衷是想通过这个个案观察20世纪前半叶，中国摄影批评话语生成与体系建构，鲁迅先生对此贡献甚巨；从这个角度看，虽然鲁迅本人不是摄影家，但忽略鲁迅的"浙籍摄影家"研究，是有缺憾的。

  限于史料和其他暂时无法克服的困难，一些摄影家，如毛松友、夏盈德、邵度、吴郁周、陈彭寿、胡君磊等，只能或一笔带过，或简述其在某一题材领域的建树，没有条件或者也不必要作专题研究。但是，他们作为"浙籍摄影家"群体成员，无疑为这个群体的丰满与丰

---

① 顾铮：《作为新学科的摄影史：历史、现状与反思》，《文化研究》2010年第8期。

产贡献了自己的实绩；浙籍摄影家在中国摄影史上地位的赢得，他们亦"与有荣焉"。随着史料发掘的深入或理念变革，有些摄影家或许将来也有条件、有必要作专题研究，甚至重新解读与评价。

鉴于陈嘉震、黄笃初两位摄影家的"陌生"面孔——尤其是黄笃初，也为了能在学理上支撑研究预设，有两点技术处理需要说明：一是关于陈嘉震的摄影研究，特依凭视觉现代性，结合图像消费主义历史沿革，把他放进所在的"经验秩序"中，力图对其摄影实践和人像艺术做出理性、公允评价，还原其摄影史地位，尽管或许依然存在着不会被认同的风险。二是黄笃初个案研究，也存在"风险"隐患；故而在理论预设上，以德布雷传播理念，和段义孚的地方与空间学说，把他的"江南"摄影投射进"江南认同"大框架内，发掘其"江南旧影"的"地方"价值，以不至于使这个摄影史的贸然"闯入者"太过尴尬，并检证此个案的研究价值所在。

任何研究都有前置理论预设，也受制于文献史料。本课题以"浙籍摄影家"为研究对象，必然涉及文化地理学、媒介地理学理论。这些理论如当下的摄影史书写范式一样，科学性与局限性并存。站在"浙籍"角度，难免会在研究中有意无意，甚至下意识扩大地域重要性。文献史料局限，也使得对一些摄影家，如毛松友、俞创硕、邵度、夏盈德等人难以作出系统梳理。但是，本课题研究以摄影作为"转换器"，关注20世纪前半叶浙籍摄影家群体的摄影实践和艺术品质，围绕"创作道路和美学追求"，把研究问题具象为艺术实践的本土化、民族化、专业化；围绕"技术现代性与国族革命"，论证浙籍摄影家群存在的艺术"合法性"，道路"正当性"和技术"现代性"。而且浙籍摄影家作为一个有地域个性的创作群体，从物理空间和地域文化角度关注其摄影道路和创作变革，对摄影史书写也是一个可以进入的范式，或者"转换器"。

参考文献

一　中国文献

阿英：《阿英全集》第6卷，安徽教育出版社2003年版。

艾克恩编：《延安文艺回忆录》，中国社会科学出版社1992年版。

包立民：《张大千艺术圈》，生活·读书·新知三联书店2019年版。

蔡禹龙、汪林茂：《运河边的租界——拱宸桥》，杭州出版社2015年版。

蔡子谔、顾棣：《崇高美的历史再现：中国解放区新闻摄影美学风格论》，山西人民出版社1995年版。

陈鼓应译注：《庄子今注今译》，中华书局1983年版。

（清）陈其元：《庸闲斋笔记》，中华书局1989年版。

陈申、徐希景：《中国摄影艺术史》，生活·读书·新知三联书店2011年版。

陈申：《光社纪事》，中国民族摄影艺术出版社2017年版。

陈学圣：《寻回失落的民国摄影》，中国台北富凯艺术有限公司2015年版。

陈寅恪：《唐代政治史述论稿》，上海古籍出版社1997年版。

陈寅恪：《魏晋南北朝史讲演录》，天津人民出版社2018年版。

邓绍基主编：《中国文学通史系列·元代文学史》，人民文学出版社1991年版。

冯友兰：《中国哲学简史》，北京大学出版社2013年版。

傅抱石：《中国绘画理论》，江苏教育出版社2011年版。

高琴主编：《透过硝烟的镜头》，中国摄影出版社2009年版。

高维祥、林泽苍：《秀珍摄影良友》，中国摄影学会1926年版。

高阳：《张大千——梅丘生死摩耶梦》，生活·读书·新知三联书店2006年版。

（晋）葛洪：《神仙传》，中华书局2017年版。

顾炳权编著：《上海洋场竹枝词》，上海书店出版社2018年版。

顾棣、方伟：《中国解放区摄影史略》，山西人民出版社1989年版。

顾棣编著：《中国红色摄影史录》，山西人民出版社2009年版。

顾铮：《世界摄影史》，浙江摄影出版社2006年版。

顾铮编著：《来自上海——摄影现代性检证》，西泠印社2016年版。

郭沫若：《郭沫若全集》（文学编·第九卷），人民文学出版社1985年版。

韩丛耀等：《中国近代图像新闻史（6）》，南京大学出版社2012年版。

侯波、徐肖冰口述，刘明银整理：《带翅膀的摄影机：侯波、徐肖冰口述回忆录》，北京大学出版社1999年版。

胡晓明：《江南文化诗学》，上海人民出版社2018年版。

黄笃初摄，黄晓帆编：《江南旧影（1927—1937）》，杭州出版社2009年版。

（清）黄俊贤：《德国印象记》，上海民智书局1933年版。

蒋济生、舒宗侨、顾棣等：《中国摄影史（1937—1949）》，中国摄影出版社1998年版。

蒋济生主编：《历史的瞬间与瞬间的历史》，长城出版社1992年版。

蒋济生主编：《摄影史记——摄影术与摄影文化150年》，新华出版社1990年版。

金雅主编：《中国现代美学名家文丛·蔡元培卷》，浙江大学出版社2009年版。

靳福堂编：《罗光达摄影作品·文论选集》，辽宁美术出版社1995年版。

郎绍君：《论中国现代美术》，江苏美术出版社1988年版。

老舍：《老舍全集》第一卷，人民文学出版社1999年版。

李欧梵：《上海摩登：一种新都市文化在中国（1930—1945）》，毛尖译，北京大学出版社 2001 年版。

李树峰：《摄影艺术概论》，文化艺术出版社 2018 年版。

李永翘编著：《张大千年谱》，四川省社会科学院出版社 1987 年版。

林路：《当代摄影探究》，上海人民美术出版社 2021 年版。

林路：《风景摄影史》，浙江摄影出版社 2014 年版。

林路：《静物摄影史》，浙江摄影出版社 2022 年版。

林路：《摄影思想史》，浙江摄影出版社 2015 年版。

刘琦编注：《袁中郎随笔》，中华工商联出版社 2016 年版。

（清）刘体智：《异辞录》，中华书局 1988 年版。

龙熹祖编著：《中国近代摄影艺术美学文选》，中国民族摄影艺术出版社 2015 年版。

鲁迅：《鲁迅全集》第 1 卷，人民文学出版社 1981 年版。

鲁迅：《鲁迅全集》第 2 卷，人民文学出版社 1981 年版。

鲁迅：《鲁迅全集》第 4 卷，人民文学出版社 1981 年版。

鲁迅：《鲁迅全集》第 5 卷，人民文学出版社 1981 年版。

鲁迅：《鲁迅全集》第 6 卷，人民文学出版社 1981 年版。

鲁迅：《鲁迅全集》第 7 卷，人民文学出版社 1981 年版。

鲁迅：《鲁迅全集》第 8 卷，人民文学出版社 1981 年版。

鲁迅：《鲁迅全集》第 14 卷，人民文学出版社 1981 年版。

鲁迅博物馆：《鲁迅文献图传》，大象出版社 1998 年版。

罗小华：《潘诺夫斯基图像学研究》，中国社会科学出版社 2016 年版。

马国亮：《良友忆旧：一家画报与一个时代》，生活·读书·新知三联书店 2002 年版。

马运增、陈申等：《中国摄影史（1840—1937）》，中国摄影出版社 1987 年版。

毛卫东主编：《金石声与骆伯年》，中国民族摄影艺术出版社 2014 年版。

毛泽东：《毛泽东选集》第三卷，人民出版社 1991 年版。

《名家·名流·名士——郎静山逝世廿周年纪念文集》，台北"国立"历史博物馆 2015 年版。

倪志云：《中国画论名篇通释》，上海人民美术出版社 2015 年版。

潘天寿：《中国绘画史》，团结出版社 2011 年版。

彭东焕、王映珏：《碧鸡漫志笺注》，巴蜀书社 2019 年版。

单国强：《中国美术史》（明清至近代），中国人民大学出版社 2014 年版。

上海鲁迅文化研究发展中心：《鲁迅家庭大相簿》，同心出版社 2005 年版。

上海市摄影家协会：《海上摄影名家大系·顾铮摄影文论集》，上海文化出版社 2012 年版。

上海市摄影家协会：《海上摄影名家大系·金石声》，上海文化出版社 2012 年版。

沈弘编译：《遗失在西方的中国史——〈伦敦新闻画报〉记录的晚清》，北京时代华文书局 2014 年版。

（宋）司马光：《资治通鉴》，中华书局 1956 年版。

仝冰雪：《中国照相馆史》，中国摄影出版社 2016 年版。

童煜华编著：《为胜利写真：徐肖冰摄影作品》，人民出版社 2007 年版。

汪毅：《张善子的世界》，九州出版社 2015 年版。

王朝闻、邓福星主编：《中国美术史》（10），北京师范大学出版社 2011 年版。

王国维著，徐调孚校注：《人间词话》，中华书局 2009 年版。

王天平、蔡继福、贾一禾：《民国上海摄影：海派摄影文化前世之研究》，上海世纪出版集团 2016 年版。

王雁：《我的父亲沙飞》，社会科学文献出版社 2005 年版。

王云熙、杨明编著：《隋唐五代文学批评史》，上海古籍出版社 1994 年版。

吴果中：《左图右史与画中有话：中国近现代画报研究（1874—1949）》，北京大学出版社 2017 年版。

吴湖帆：《吴湖帆文稿》，中国美术学院出版社 2004 年版。

谢立中：《走向多元话语分析——后现代思潮的社会学意涵》，中国人民大学出版社 2009 年版。
（元）辛文芳：《唐才子传》，中华书局 2020 年版。
徐吉军：《杭州运河史话》，杭州出版社 2013 年版。
许寿裳：《我所认识的鲁迅》，中国文史出版社 2020 年版。
《延安文艺丛书》编委会：《延安文艺丛书·电影、摄影卷》，湖南文艺出版社 1988 年版。
叶朗：《中国美学大纲》，上海人民出版社 1985 年版。
尹吉男：《中国美术史》，高等教育出版社 2019 年版。
俞建华编著：《中国历代画论大观——宋代画论》，江苏凤凰美术出版社 2017 年版。
郁达夫：《郁达夫文集》（第四卷），花城出版社 1982 年版。
袁志煌、陈祖恩：《刘海粟年谱》，上海人民出版社 1992 年版。
张新龙、张愫寅编著：《中国古代画论选释》，西安交通大学出版社 2010 年版。
赵达夫主编：《历代赋鉴赏辞典》，上海辞书出版社 2017 年版。
赵俊毅：《中国摄影史拾珠》，中国民族摄影艺术出版社 2013 年版。
赵迎新主编：《中国摄影大师》，中国摄影出版社 2017 年版。
郑逸梅：《珍闻与雅玩》，北京出版社 1998 年版。
中国摄影出版社：《摄影大师郎静山》，中国摄影出版社 2003 年版。
中国摄影家协会：《中国战地摄影师：穿越历史的回声》，中国摄影出版社 2014 年版。
周作人：《风雨谈》，人民文学出版社 2020 年版。
周作人：《瓜豆集》，人民文学出版社 2020 年版。
周作人：《苦雨斋序跋文》，河北教育出版社 2002 年版。
朱良志辑注：《石涛诗文集》，北京大学出版社 2017 年版。
祝帅、杨简茹编著：《民国摄影文论》，中国摄影出版社 2014 年版。
宗白华：《艺境》，安徽教育出版社 2000 年版。

二　翻译文献

［德］汉斯·贝尔廷等：《艺术史导论》，贺询译，北京大学出版社2021年版。

［德］黑格尔：《美学》（第三卷上），朱光潜译，商务印书馆2016年版。

［德］约恩·吕森：《历史思考的新途径》，綦甲福、来炯译，上海人民出版社2005年版。

［法］雷吉斯·德布雷：《普通媒介学教程》，陈卫星、王杨译，清华大学出版社2014年版。

［法］雷吉斯·德布雷：《媒介学宣言》，黄春柳译，南京大学出版社2016年版。

［法］雷吉斯·德布雷：《媒介学引论》，刘文玲译，陈卫星审译，中国传媒大学出版社2014年版。

［法］米歇尔·福柯：《词与物——人文科学的考古学》，莫伟民译，上海三联书店2016年版。

［法］米歇尔·福柯：《知识考古学》，谢强、马月译，生活·读书·新知三联书店1998年版。

［加］哈罗德·伊尼斯：《传播的偏向》，何道宽译，中国人民大学出版社2003年版。

［美］保罗·莱文：《莱文森精粹》，何道宽编译，中国人民大学出版社2007年版。

［美］段义孚：《空间与地方——经验的视角》，王志标译，中国人民大学出版社2017年版。

［美］费正清、刘广京主编：《剑桥中国晚清史》（1800—1911），中国社会科学出版社1985年版。

［美］纽曼尔·卡斯特：《网络社会的崛起》，夏铸九、王志弘等译，社会科学文献出版社2001年版。

［美］欧文·潘诺夫斯基斯基：《图像学研究：文艺复兴时期艺术的人文主题》，戚印平、范景中译，上海三联书店2011年版。

［美］W. J. T. 米歇尔：《图像学》，陈永国译，北京大学出版社 2020 年版。

［美］W. J. T. 米歇尔：《图像何求？——形象的生命与爱》，陈永国、高焓译，北京大学出版社 2018 年版。

［美］巫鸿：《废墟的故事：中国美术和视觉文化中的"在场"与"缺席"》，肖铁译，巫鸿校，上海人民出版社 2012 年版。

［美］巫鸿：《聚焦：摄影在中国》，中国民族摄影艺术出版社 2018 年版。

［美］詹姆斯·凯瑞：《作为文化的传播——"媒介与社会"论文集》（修订版），丁未译，中国人民大学出版社 2019 年版。

［匈］阿诺德·豪泽尔：《艺术社会学》，黄燎宇译，学林出版社 1987 年版。

［英］彼得·伯克：《图像证史》，杨豫译，北京大学出版社 2018 年版。

［英］Liz Well 等：《摄影批评导论》（第 4 版），傅琨、左洁译，人民邮电出版社 2012 年版。

［英］雷蒙·威廉斯：《关键词——文化与社会的词汇》，刘建基译，生活·读书·新知三联书店 2016 年版。

［英］迈克·克朗：《文化地理学》，淑华、宋慧敏译，南京大学出版社 2003 年版。

［英］齐格蒙特·鲍曼：《流动的现代性》，欧阳景根译，中国人民大学出版社 2018 年版。

［英］泰瑞·贝内特：《中国摄影史（中国摄影师 1844—1879）》，徐婷婷译，中国摄影出版社 2014 年版。

［英］约翰·伯格：《观看之道》，戴行钺译，广西师范大学出版社 2015 年版。

三 外文文献

Denis Mcquail, *Mass Communication Theory*, Sage Publications, 1994.

Paul A. Cohen, Wang T'ao and Incipient Chinese Nationalism, Journal of

Asian Studies, 1967.

See Diana Emery Hulick & Joseph Marshall, Photography - 1900 to the Present, Prentice-Hall, Inc., 1998.

Vicki Goldberg, The Power of Phorography: How Photographs Hanged Our Lives, New York: Abbeville Press, 1991.

四　主要期刊

《点石斋画报》《真相画报》《良友》《北洋画报》《上海画报》《天津民国日报画刊》《摄影画报》《飞鹰》《时报图画周刊》《一四七画报》《电影月报》《青青电影》《北晨画刊》《新闻报副刊：日曜画报》《时代画报》《飞影阁画册》《骆驼画报》《太平洋画报》《申报》《新闻报》《摄影周刊》《大众画报》《艺声》《电声》《礼拜六》《紫罗兰》《晨风》（上海）《晋察冀画报》《电影与播音》《沙漠画报》《伦敦新闻画报》《小日报》等

后 记

浙江是个神奇的地方。

多年前，在浙江大学念现代文学，念着念着我忽然发现，现代文学30年（1915—1949）竟然有那么多作家出自浙江：鲁迅、周作人兄弟外，有郁达夫、茅盾、艾青、朱自清、丰子恺、梁实秋、施蛰存、穆时英、戴望舒、陆蠡、夏衍、徐訏、徐志摩……这些文人的文学活动或浙江、或上海、或北京；但无论其创作繁兴于何地，他们有一个共同身份——"浙籍"。江湖夜雨、人生如寄，无论行走于戴望舒吟咏过的杭州"雨巷"，还是驱车郁达夫闲坐而歌过的富春江边，甚至在东南一隅的天台山下，想起陆蠡深沉的"囚绿记"……"浙籍"这个词总会时时在我脑海中浮现。

多年后，我在顾铮、刘海贵教授指导下研习摄影媒介，再一次惊奇发现，不足40年的民国时期，在摄影理论和创作建树上，浙籍人士同样星光灿烂，他们在早期中国美术摄影、新闻摄影、商业摄影等领域都取得令人侧目的成就，涌现出郎静山、刘旭沧、蒋炳南、徐肖冰、高帆、罗光达、雷烨、陈嘉震等众多摄影名家。挪移中国"古典修辞"比对，我以为20世纪前半叶浙籍摄影家中，郎静山可谓"影仙"，陈嘉震堪称"影鬼"，徐肖冰则是"影史"。

这些摄影家的摄影活动虽然并不局限于浙江，如郎静山摄影轨迹遍及江南各地，后期则云游世界；陈嘉震摄影事业辉煌于上海滩；徐肖冰则行摄于华北各革命根据地。但他们因为同属"浙籍"而具有了

"合式"的研究依凭,"浙籍"这样的"地方身份",也使他们具有相似的、"先在"的文化基本代码,这就是福柯所谓的话语吧。话语规训了身处其中的行为主体,浙籍摄影家也必然被规训于江南文化圈及其地理空间的山川气韵中。郎静山、骆伯年、陈嘉震、徐肖冰、雷烨等人的摄影实践也印证了这种气韵或代码的存在。

本书写作框架亦从"文化代码"和摄影实践出发,设置明、暗两条书写进路:明的一面,以郎静山、骆伯年、刘旭沧等个案统摄美术摄影;以徐肖冰、高帆、雷烨、罗光达等个案统摄战地新闻纪实摄影;以陈嘉震个案统摄商业摄影;以黄笃初个案切入江南"地方摄影";以鲁迅个案关照摄影批评。暗的一面,则试图阐述吴越文化,特别是越文化话语对浙籍摄影家创作实践、艺术审美及摄影批评的规训。受史料和时间制约,这个选题还有很多方面难以深入,惟愿通过本项研究及书写,能从地方视角对拓展中国摄影史研究版图及范式、理念创新有所裨益。

感谢顾铮教授欣然为本书作序。顾铮教授在学术界和摄影业界都广有影响,是著名摄影家、批评家、艺术史学家,学术研究严肃、严谨。本书写作中,我始终担心大篇幅个案研究陈嘉震、黄笃初,在学术上是否太过冒险。但顾老师在给本书的序中,不仅从质和量两个层面认可了"浙籍摄影家"概念成立的经验依据,也肯定了陈嘉震、黄笃初个案研究"起湮没于历史中的人物于幽暗中"的努力,和"进一步把握二十世纪前半叶中国摄影和浙江摄影的丰富性和复杂性"的学术企图。老师的提携和鼓励,使我深受鼓舞。另外,为了本著的照片使用授权,顾老师还亲自联系了摄影大师郎静山的女儿——台湾郎静山基金会董事长郎毓文女士,以及老摄影家骆伯年的亲属金酉鸣先生。老师关爱之情殷殷,让人感动。

郎毓文女士推送了郎静山研究相关公众号,内中大量文献是以前所未搜罗或关注到的。金酉鸣先生不仅提供了更为清晰的骆伯年摄影照片,还详细讲述了骆伯年摄影中诸多"无题"的由来:骆先生的一些作品本身就没有命名,也实在是因为没有名称,出版或展出时,那些作品即以"无题"名之,这也进一步证明了骆伯年先生非功利摄影独抒性灵的率真与"任性";金先生提供的细节实质上就是绝难单独从摄影家作品中"读"出来的摄影史"真相"。著名"红色摄影家"高帆先生的亲属,中国美术学院高初教授不仅授权本著使用高帆前辈的摄影作品,还帮助获得了徐肖冰、罗光达等红色摄影家作品的使用授权。湖州摄影家黄笃初的亲属黄一村先生也慨然允诺本著使用黄笃初前辈的"江南摄影"。诸位摄影家亲属对学术研究的大力支持和无私帮助,在此表示真诚的感谢。

本著是浙江省哲学社会科学规划项目"20世纪前半叶浙籍摄影家研究"(编号:21NDJC115YB)最终成果,感谢课题组成员禹夏博士、胡玥博士、杨立青博士。笔者目前供职于浙江传媒学院新闻与传播学院,感谢学院领导崔波教授、李欣教授一直以来对教师科研工作的高度重视;李欣院长和我的同事曹月娟博士鼎力相助,推动了本书的出版。师弟高鹏宇博士,同窗亦同门的台湾学者许智超博士,好友孙宇博士、范桢博士等为本书写作提供了难以忘怀的学术支援。我的研究生刘丽萍、顾嘉欣、黄美蓉、沈伟利等帮助校对了书稿,并参与查询整理相关文献;杭州摄影人杨顺连先生、南京传媒学院董鹤鸣同学深度参与了本课题田野调查,以及宁沪杭等地的相关文献史料收集,对研究的开展多有襄助;本课题人物访谈得到戴红梅老师、陆芳艳同学热心帮助,在此一并致谢。

特别致谢并致敬本书责任编辑陈肖静老师。陈老师专业、严谨的工作作风和热情、耐心的指导让人感动,本书顺利出版离不开陈老师的辛苦付出。

最后,感谢我的家人。感谢妻子马秋芹女士多年来给予的支持和照顾;感恩家中诸姐弟,董月婵、董月娥、董书红、董军民多年来对年迈父母的悉心照料。你们的付出,让我能够安然于寂寥,在孤灯黄卷中有所思、且有所得。

2022 年 12 月 31 日

杭州·钱塘江畔